라영환 한국사 시리즈

올인원
All In-One

필요한 모든 내용을 한 권으로 정리하는
트렌디한 한국사 라영환!

라영환 저자

사랑하는 나의 학생 라들이들

2026년 새로운 강의를 준비하기까지 고민이 참 많았습니다.

학원에서 많은 학생들을 상담해 보면, 대부분의 학생이 전공과목에서 고배를 마십니다. 특히 법 과목이요. 저는 정말 행정법, 행정학 분량이 그렇게 많은지 몰랐습니다.

기본 이론 1,000 페이지, 기출 1,000 페이지, 도합 2,000 페이지입니다. 이렇게나 할 분량이 많은데 한국사 만큼은 내가 정말 스트레스 받지 않게 즐겁게 공부하는 과목으로 만들어줘야겠다고 생각했습니다. 따로 시간을 많이 투여하지 않아도, 인강만 들으면, 고득점 할 수 있는 그런 강의를 만들어야겠다, 그래서 드디어 만들었습니다.

이미 소문으로 들었겠지만, 암기빵입니다. 단순한 암기 비법이 아니라 노래를 통해 중독되어 여러번 회독할 수 있는 비법서입니다. 빠르고 정확한 길을 알면서도 가만히 있는 건 강사로서 직무 유기라는 생각을 했습니다. 20여년간 강의를 하면서 저만의 신념이 생겼습니다. 우리 학생들 여러분이 시험에 정말로 필요하고 도움이 되는 강의를 하자는 것입니다. 지금부터 한국사 공부를 잘할 수 있는 저만의 길을 소개할까 합니다.

1. 기본 이론은 노래로 암기하는 암기빵을 통해 재미있고 쉽게 배우면서 한국사의 전체틀과 흥미를 높이는 데 주력했습니다.

사람은 집중될 때 시간이 빠르게 간다고 합니다. 더 이상 진지하고 무거운 강의가 여러분의 동아줄이 될 거라는 그런 고정관념은 버려야 합니다.

라영환의 한국사는 집중이 되면서도 알찬 강의가 될 거라고 확신합니다.

2. 시대별로 구역을 나누어 배우도록 교재를 도식화 방식으로 구성했습니다.

최근 문제 경향이 쉬워지는 추세지만, 그래도 당락을 가르는 킬러 문항은 존재합니다. 대표적인 유형이 동시간대의 사건을 매칭하는 문제입니다, 그런데 기존의 줄글로 된 노트들은 이러한 시기 구분 문제를 대처할 수가 없습니다. 예로 들어 선덕여왕 시기 백제 왕과 고구려 왕이 누구인지 묻는 문제가 출제되면 줄글형 노트로는 문제를 풀기 어렵고, 고민 끝에 문제를 풀었다 하더라도 시간을 많이 잡아먹어 다른 문제를 틀리는 꼴이 됩니다. 도식화된 교재로 뇌 구조를 바꾸어 내야만 합니다. 빠르고 정확한 풀이는 도식화와 구조화에서 나옵니다.

3. 2026년 랄라노트의 강점은 인강을 듣지 않을때에도 혼자 복습할 수 있도록 친절하게 그 단원의 도식화에 해당되는 부분을 자세하게 설명을 곁들여서 구성했다는 점입니다.

작년만 해도 교재 도식화 너무 좋아요. 강의 너무 좋아요. 했는데, 한가지 우리 라들이들이 힘들어 한 부분이 혼자 공부할 때 강의에서 뭐라고 하셨는지 기억이 안난다 어쩌지 이런 부분이 있었는데, 올해는 그러한 것까지 해결을 했다는 점을 자랑하고 싶네요.

라들이 여러분 더 이상 많은 시간을 낭비하지 마세요. 이제 트렌드가 바뀌어 가고 있어요. 새로운 트렌드를 가장 잘 이해하고 가장 잘 반영하는 강사는 라영환입니다.

제가 간략히 소개한 머리말을 통해 제 뜻을 이해하고 저의 진심을 본 친구들은 저를 믿고 따라오세요. 최고의 강의로 보답할게요.

그럼 열공하시고 내년 합격의 주인공은 우리 라들이가 될 거라고 확신합니다.

라영환

2026 공무원 합격을 위한 특별 커리큘럼

역전할 것인가! VS 여전할 것인가?

>> 라영환 한국사 커리큘럼 <<

구분	시기	강의명	횟수	교재
기본	7월	암기빵과 함께보는 라영환 한국사[기본이론]	55강	랄라노트
전략	7월	랄라~! 노래로 암기하는 밥친구[암기빵 TEST]	30강	암기빵
기출	9월	단계별로 나눠 푸는[두번기출]	30강	두번기출
사료	9월	사료를 보는 진짜 힘! See:Real 사료 OX[시리얼]	22강	시리얼
압축	11월	개념압축 [싸움의 기술]	25강	랄라노트
압축	1월	널 위한 마지막[심폐소생]	12강	심폐소생
전략	1월	심폐소생(지역사·인물사)	7강	심폐소생
전략	3/6월	국가직/지방직 대비[작두특강]	3강	심폐소생
모고	3/6월	국가직/지방직 대비[작두 모의고사]	10강	작두모고

>> 100점 만들기 필수 커리큘럼 <<

안정적인 100점을 위한 필수 커리큘럼	
1. 암기빵과 함께보는 라영환 한국사[기본이론]	
2. 단계별로 나눠 푸는[두번기출]	
3. 사료를 보는 진짜 힘! See:Real 사료 OX[시리얼]	
4. 널 위한 마지막[심폐소생]	
작두 시리즈	5. 국가직/지방직 대비[작두특강]
	6. 국가직/지방직 대비[작두 모의고사]

>> 한눈에 보는 시기별 커리큘럼 <<

7~8월	9~10월	11~12월	1~2월	3~4월	5~6월
암기빵과 함께보는 기본 이론	단계별로 나눠푸는 두번 기출	싸움의 기술 (개념압축)	심폐소생 (개념초압축)	국가직 대비 작두 특강	지방직 대비 심폐소생
			심폐소생 (지역사·인물사)	국가직 대비 작두 모의고사	지방직 대비 작두 특강
밥친구 암기빵	시리얼 사료 OX				지방직 대비 작두 모의고사

정치사

I 선사시대의 역사
- 01 구석기·신석기 시대 — 008
- 02 청동기·철기 시대 — 010
- 03 고조선 — 012
- 04 여러 나라의 성장 — 014

II 고대사
- 05 삼국의 성립과 한군현과의 투쟁 — 018
- 06 백제의 전성기와 고구려의 반격[4C] — 020
- 07 고구려의 전성기 vs 나제동맹[5C] — 022
- 08 백제·신라의 경쟁과 신라의 전성기[6C] — 024
- 09 삼국의 항쟁과 신라의 삼국통일[7C] — 026
- 10 통일신라의 전성기와 발해의 성립 — 028
- 11 발해의 전성기와 후삼국 통일전쟁 — 030

III 고려사
- 12 고려의 시기 구분 — 035
- 13 국가 기틀 확립[10C]과 거란과의 전쟁[11C] — 036
- 14 문벌귀족 사회의 성립과 여진 정벌[12C] — 038
- 15 무신정권의 성립과 여몽항쟁[13C] — 040
- 16 원 간섭기의 사회와 홍건적 왜구의 침입[14C] — 042

IV 조선사
- 17 조선의 건국과 조선 초기 정치[15C] — 048
- 18 사림의 성장과 붕당의 형성[16C] — 052
- 19 양란과 예송논쟁 — 054
- 20 환국과 탕평정치 — 058

V 근대사
- 21 대원군의 대내외적 통치 — 062
- 22 1870~80년대 개화정책의 추진(개항과 사절파견) — 064
- 23 임오군란과 갑신정변 — 066
- 24 동학농민운동 — 068
- 25 갑오·을미개혁 — 070
- 26 독립협회와 대한제국 — 072
- 27 애국계몽운동과 항일의병운동(국권피탈기의 몸부림) — 076
- 28 간도·독도와 근대의 사회모습 — 080

VI 독립운동사
- 29 일제의 식민지 지배정책 — 084
- 30 국내외 민족 독립운동 개관 — 089
- 31 1910년대 국내외 저항(결사·기지) — 090
- 32 3·1운동과 대한민국 임시정부 — 092
- 33 1920~30년대 국외 무장독립 투쟁(만주) — 096
- 34 1930~40년대 국외 무장독립 투쟁(중국 관내) — 098
- 35 1920~30년대 국내 저항(경제·사회운동과 신간회) — 100

VII 현대사
- 36 8·15 광복과 분단 — 104
- 37 좌·우합작운동과 대한민국 정부의 수립 — 106
- 38 친일파 청산과 농지개혁, 6·25 전쟁 — 108
- 39 4·19 혁명과 장면 정부의 수립 — 110
- 40 5·16 군사 정변과 박정희 정부 — 112
- 41 민주주의의 시련과 민주 회복 — 114
- 42 통일 정책과 남북 대화 — 118

제도사

VIII 고대·고려·조선 제도사

43	고대의 통치제도	122
44	고려의 통치제도	124
45	조선의 중앙·지방 제도	128
46	조선의 관리선발·군사제도	132

문화사

IX 고대·고려·조선·근현대 문화사

47	고대의 불교·풍수지리설	138
48	고대의 유교·도교	140
49	고대의 고분 양식 변화	142
50	고대의 건축·예술	144
51	고려와 조선의 불교	148
52	고려의 유학·역사서	150
53	고려의 문학·예술·건축	154
54	조선 전기 성리학의 발달	156
55	조선 후기 사상의 분화	158
56	조선 후기 실학의 발달	160
57	조선의 역사서	162
58	조선의 지도·지리서, 백과사전	164
59	조선의 법전, 윤리·의례서	166
60	조선의 농서·의서·병서, 언어·한글 연구·교육기관	168
61	조선의 문학·건축	172
62	조선의 예술	174
63	고려와 조선의 과학 기술	176
64	유네스코 세계문화·세계기록문화유산	178
65	근대 문물의 수용	180
66	민족 문화 수호운동의 전개	182

사회·경제사

X 고대·고려·조선·근현대 사회·경제사

67	고대의 사회모습	186
68	고려의 사회모습	188
69	조선의 신분제도	190
70	조선의 향촌사회	194
71	고대의 수취·토지제도	196
72	고대의 농업·수공업·상업·대외교류	198
73	고려의 토지·수취제도	200
74	고려의 농업·수공업·상업·무역	204
75	조선의 토지제도, 고려~조선의 화폐 변천	206
76	조선의 수취제도	208
77	조선의 농업·수공업·광업	212
78	조선의 상업·무역	214
79	열강의 경제침탈과 경제적 구국운동	216
80	경제 발전과 사회의 변화	218

MEMO

I 선사시대의 역사

01 구석기 · 신석기 시대

1 구석기 시대

(1) **시기**: 약 70만 년 전 ~ 1만 년 전

(2) **도구**
  ① 전기: 큰 석기 하나로 다양한 용도 사용 - 주먹도끼 · 찍개 · 가로날도끼
  ② 중기: 직접떼기, 특정 용도 사용 - 긁개 · 밀개 · 찌르개 · 자르개
  ③ 후기: 간접떼기, 눌러떼기, 쐐기 이용 - 슴베찌르개

(3) **주거**: 동굴, 막집(기둥자리 · 불땐자리 흔적) 등

(4) **경제**: 이동 생활 → 채집 · 사냥

(5) **사회**: 불 · 언어 사용, 시신 매장 풍습, 평등 사회

2 신석기 시대

(1) **시기**: 기원전 8000년 전

(2) **도구**
  ① 간석기: 갈돌 · 갈판 – 조리용 / 가락바퀴 – 의복 제작 / 농기구 - 돌삽 · 낫 등
  ② 토기 제작: 빗살무늬토기 - 첨저형 바닥/덧무늬 · 눌러찍기무늬 토기 등
  ③ 원시적 수공업: 가락바퀴 · 뼈바늘, 치레걸이, 조개껍데기 가면

(3) **주거**: 움집 제작 → 화덕은 중앙에, 반지하 형태 - 추위 막음 · 화재 방지

(4) **경제**
  ① 채집 · 사냥 + 농경 시작(조 · 피 · 수수) → 정착 생활 시작
  ② 강가 · 바닷가 거주

(5) **사회**: 부족 사회 형성, 족외혼 등장, 평등 사회

(6) **원시 신앙**: 애니미즘(자연 현상) · 샤머니즘 · 토테미즘 · 영혼 및 조상 숭배

3 대표적인 선사 시대 유적지

(1) **구석기**
  ① 단양 도담리 금굴 유적지: 약 70만 년 전, 한반도에서 가장 오래된 유적지
  ② 공주 석장리: 남한 최초 구석기 유적지 발굴
  ③ 경기 연천 전곡리: 아슐리안 주먹도끼 출토 → 모비우스 학설에 반박
  ④ 덕천 승리산 동굴: 최초로 인골 출토
  ⑤ 청원(청주) 두루봉 동굴 흥수아이(장례 풍습, 꽃가루) 출토

(2) **신석기**
  ① 황해도 봉산 지탑리(탄화 좁쌀), 강원 고성 문암리(동아시아 최초 밭 유적)
  ② 부산 동삼동 조개더미: 조개 예술품, 일본산 흑요석기 출토
  ③ 양양 오산리 유적: 백두산 흑요석기 출토
    → 부산 동삼동(일본산) · 양양 오산리(백두산) 흑요석기: 원거리 교역 의미
  ④ 서울 암사동 유적: 빗살무늬토기 출토
  ⑤ 제주 한경 고산리 유적: 가장 오래된 신석기 유적

※ 참고자료 : 선사 시대의 전개

	구석기	신석기	청동기	철기
도구	(뗀)주먹도끼	(간)빗살무늬토기	비파형 동검	세형 동검, 거푸집
주거	막집, 동굴	움집	강가 · 구릉, 배산임수 지형	
경제	채집 · 사냥	채집 · 사냥 농경 시작	벼농사 시작	중국과 교류 (동전, 붓)
사회	평등	족외혼, 신앙	계급 발생, 군장	널 · 독무덤

01 구석기 · 신석기 시대

구석기 시대

경제
- 사냥·채집·어로
  - 주술적 신앙조각
  - 최초의 예술품
- 불, 언어

사회
- 이동생활 · 무리사회

유물
- 뗀석기
  - 전기: 큰 석기 하나로 다양한 용도 사용 / 주먹도끼, 찍개, 가로날도끼
  - 중기: 특정 용도로 사용되는 석기 제작 / 긁개, 밀개, 찌르개, 자르개
  - 후기: 쐐기 이용, 형태가 동일한 석기 제작 / 슴베찌르개

주거
- 막집 (기둥자리·불땐자리)
- 동굴·바위그늘

유적지
- 유물출토: 연천 전곡리: 아슐리안 주먹도끼
- 최초발굴:
  - 종성 동관진: 한반도 최초(일제시대)
  - 공주 석장리: 남한 최초
- 인골화석:
  - 덕천 승리산: 한반도 최초
  - 단양 상시리: 남한 최초
  - 청원(청주) 두루봉: 흥수아이(장례 풍습, 꽃가루)

신석기시대

경제
- 농경·목축 시작
  - 조·피·수수
- 원시신앙
  - 토테미즘 — 동식물
  - 애니미즘 — 만물에 영혼
  - 조상숭배 — 영혼숭배
  - 샤머니즘

사회
- 정착생활 · 부족사회(족외혼)

유물
- 간석기
  - 돌괭이·돌보습
  - 갈돌·갈판
- 토기
  - 덧무늬
  - 이른민무늬
  - 빗살무늬
  - 눌러찍기무늬
- 원시적 수공업
  - 가락바퀴·뼈바늘
  - 치레걸이
  - 조개껍데기 가면

주거
- 움집
  - 강가·바닷가, 반지하
  - 집터 원형 or 모서리 둥근 사각형
  - 중앙 화덕, 화덕·출입문 옆 저장구덩

유적지
- 부산 동③동: 패총, 일본 흑요석 — 원거리 교역
- 서울 암④동
- 양양 ⑤산리: 백두산 흑요석
- 제주 한경 고산리: 신석기 **最古**

02 청동기 · 철기 시대

1 청동기 시대

(1) **시기**: 기원전 2000년

(2) **도구**
   ① 간석기 사용: 간돌검(무기), 일상(농사) 용도 - 반달 돌칼, 돌괭이, 돌도끼 등
   ② 청동기: 지배층 도구 - 비파형 동검(의식용), 거친무늬 거울(장신구)
   ③ 토기: 민무늬 토기, 미송리식 토기(고조선), 송국리식 토기, 붉은 간토기

(3) **주거**: 대규모 취락 형성
   ① 전쟁 발생: 방어 목적 - 구릉지 · 배산임수 지형 + 목책 · 환호 설치
   ② 움집: 지상가옥화(주춧돌), 직사각형 집터, 화덕은 벽면 이동, 저장구덩
   ③ 취락 내 다양한 공동시설 설치 - 집회소 · 작업장(전문 장인 존재)

(4) **경제** ※발농사: 보리, 콩 재배
   ① 벼농사 시작, 농업 생산력 증가 → 잉여 생산물 발생 → 사유재산화 → 계급 출현

(5) **사회**
   ① 계급 발생: 지배층 문화 형성 - 고인돌 · 선민사상 등
   ② 군장의 권위 상징: 청동기 도구 활용
   ③ 부계 중심 사회, 남녀 역할 분담
   ④ 돌무지무덤

(6) **대표적인 청동기 유적지**
   ① 부여 송국리 유적: 벼농사 흔적, 송국리식 토기 출토
      → 부여 송국리 · 울산 검단리 유적: 환호 · 목책 발굴
   ② 평양 남경 유적: 신석기 + 청동기 유물 출토
      → 평양 남경 · 여주 흔암리 · 부여 송국리 유적: 탄화된 볍씨 출토
   ③ 강화 · 화순 · 고창: 고인돌 유적(세계문화유산)

2 철기 시대

(1) **시기**: 기원전 400년 전

(2) **도구**
   ① 독자적 청동기 문화 발달 - 세형동검(한국식 동검) · 거푸집 · 잔무늬 거울
   ② 철기 농기구 · 무기 → 농업 생산력 향상, 정복 활동이 활발하게 전개
   ③ 토기: 민무늬 토기, 검은 간토기

(3) **주거**: 지상식 주거, 온돌 사용, 귀틀집 · 반움집 등 주거 형태 다양화

(4) **경제**
   ① 중국과 교류 활발
     • 중국 화폐 출토: 명도전 · 반량전(사천 늑도 유적) · 오수전 · 왕망전
     • 붓 출토(창원 다호리 유적): 한자 사용
   ② 수리시설 축조(저수지): 농업 생산력 증대, 벼농사 확산

(5) **사회**
   ① 널무덤, 독무덤

> **※ 참고자료**
> ★ **[암각화]**
> - **울주 반구대 암각화**: 신석기 ~ 철기, 고래 · 거북 · 사슴 등 동물 그림 → 사냥의 성공 기원
> - **고령 장기리 암각화**: 청동기 ~ 철기, 동심원(기하학적 무늬, 태양 상징)
>
> ★ **[구석기 ~ 철기 무덤 양식]**
> - **구석기**: 장례 풍습(꽃가루)
> - **신석기**: 시신 매장(조상 숭배) → 시신 머리는 동쪽으로 배치(태양 숭배)
> - **청동기**: 돌널무덤, 돌무지무덤
> - **철기**: 널무덤, 독무덤

02 청동기·철기 시대

청동기시대

경제
- 벼농사 → 잉여재산 → 전쟁 → 구릉지, 목책·환호
  - 탄화된 볍씨, 여주 흔암리
- 선민사상
  - 고인돌(강화도)

사회
- 계급사회(군장) → 국가형성 → 고조선

유물
- **간석기**
  - 간돌검(무기)
  - 반달돌칼(추수용)
  - 바퀴날도끼(사냥)
  - 홈자귀(목재가공)
- **토기**
  - 민무늬 토기 (미송리·송국리식)
  - 붉은 간토기
- **지배층도구**
  - 비파형 동검
  - 거친무늬 거울
  - 청동방울

주거
- **다양한 시설**
  - 집회소·작업장
    - 전문장인
- **움집**
  - 지상가옥화(주춧돌)
  - 집터 직사각형, 벽면화덕

무덤
- 돌널무덤·돌무지무덤

철기시대

경제
- 암각화(풍요기원)
  - **울주 반구대**: 고래, 거북, 사슴
    - 사냥성공 기원 / 태양
  - **고령 장기리 [양전동 알터]**: 기하학적 무늬(동심원)
- 수리시설 축조 (저수지)

사회
- 철제무기 / 철제농기구
- 철제무기 → 연맹왕국

유물
- **독자적 청동기 문화**
  - 세형동검
    - 한국식 동검
  - 잔무늬 거울
  - 거푸집
- **토기**
  - 덧띠 토기
  - 검은 간토기
- **중국과의 교류**
  - 화폐(명도·반량·오수·왕망전)
  - 붓(한자 사용)
    - 창원 다호리 유적

주거
- **지상 가옥 일반화**
  - 귀틀집(통나무), 초가집(반움집)
  - 온돌 사용

무덤
- 널무덤·독무덤

03 고조선

1 고조선의 건국

(1) **역사**: 『삼국유사』 → 기원전 2333년, 단군왕검 건국 ~ 기원전 108년 멸망
  ① 단군왕검: 단군 - 제사장 / 왕검 - 군장 → 제정일치 사회
  ② 기원전 5세기경 철기 문화 시작, 기원전 108년 한 무제 침공 멸망
  ③ 군장 국가 → 연맹 왕국 단계 성장

(2) **영역**
  ① 중국 랴오닝 지역 → 한반도 대동강 유역(왕검성) 이동
  ② 고조선의 세력 범위: 비파형 동검, 북방식 고인돌, 미송리식 토기로 유추

2 고조선의 발전

(1) **위만 조선 이전**
  ① 기원전 7세기: 중국 제(齊)와 교역 / 기원전 5세기: 철기 최초 유입
  ② 기원전 4 ~ 3세기 연나라와 대립할 정도로 성장하여 왕호 사용
  ③ 연(燕)과 대립: 요서 경계 → 연의 침략으로 영토 상실 → 중심지 대동강 이동
  ④ 왕위 부자 세습: 부왕 - 준왕

(2) **위만 조선(기원전 2세기~)**
  ① 위만: 중국 진·한 교체기 유입, 국경수비대장으로 임명
  ② 위만 세력 성장 → 준왕 축출(준왕 - 한반도 남부 이동) → 위만 조선 성립
  ③ 철기 본격 수용, 수공업·상업·무역 발달 → 중계 무역 독점 → 한(漢) 반발
  ④ 중앙 정치 조직 정비
    • 관직 정비: 왕·태자·비왕·상·경·장군 등 사용
    • 주변 지역(진번·임둔 등) 복속, 한·예·진 중계 무역 독점
  ⑤ 조선인 증거
    • 흰옷, 상투
    • 조선이름 그대로 사용
    • 기존 관리 그대로 수용

3 고조선의 멸망

(1) **고조선 vs 한**
  ① 기원전 128년: 예군 남려 → 28만 인을 데리고 한에 투항 → 한 무제 창해군 설치
  ② 조선상 역계경이 우거왕과 충돌 → 무리와 함께 진(辰)으로 도망
  ③ 기원전 109년 우거왕, 요동 도위 섭하 살해
  ④ 고조선, 흉노와 연합 시도 → 한 견제 목적

(2) **고조선의 멸망**
  ① 기원전 108년 한 무제 침략 → 장기전과 내분(니계상 삼의 배신)으로 멸망
  ② 고조선 영토에 한 군현(낙랑·임둔·진번·현도) 설치
  ③ 8조법 → 60여 조로 강화, 풍속이 각박해짐

참고자료: 단군의 관련 문헌

★ 『관자』(중국): 고조선 최초 언급

★ 고려 시대: 『삼국유사』 - 단군신화 최초 언급, 『제왕운기』(이승휴)

★ 조선 시대: 『세종실록지리지』, 『동국여지승람』 등
 - 『동국통감』: 고조선 기록 有, 단군 신화 無

★ 고조선 핵심 사항 요약

위만 집권 이전(B.C.2333-B.C.194)	위만 집권 이후(B.C.194-B.C.108)
• 제정 일치(단군 왕검), 홍익인간 • 연(燕)과 대립 • 체제 정비(B.C.3C) - 부왕 → 준왕 왕위 세습 - 상·대부·장군 관직 설치	• 철기문화 ↑ • 중계무역(한 - 진국) • 한 무제 침공 → 멸망 후 군현 설치
8조법 → 생명·노동력 중시, 사유재산, 노비 존재, 화폐	

03 고조선

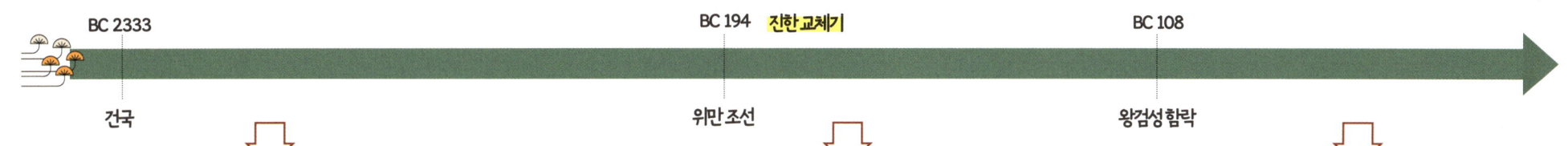

BC 2333 — 건국
BC 194 — 진한 교체기 — 위만 조선
BC 108 — 왕검성 함락

위만조선이전
- 농경사회, 제정일치
- BC 2333 : 건국
- BC 5C : 철기 최초 유입
- BC 4C
  ⓐ 왕호 사용
  ⓑ 연과 대립(요서 경계)
    └ "조선후도 스스로 왕을 칭하고 병력을 일으켜 거꾸로 연을 치려 하였다"
- BC 3C
  ⓐ 연 진개 침입으로 중심지 이동(요령 → 대동강)
  ⓑ 왕위 세습 확립(부왕 → 준왕), 관직(상, 대부, 장군)
    └ 재상

위만조선
- 위만 망명 → 쿠데타(BC 194) → 준왕 남하(진국, 한왕)
  └ 국경수비 대장으로 임명
- 본격적 철기 유입
- 주변지역 복속(진번·임둔)
- 중계무역(한 – 예·진)
- 한과의 충돌과 멸망(우거왕)
  └ 위만의 손자
  ⓐ 예군 남려 한 투항 → 무제 창해군 설치(BC 128)
  ⓑ 섭하 사건(한 사신 섭하 피살)
    ⇒ 한의 침입(BC 109) : 1차 승리(패수), 2차 패배(우거왕 피살)
  ⓒ 왕검성 함락(BC 108)

멸망이후
- 한사군 설치
  └ 낙랑, 진번, 임둔, 현도
- 60조법
  └ 풍속이 각박

단군 관련문헌
고려	・『삼국유사』: 단군신화 최초언급 └ 일연 ・『제왕운기』 └ 이승휴
조선	・『세종실록지리지』, 『동국여지승람』

단군조선 세력범위를 나타내는 유물 (만주~한반도)
① 비파형 동검   ③ 북방식(탁자식) 고인돌
② 거친무늬 거울 ④ 미송리식 토기

위만이 조선인 이라는 증거
- 흰옷, 상투, 기존관리 수용
- 조선이름 그대로 사용

고조선 관련 문헌
- 『관자』: 고조선 최초언급
- 『동국통감』, 『동사강목』

I 선사시대의 역사 13

04 여러 나라의 성장

1 초기 여러 국가의 등장

(1) 계기: 철기 문화의 발달, 고조선 멸망 이후 유민 분산 → 역사적 경험 공유
(2) 정치 형태의 발전: 군장 국가(옥저·동예·삼한) → 연맹 왕국(부여·고구려)

2 부여

(1) 위치·경제: 만주 송화강 유역 평야 지대 → 농경·목축 원활 예 마가·우가 등
(2) 정치 형태
  ① 5부족 연맹 왕국 but 왕권 미약 → 수해나 한해가 들면 왕을 죽임·교체
  ② 사출도: 마가·우가·구가·저가가 독자적으로 다스리는 영역
(3) 풍속
  ① 제천 행사: 영고 - 12월, 수렵 사회의 전통 영향
  ② 특산물: 말, 주옥, 모피 등
  ③ 순장, 우제점복, 1책 12법, 옥갑(장례 도구) 사용
  ④ 흰옷을 즐겨 입음

3 고구려

(1) 위치·경제
  ① 압록강 유역 졸본(주몽) 건국 → 국내성 천도(유리왕)
  ② 농사가 힘듦 → 약탈 경제 발달(옥저·동예 등) → 부경(약탈품 보관창고)
(2) 정치 형태
  ① 5부족 연맹 왕국 - 계루부·소노부·절노부·관노부·순노부
  ② 귀족(공경) 세력: 고추가·상가·대로 / 대부: 사자·조의·선인 등
(3) 풍속
  ① 제천 행사: 동맹 - 10월, 국동대혈에서 제사
  ② 서옥제: 노동력 중시 cf 민며느리제(옥저)
  ③ 도둑질한 자는 12배로 배상
  ④ 전쟁 多 → 형사취수제, 늘 수의를 준비함
  ⑤ 무덤에 돌을 쌓아 봉분을 만들고 주변에 소나무·잣나무 심음

4 옥저와 동예

(1) 위치·경제: 동해안 일대 좁은 평야 지대 - 함경도(옥저)·강원도(동예)
(2) 정치 형태
  ① 군장 국가: 연맹 왕국으로 발전 ✗
    ∵ 경제력·인구·영토 작음, 고구려 약탈
  ② 왕 ✗ → 읍군·삼로 등 통치
  ③ 예왕지인: 위(魏)가 영동 지역의 예족 우두머리에 내린 인장 → 중국과 교류
(3) 풍속
  ① 제천 행사: 무천(동예) - 10월, 옥저는 없음
  ② 특산물: 소금·어물(옥저) / 단궁·과하마·반어피(동예)
  ③ 옥저: 민며느리제 → 노동력 중시 cf 서옥제(고구려), 가족 공동묘
  ④ 동예: 책화 - 다른 부족 침입 시 소와 말로 배상 / 족외혼
  ⑤ 사람이 죽으면 옛집을 허물고 새집으로 이사 감

5 삼한

(1) 위치·경제: 한반도 남부 일대 → 진국(辰國) 소멸 후 발달
  ① 마한: 경기도 ~ 전라도 일대, 54개 소국
    → 목지국: 마한왕·진왕으로 삼한 대표
  ② 진한: 경상도 일대, 12개 소국, 사로국 대표
  ③ 변한
    • 경상도 남부 일대, 12개 소국, 구야국 대표
    • 철이 많이 생산 → 낙랑·왜에 수출
(2) 정치 형태: 군장 국가 → 신지·읍차 등 통치
(3) 풍속
  ① 제천 행사: 수릿날(5월)·계절제(10월) - 농경 사회의 전통
  ② 제정 분리: 천군(제사장) - 제사 주관, 소도(신성한 지역) - 솟대로 표시
  ③ 벼농사, 공동 노동(두레)
  ④ 장례 풍습: 새의 깃털을 함께 매장

04 여러 나라의 성장

	부여	고구려	옥저	동예	삼한

정치	• 5부족 : 중앙(王)
	  + 사출도(마·우·저·구가)
	• 수해·한해시 왕을 죽임
		• 5부족
		  └계루부 장악
		• 제가회의
		  └상가·고추가
			• 후·읍군·삼로(왕 X)		• 마한 목지국의 왕이 삼한을 영도
					• 제정분리
					  ⓐ 족장 : 신지·견지(大), 부례·읍차(小)
					  ⓑ 제사 : 천군(제사장), 소도(신성지역)

경제	• 반농반목
	  "오곡(五穀)이 자라기에는
	  적당하지만, 오과(五果)
	  는 생산되지 않는다."
	• 말, 주옥, 모피
		• 약탈경제(부경)
		  └지배층의
		   보관창고
			• 고구려에 공물
			  (소금·어물)
				• 농경, 방직(명주, 삼베)
				• 단궁, 과하마, 반어피
					• 벼농사 → 두레
					• 변한(철 생산)
					  ⓐ 낙랑, 왜에 철 수출
					  ⓑ 교역시 덩이쇠(화폐) 사용

사회	• 우제점복
	• 순장, 흰 옷
	• 영고(12月)
	  └은력 정월
	• 후장(옥갑, 얼음)
		• 1책 12법
		• 형사취수제
		  └노동력 유출 방지
		• 서옥제
		• 동맹(10月, 국동대혈)
		  주몽·유화부인 제사
		• 돌무지무덤
		  └봉분 주변에 소나무·잣나무
			• 골장제(가족공동묘)
			  └쌀을 담은 항아리
			• 민며느리제(매매혼)
			• 제천 행사 X
				• 씨족 사회 풍습 : 족외혼, 책화
				  └노비·소말 배상
				• 무천(10月)
				• 호랑이를 신으로 섬김
				• 병들어 죽으면 옛집을
				  버리고 새집
					• 편두, 문신
					  └머리를 돌로 누름
					• 수릿날(5月), 계절제(10月)
					• 장례를 치를 때 큰새의 깃털

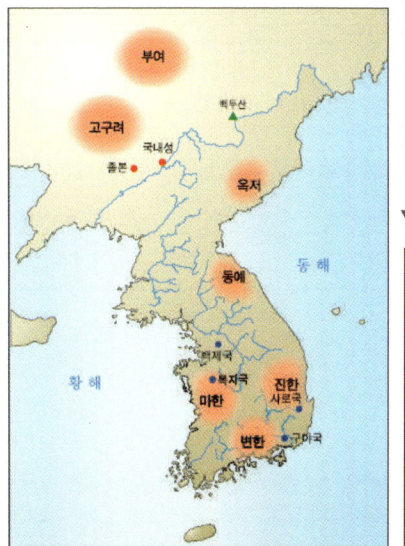

구분	8조법(고조선)	4조목(부여)
살인	① 즉시 죽임	① 즉시 죽이고, 가족은 노비
절도	② 노비로 삼음, 용서받으려면 50만전 내야함(8조법X)	② 12배 배상
정절	'여자들은 모두 정숙하여 음란하고 편벽된 짓을 하지 않았다.' (8조법 X)	③ 간음한 여자 사형, 시체는 산 위에 방치 ④ 투기가 심한 부인 사형
상해	③ 곡식 배상	X

MEMO

II 고대사

05 삼국의 성립과 한군현과의 투쟁

1 고구려

BC 1C	동명왕	• (BC 37) 건국(부여의 유민 + 압록강 유역 토착 세력) • 압록강 유역의 졸본(오녀산성)을 중심으로 성장
1C	유리왕	• 졸본에서 국내성으로 천도
2C	태조왕	• 계루부 고씨의 왕위 독점 • 5부 체제 형성(계루부·절노부·소노부 등) • 동옥저 정벌: 함흥평야 일대 및 동해안 진출 • 동예 공격
2C	고국천왕	• 왕위의 부자 상속 확립 • 방위명(동·서·남·북·중) 5부 개편: 기존의 부족적 전통이 강한 5부 명칭이 단순히 방위를 가리키는 명칭으로 변화 • 을파소 등용 및 진대법 실시(194): 춘대추납, 빈민 구제 및 왕권 강화
3C	동천왕	• 오(吳)와 통교 및 서안평 공격 • 위(魏)의 관구검이 침입 → 환도성 함락, 동해안으로 피란, 밀우와 유유의 활약
4C	미천왕	• 을불 설화(봉상왕의 박해를 피해 소금 장수 생활) • 서안평 점령(311): 압록강 서쪽 진출 • 낙랑군(313)·대방군(314) 축출: 한반도에서 한4군(중국 세력) 축출

2 백제

BC 1C	온조왕	• (BC 18) 건국(고구려 유민 + 한강 유역 토착 세력) • 하남 위례성(한성)에 도읍
3C	고이왕	• 율령 반포 • 관제 정비(6좌평·16관등제) • 공복 제정(자·비·청색) • 목지국 정벌 및 한강 유역 확보 • 남당 설치

3 신라(왕호의 변천)

BC 1C	거서간	• 군장의 의미 / 제1대 박혁거세만 사용 • 박혁거세가 건국(BC 57, 경주 토착 세력 〉 유민 세력)
1C	차차웅	• 제사장, 무당의 의미 / 제2대 남해왕만 사용
1~4C	이사금	• 계승자, 연장자의 의미 / 제3대 유리왕부터 사용
4C	마립간	• 대군장의 의미 / 제17대 내물왕부터 사용
6C	왕	• 중국식 왕호, 초월적 의미 / 제22대 지증왕부터 사용

4 가야

(1) 금관가야(김해)
  ① 건국: 김수로왕(구지가, 아유타국 출신 공주와 결혼), 김해 대성동 고분군
  ② 성쇠: 철 생산(낙랑·왜 중계무역), 포상팔국의 난 진압 → 전기 가야 연맹 중심
(2) 대가야(고령)
  ① 건국: 이진아시왕, 고령 지산동 고분군
  ② 성쇠: 후기 가야 연맹 중심
(3) 구성(6가야)
  ① 금관가야(김해), 대가야(고령)
  ② 성산가야(성주), 고령가야(진주 or 상주시 함창읍), 아라가야(함안), 소가야(고성)

05 삼국의 성립과 한군현과의 투쟁

	BC 1C	1C	2C	3C	4C

부여
- 우제점복
- 형사취수
- 1책 12법

옥저 복속

고구려

동명성왕 → **2代 유리왕** → **6代 태조왕** → **9代 고국천왕** → **11代 동천왕** → **15代 미천왕**

- 2代 유리왕: 졸본성(오녀산성) → 국내성(환도산성)
- 9代 고국천왕: 진대법(을파소)

11代 동천왕
- 서안평 공격 → for 위 - 낙랑·대방 연결 차단
- 위 관구검의 반격 → 옥저 피난

15代 미천왕
- 서안평 점령 → 낙랑, 대방 축출
- 대동강 유역 확보

고구려의 국가기틀 확립
- 계루부 고씨 세습 — 부자 세습
- 부족적 5부 (계루·절노·소노·순노·관노부) — 행정적 5부 (동·서·남·북·중부)

한군현과의 투쟁 → 위 지배 하의 낙랑·대방군

백제

온조왕 → **9代 고이왕**

9代 고이왕
- 율령(관등제, 공복제)
  - 16관등, 6좌평 — 3색(자비청)
- 목지국 정벌, 한강유역 확보

신라

거서간(BC 1C)	차차웅(1C)	이사금(2~3C)	마립간(4~5C)

- 거서간: 군장, 1代 박혁거세
- 차차웅: 무당
- 이사금: 연장자, 연맹왕국(박·석·김)
- 마립간: 대군장, 김씨 세습

가야

금관가야(김해)
- 김수로
  - 탄생설화(구지가)
- 김해 대성동 고분
- 낙랑·왜 중계무역(덩이쇠)
  - 화폐로 사용
- 벼농사 발달

대가야(고령)
- 이진아시
- 고령 지산동 고분
  - 철제갑옷·수레·토기

→ **전기가야연맹 (금관가야맹주)**

06 백제의 전성기와 고구려의 반격(4C)

1 고구려

4C	고국원왕	• 전연(모용황)의 침입(342): 수도 함락 및 미천왕릉 도굴 • 백제 근초고왕의 침입으로 평양성에서 전사(371)
	소수림왕	• 전진과 외교 강화, 전진(순도)으로부터 불교 수용 • 태학 설립 • 율령 반포
5C	광개토 대왕 (영락)	• 동부여 복속 • 숙신·거란 복속 → 만주 진출 • 후연 격파(요동 장악) • 백제(아신왕) 공격 → 한강 이북 장악 • 신라에 침입한 왜를 격퇴(400) → 신라에 내정 간섭, 전기 가야 연맹 쇠퇴(금관가야에서 대가야로 중심 이동)

2 백제

4C	근초고왕 (346~375)	• 왕위의 부자 세습 • 마한 복속 → 남해안 진출 • 고흥의 『서기』 편찬 • 평양성 공격 및 고국원왕 전사 → 황해도 지역 지배 • 가야 지역에 대한 영향력 강화 • 중국의 요서·산둥 진출, 동진과 수교 • 일본의 규슈 진출, 왜왕에게 칠지도 하사 • 일본에 한학 전래(아직기·왕인)
	침류왕	• 동진(호승 마라난타)으로부터 불교 수용(384)

3 신라

4C	내물왕
	(356~402)
		• 진한 장악
		• 김씨의 왕위 독점 세습(고구려의 군사 후원)
		• 마립간(대군장) 칭호 사용
		• 고구려의 영향
		  ⊙ 고구려를 통해 전진에 사신(위두) 파견
		  ⓒ 왜가 침입하자 광개토 대왕에게 군사 요청

5C		• cf 호우명 그릇(415, 장수왕 3년)

> ***참고자료**
>
> ★ **[평양성 전투]**: 41년(371) 겨울 10월에 백제왕이 병사 30,000명을 거느리고 평양성을 공격해 왔다. 왕(고국원왕)이 군대를 출정시켜 백제군을 막다가 흐르는 화살에 맞게 되어 이달 23일에 세상을 떠났다. 고국(故國)의 들에 장사 지냈다. 백제 개로왕이 위(魏)에 표문을 보내어 말하기를, "쇠(釗)(고국원왕)의 머리를 베어 매달았다."라고 하였는데 지나친 말이다.
>
> ★ **[광개토 대왕릉비]**: 신라(내물왕)에서 사신을 보내어 왕께 아뢰기를, "왜인이 [신라의] 국경에 가득하여 성지를 부수고 노객(奴客)으로 하여금 왜의 민(民)으로 삼고자 합니다. 왕께 귀의하니 구원해 주시길 청합니다."고 하였다. 영락 10년 경자(400)에 왕이 보병과 기병 5만 명을 보내 가서 신라를 구원하게 하였다. 남거성을 거쳐 신라성에 이르니, 왜의 군사가 가득하였다. 고구려의 관군이 도착하자 왜적이 퇴각하였다. … 뒤를 급히 추격하여 임나가라의 종발성에 이르자 성이 곧 귀순하여 항복하였다.
>
> ★ **[호우명 그릇]**: 경주 호우총에서 출토된 그릇으로, 밑바닥에 '을묘년국강상광개토지호태왕호우십'이라는 글자가 새겨져 있어 당시 고구려와 신라의 관계를 짐작할 수 있다.

06 백제의 전성기와 고구려의 반격(4C)

중국
- 전연 모용황
- 전진 순도
- 동진 마라난타

전연 → 국내성 함락
전진 → 불교 전파
동진 → 불교 전파

고구려

15代 미천왕 | 16代 고국원왕 | 17代 소수림왕
- 태학
- 율령

19代 광개토대왕(영락)
- 만주 진출(숙신·거란 복속)
- 후연 격파(요동 장악)

평양성 전투(371)
근초고왕 vs 고국원왕
'빗나간 화살을 맞고 사유가 죽었다.'

한강 이북 장악
광개토대왕 vs 아신왕
└ 노객의 맹세

백제

13代 근초고왕
- 부자 세습
- 고흥 『서기』
- 마한 정복, 요서·산동·규슈 진출
- 동진과 국교
- 일본에 한학전래(아직기·왕인)
- 왜왕에게 칠지도 하사

15代 침류왕

광개토대왕의 왜구 격퇴(400)
- 신라에 내정 간섭(호우명 그릇)
- 금관가야 → 대가야
  └ 전기가야연맹 쇠퇴

신라

고구려 통해 전진과 교류
(382, 위두 파견)

- 진한 정복
- 김씨 세습 → 마립간 칭호 사용

17代 내물마립간

07 고구려의 전성기 vs 나제동맹(5C)

1 고구려

5C	장수왕 (413~491)	• 광개토 대왕릉비 건립 • 평양 천도(427) 및 남진 정책 • 한성 함락(475) 및 개로왕 죽임 → 한강 유역 장악 • 남쪽 경계(죽령 ~ 남양만): 충주(중원)고구려비 등으로 확인 • 북연의 왕 풍홍의 귀순, 중국 남북조와 다면 외교 • 북위와 물길(말갈)의 연결을 막기 위해 흥안령 일대 장악 • 경당 설치(지방, 평민층, 한학·무술)
6C	문자왕	• 북부여 복속, 최대 영토 확보

2 백제

	비유왕	• 신라의 눌지왕과 나제 동맹 체결(433)
	개로왕	• 북위에 국서 보냄(고구려 공격 요청) • 한성 함락 및 아차산성에서 사망
5C	문주왕	• 웅진(공주)으로 천도(475) • 백제 왕실의 위기 및 귀족 세력의 발호
	동성왕	• 신라와 혼인 동맹으로 나제 동맹 강화: 신라 소지왕 때 이찬비지의 딸과 혼인(493) • 탐라 복속

3 신라

	실성왕	• 내물 마립간의 동생 • 복호·미사흔(눌지왕의 동생)을 각각 고구려·일본에 보냄 • 눌지왕에게 살해당함(고구려가 간여)
5C	눌지왕	• 박제상의 활약(볼모로 간 동생 귀환) → 고구려 간섭 약화 • 왕위의 부자 세습 확립 • 나·제 동맹 체결(433) • 묵호자(아도화상)의 불교 전래
	소지왕	• 우역 설치, 시장 개설(490) • 백제와 혼인 동맹(493, 이찬 비지의 딸을 보냄) • 행정 구역 정비: 6촌 → 6부

> ***참고자료**
> ★ **[광개토 대왕릉비]**: 중국 지린성 집안시에 있는 비석으로, 장수왕 대에 건립되었으며, 높이 6.39m에 달하는 거대한 비석으로 4면에 1,775자가 새겨져 있었던 것으로 추정된다. 비문의 내용은 첫 번째 건국 신화(추모왕) 관련 내용이 있고, 두 번째는 대왕의 여러 정복 사실들이 나열되어 있고, 세 번째는 수묘인 관련 규정이 있다.
> ★ **[충주 고구려비]**: 고구려 태왕 상왕공은 신라 매금(신라 왕)과 만나 영원토록 우호를 맺기 위해 이곳에 왔다. …… 동쪽 오랑캐인 매금에게 의복을 하사하였다.
> ★ **[한성 함락]**: 고구려 왕 거련이 군대 30,000명을 거느리고 백제를 침공하여, 백제의 도읍인 한성을 함락시키고, 그 왕 부여경(개로왕)을 죽이고 남녀 8,000명을 사로잡아 돌아왔다.
> ★ **[개로왕 북위 국서]**: "신은 고구려와 함께 근원이 부여에서 나왔기에 선대에는 예전의 우의를 돈독하게 유지하였으나 그 조상인 쇠(고국원왕)가 우호를 저버리고 친히 군사를 이끌고 신의 국경을 함부로 짓밟았습니다. 신의 조상인 수(須)가 군사를 정비하여 재빠르게 공격하니 화살과 돌이 잠시 오가다가 쇠의 머리를 베어 효수하였습니다. …… 지금 연(장수왕)은 죄가 있어 나라가 스스로 으깨어지고, 대신과 힘센 귀족들을 살육하기를 그치지 않아 악이 쌓였으며 백성들은 무너지고 흩어졌습니다. 이는 멸망시킬 수 있는 적기요, 폐하의 손을 빌려야 할 때입니다. ……"

07 고구려의 전성기 vs 나제동맹(5C)

고구려

20代 장수왕
- 광개토대왕릉비(만주)
  - 정복사실 + 수묘인규정
  - "왜인이 국경에 가득차 성을 부수었으니 ~"
- 평양 천도
- 충주 (중원)고구려비(한강 이남 장악[죽령 ~ 남양만])
  - "고려대왕 상왕공(장수왕)은 신라 매금(마립간)에게 의복을 내리고 ~"
  - 신라왕을 동이매금으로 낮춰 부름
- 흥안령 일대장악
- 경당(지방, 한학·무술 교육, 평민 입학 可)

① 평양 천도 (427, 남진 정책)

다면 → 북조(북위) / 외교 → 남조

② 나제 동맹 결성 (433) → ③ 북위에 보내는 국서 → ④ 장수왕 vs 개로왕 / 한성 함락 / 개로왕 사망(at 아차산) → ⑤ 웅진[공주] 천도 (475) → ⑥ 나제 동맹 강화 [혼인동맹](493)

21代 문자(명)왕
- 최대 영토
- 북부여 복속

백제

- 20代 비유왕
- 21代 개로왕
- 22代 문주왕
- 24代 동성왕

신라

19代 눌지마립간
- ㉠간섭 극복
- 왕위 부자 세습
  - ㉡고국천왕, ㉣근초고왕
- 불교 전래(㉤묵호자)
  - 불교 공인 X

21代 소지마립간
- 6촌 → 6부 행정 구역
  - ㉥고국천왕(행정적 5부)
- 시장, 우역 설치

08 백제 · 신라의 경쟁과 신라의 전성기(6C)

1 고구려

6C
- 귀족 연립 체제 및 왕권 쇠퇴
- 북방 돌궐의 압박

안원왕	• 금동 연가 7년명 여래 입상(북조 양식)
양원왕	• 한강 유역을 상실
평원왕	• 온달(영양왕 대 아차산성에서 전사)이 부마(사위)임

2 백제

6C
- 백제의 중흥 노력: 남조와 외교 강화 및 귀족·지방 세력 통제

무령왕	• 남조(양)와 외교 강화 • 섬진강 유역 차지 및 대가야 압박 • 신라 법흥왕과 대가야가 혼인 동맹 • 22담로에 왕족을 파견하여 지방 통제 • 단양이, 고안무를 일본에 보내 유교 경전 전파 • 무령왕릉: 남조의 영향을 받은 벽돌무덤
성왕	• 사비 천도, 국호를 남부여로 개칭(538) • 통치 체제 정비: 중앙 관제 22부, 수도에 5부·지방에 5방(방령) 설치 • 미륵 자처, 일본에 불교 전파(노리사치계), 겸익(계율종)의 인도 기행 • 신라 진흥왕과 연합하여 한강 하류 회복(551) → 신라의 배신으로 한강 하류 상실(553) → 신라를 공격하다 관산성 전투에서 사망(554)

3 신라

6C

지증왕	• 사로국에서 신라로 국호 확정, 마립간에서 왕(중국식)으로 변경 • 지방제 개편(주군현), 순장 금지 • 우경 실시, 동시전 설치 • 우산국 복속(이사부) • 포항 중성리 신라비(현존 신라 最古 비석), 영일 냉수리 신라비(진이마촌의 재산 분쟁 처리, 6부 대표 공동 의결)
법흥왕 (건원)	• 병부 설치(517), 율령 반포(520) • 골품제, 17관등 및 공복(자·비·청·황) 정비 • 불교 공인(527, 이차돈 순교), 상대등 설치(531) • 금관가야 병합(532, 김구해 항복), 대가야와 혼인 동맹 • 울진 봉평 신라비(중대 사건 범죄자 처벌 기록, 동해안 북부 진출 내용)
진흥왕 (개국, 태창, 홍제)	• 국사 편찬(545, 거칠부에게 명함) • 단양 적성비(551): 적성 토착민 야이차에 대한 포상 기록, 순수비는 아님, 한강 상류 장악 • 신주 설치(553, 한강 하류), 관산성 전투(554, 성왕 전사) • 대가야 멸망(562): 사다함, 이사부의 활약 • 4개의 순수비: 북한산비(555, 한강 유역), 창녕비(561, 비화가야 합병), 황초령비·마운령비(568, 함경도 진출) • 화랑도 개편, 중국과 직접 교역(당항성), 품주 설치(565) • 불교 교단 정비(혜량을 국통으로, 551), 황룡사 건립(566)
진지왕	• 화백 회의에서 폐위(음탕하다는 이유)

4 가야의 성쇠

(1) **전기 가야 연맹의 쇠퇴**: 4C 백제·신라의 팽창 → 광개토대왕의 공격(400)
(2) **후기 가야 연맹의 쇠퇴**: 5C 백제 무령왕의 압박 → 신라(법흥왕)와 결혼 동맹(522)
(3) **금관가야 멸망(532, 법흥왕)**: 구형왕(김구해)가 항복 → 子 김무력 → 子 김서현 → 子 김유신
(4) **대가야 멸망(562, 진흥왕)**: 이사부, 사다함 등의 활약

08 백제·신라의 경쟁과 신라의 전성기(6C)

고구려

6C 전반 고구려의 내분으로 국력 약화 → 백제·신라의 성장

- 24代 양원왕 시기 한강 유역 상실(551)
- 혜량 신라 망명(551)

왕권 재확립 시도 →

25代 평원왕
- 신진세력 등용(온달을 사위)
- 장안성(평양도성)
  └ 외·내·중·북성

백제

고구려 격파(강대국 자부심 회복) ↑

25代 무령왕[사마왕]
- 영동대장군
- 22담로(왕족 파견)
- 단양이·고안무 ⓑ파견 (유교경전 전파)

26代 성왕
- 무령왕릉 축조(525)
  └ 벽돌무덤 양식
- 중앙(22부)·지방(5부 5방)
  └ 부서 수도 └ 지방
- 노리사치계(552)
  └ ⓑ에 불교 전파

사비[부여] 천도(538) / 남부여(국호)

가야

금관가야 맹주 →(4C 광개토대왕 왜구 격퇴)→ 대가야 맹주
- 전라도까지 영토확장
- 남제 사신파견

법흥왕과 결혼동맹(522)
└ 국제적 고립 탈피

신라

22代 지증왕
- 우산국 정벌(이사부)
- 영일 냉수리비(재산 분쟁)
- 우경
- 아시촌소경, 중국식 주군제
  └ 한화정책(지방관 최초 파견)
- 동시·동시전
  └ 시장감독기구
- 국호 신라, 왕 칭호
- 순장 금지

23代 법흥왕(건원)
- 병부 설치(517)
- 율령(관등제, 관복제, 520)
  └ 17관등 └ 4색(자비청황)
- 대가야 결혼동맹(522)
- 울진 봉평비(동해안 북부 진출)
- 불교 공인(527, 이차돈 순교)
- 상대등 설치(531)
- 금관가야 항복(532)
  └ 금관국주 김구해 항복
- → 子 김무력
  └ 진흥왕 때 군주, 신주 설치
- → 손자 김유신
  └ 김춘추와 결탁

24代 진흥왕(개국 → 대창 → 홍제)
- 화랑도 개편
- 품주 설치(집사부+창부)
  └ 비서 └ 재정
  진덕여왕 때 분화
- 거칠부 『국사』
- 대가야 멸망
  └ 이사부로 치게 하고, 사다함으로 돕게 하였다.

관산성 전투(554) 성왕 vs 진흥왕

- 551년 ① 단양 적성비 (한강 상류 장악, 공적비[순수비 X])
  └ 야이차 장군 포상
- 553년 한강 모두 차지 · 중국과 직접교역 └ 당항성 · 나제동맹 결렬
- 555년 ② 북한산비 (한강 하류 장악) ─ 김정희 금석고증
- ③ 창녕비 (561, 가야 진출) ─ 대가야 멸망
- ④,⑤ 마운령비 황초령비 (568, 함경도 진출)

불교 진흥
- 교단 정비(국통)
  └ ⓐ 승려 혜량
- 황룡사
- 팔관회

09 삼국의 항쟁과 신라의 삼국통일(7C)

1 고구려

6C	영양왕	• 온달이 죽령을 수복하려다 전사(590, 아차산성) • 고구려가 요서 공격(598) → 수 문제의 1차 침입(홍수, 태풍) • 수 양제의 2차 침입 → 살수 대첩(612, 을지문덕) • 신집 5권(600, 이문진), 담징·혜자(일본에 문화 전파)
7C	영류왕	• 천리장성 축조 시작(부여성 ~ 비사성) • 연개소문의 정변(642, 대막리지에 오름)으로 사망
	보장왕	• 당 태종의 침입(개모성, 비사성, 요동성 등 함락) → 안시성 전투(645) 승리 / 천리장성 완성(647) • 연개소문 사후 아들 내분 → 연정토 신라로 귀순(666) → 멸망(668)

2 백제

7C	무왕	• 익산 천도 시도(왕궁리 유적), 미륵사 창건
	의자왕	• 윤충이 대야성(김춘추의 사위였던 김품석 사망)을 비롯한 신라 40여 성 공략(642) • 황산벌 전투(660, 계백의 5천 결사대) • 사비성 함락으로 백제 멸망(660)

3 신라

6C	진평왕	• 원광: 세속 5계, 걸사표(608, 수에 청병)를 지음 • 남산 신성비: 성을 축조할 때 노동력 동원한 것을 기록
7C	선덕여왕 (인평)	• 대야성 함락(642) → 김춘추의 대고구려 외교 실패 • 김유신이 비담·염종의 난 진압(647) • 첨성대, 황룡사 9층 목탑, 분황사 모전 석탑, 영묘사 건립
	진덕여왕 (태화)	• 당에 '태평송' 바침, 중국식 의관 착용, 중국 연호 사용 • 나·당 동맹 결성(648, 김춘추의 활약)
	무열왕 (김춘추)	• 백제 멸망(660)
	문무왕 (김법민)	• 고구려 멸망(668), 삼국 통일 완수(676)

4 삼국의 통일 과정

642	윤충이 대야성을 함락(김품석 항복 후 사망)
642	연개소문의 정변(영류왕 폐위 및 보장왕 추대)
642	김춘추, 고구려에 도움 요청하나 연개소문에게 거절당함
645	고구려, 안시성 전투 승리
648	김춘추가 나·당 동맹 체결
660	황산벌 전투, 사비성 함락, 백제 멸망, 웅진 도독부 설치
661	문무왕 즉위
663	계림 도독부 설치 / 백강 전투(백제·왜 연합군 패배)
665	취리산의 회맹(당의 강요로 문무왕과 부여융이 회맹)
668	고구려 멸망, 안동 도호부 설치
670	검모잠이 안승을 왕으로 추대
671	신라가 석성 전투에서 승리 → 소부리주 설치
674	문무왕이 안승을 보덕국왕으로 봉함
675	매소성 전투(당의 이근행의 20만 군대를 격퇴)
676	기벌포 전투(당의 설인귀의 해군을 격퇴)

5 부흥 운동

(1) 백제 부흥 운동(660~663)
 ① 복신·도침이 주류성에서 활약
 ② 흑치상지·지수신이 임존성에서 활약
 ③ 부여풍이 왜에서 귀국, 왜가 지원한 백강 전투 패배로 부흥 운동 사실상 종결

(2) 고구려 부흥 운동(670~673)
 ① 고연무가 오골성에서 활약
 ② 검모잠이 한성(황해도 재령)에서 활약
 ③ 왕족 안승(금마저 - 익산)의 활약 → 문무왕이 안승을 보덕국왕으로 봉함(674)

09 삼국의 항쟁과 신라의 삼국통일(7C)

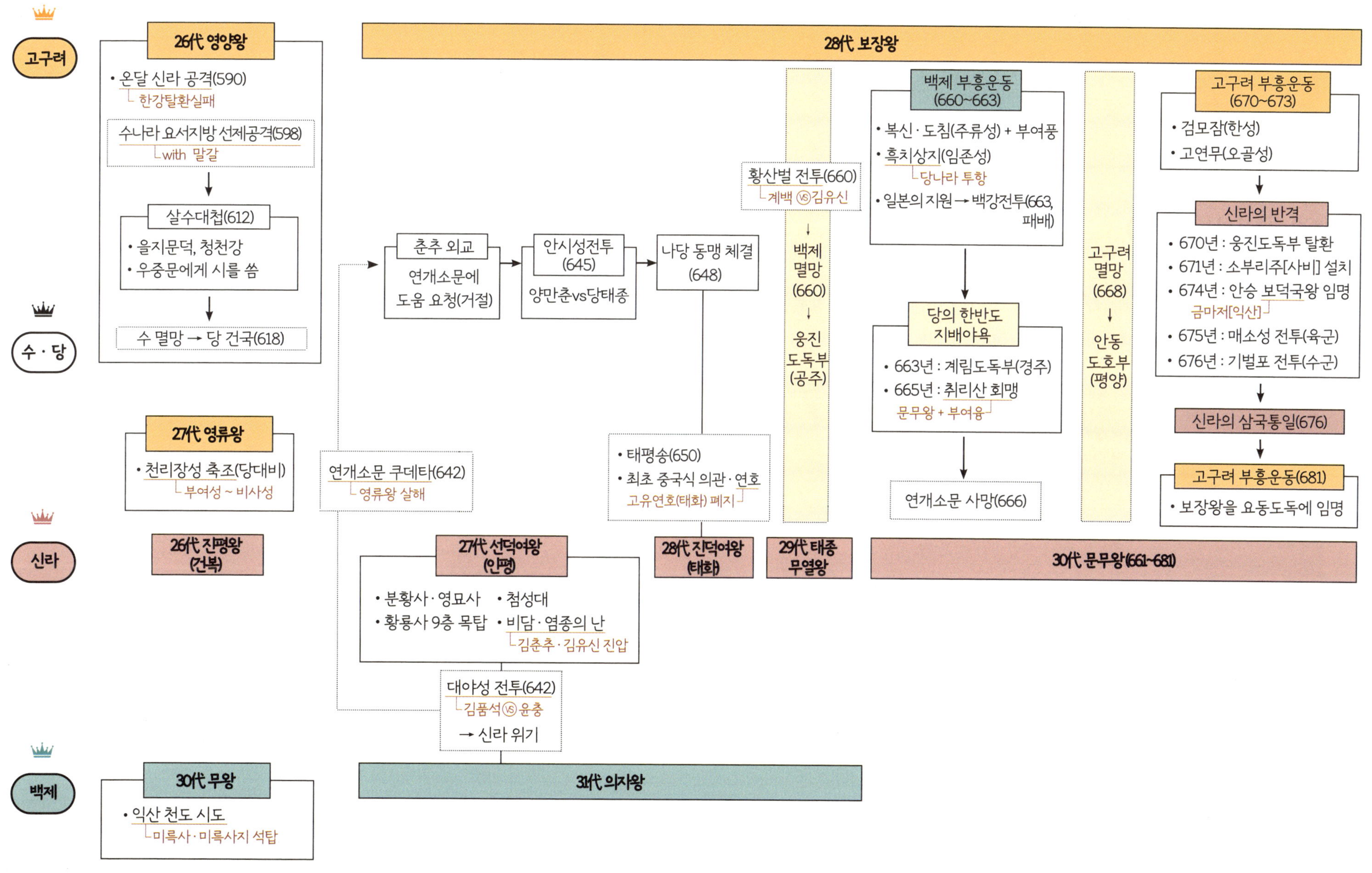

고구려

26代 영양왕
- 온달 신라 공격(590)
  - 한강탈환실패
- 수나라 요서지방 선제공격(598)
  - with 말갈
- 살수대첩(612)
  - 을지문덕, 청천강
  - 우중문에게 시를 씀
- 수 멸망 → 당 건국(618)

27代 영류왕
- 천리장성 축조(당대비)
  - 부여성 ~ 비사성

연개소문 쿠데타(642)
- 영류왕 살해

28代 보장왕
- 춘추 외교: 연개소문에 도움 요청(거절)
- 안시성전투(645): 양만춘 vs 당태종
- 나당 동맹 체결(648)
- 태평송(650)
- 최초 중국식 의관·연호
  - 고유연호(태화) 폐지

황산벌 전투(660)
- 계백 vs 김유신

백제 멸망(660) → 웅진도독부(공주)

백제 부흥운동 (660~663)
- 복신·도침(주류성) + 부여풍
- 흑치상지(임존성)
  - 당나라 투항
- 일본의 지원 → 백강전투(663, 패배)

당의 한반도 지배야욕
- 663년: 계림도독부(경주)
- 665년: 취리산 회맹
  - 문무왕 + 부여융

연개소문 사망(666)

고구려 멸망(668) → 안동도호부(평양)

고구려 부흥운동 (670~673)
- 검모잠(한성)
- 고연무(오골성)

신라의 반격
- 670년: 웅진도독부 탈환
- 671년: 소부리주[사비] 설치
- 674년: 안승 보덕국왕 임명
  - 금마저[익산]
- 675년: 매소성 전투(육군)
- 676년: 기벌포 전투(수군)

신라의 삼국통일(676)

고구려 부흥운동(681)
- 보장왕을 요동도독에 임명

신라

26代 진평왕 (건복)

27代 선덕여왕 (인평)
- 분황사·영묘사
- 황룡사 9층 목탑
- 첨성대
- 비담·염종의 난
  - 김춘추·김유신 진압

대야성 전투(642)
- 김품석 vs 윤충
- → 신라 위기

28代 진덕여왕 (태화)

29代 태종무열왕

30代 문무왕(661~681)

백제

30代 무왕
- 익산 천도 시도
  - 미륵사·미륵사지 석탑

31代 의자왕

10. 통일신라의 전성기와 발해의 성립

1 신라의 시대 구분(삼국사기, 왕통)

(1) **상대**: 성골, 박혁거세 - …… 선덕여왕 - 진덕여왕
(2) **중대**: 진골, 무열계 직계, 무열왕 - 문무왕 - 신문왕 - 효소왕 - 성덕왕 - 효성왕 - 경덕왕 - 혜공왕
(3) **하대**: 진골, 내물계 방계, 선덕왕 - 원성왕 - …… - 경순왕

2 통일신라의 전성기(중대)

(1) **권력 구조**
  ① 무열계 직계 왕통, 집사부(시중)의 권한 강화, 화백 회의(상대등) 권한 축소
  ② 6두품(국왕의 정치적 조언자)의 역할 증대

(2) **왕대별 주요 사항**

7C	신문왕	• 김흠돌 모반 사건 진압(681) • 통치 체제 정비: 9서당 10정(군사), 9주 5소경(지방) • 달구벌(대구)로 천도 시도 • 국학 설립(682): 유교 교육 강화 • 관료전 지급(687): 귀족에게 only 조세 징수권 부여 • 녹읍(조세 징수 + 노동력 징발) 폐지(689) → 귀족권 약화 • 감은사 완공 및 만파식적(왕실의 안정과 평화 상징) 제작
8C	효소왕	• 수도에 서시와 남시를 설치
	성덕왕	• 백성에게 정전(丁田) 지급(722) • 중국으로부터 공자의 화상을 들여와 문묘에 안치
	경덕왕	• 불국사 건립(김대성, 751) • 귀족의 반발로 녹읍 부활(757) • 한화 정책: 9주의 지명 및 중앙 관직 등을 중국식으로 개칭, 만불산 제작
	혜공왕	• 중대(무열계) 마지막 왕 / 김지정의 난(780)으로 피살됨 • 대공·대렴의 난(768), 96각간의 난(768)

3 발해의 성립

7C	고왕 (대조영) 천통	• 천문령 전투 승리 • 동모산 인근에서 '진국' 건국(698) → 발해 군왕으로 책봉되면서 (713) 발해로 국호 변경
8C	무왕 (대무예) 인안	• 당과 갈등: 흑수 말갈이 당과 연결, 장문휴의 수군이 산둥의 등주 공격(732) • 당의 요청으로 신라군 출병(733), 이후 신라의 패강진(대동강 이남) 영역 인정 (735) • 북만주 지역 장악, 요서 지역에서 당과 갈등 • 돌궐, 일본 등과 친선 하면서 당과 신라를 견제
	문왕 (대흠무) (737~793) 대흥, 보력	• 당과 친선 및 문물 수용, 발해 국왕으로 책봉(762) • 3성 6부제, 주자감 설치 등 • 일본에 외교문서: 고려 국왕 자처, 천손 의식 • 황상이라 칭함 → 황제국 표방 • 신라도 설치: 신라와 상시 교류 • 천도: 중경 → 상경 → 동경
	성왕	• 천도: 동경 → 상경

10 통일신라의 전성기와 발해의 성립

7C

발해

발해의 고구려 계승과 당의 영향

구분	고구려 계승	당의 영향
정치	• 문왕 국서 (고려국왕, to 일본) • 발해 유민 고려 귀순	• 3성 6부제 but 독자성 ⓐ 정당성(대내상) 중심 ⓑ 이원적운영, 부서명칭(유교) └좌·우사정 └충·인·의·지·예·신 • 중정대 • 주자감 • 문적원 (감찰) (학교) (학술)
문화	• 모줄임 천장구조 • 온돌장치 • 돌사자상	• 상경의 주작대로(장안성 모방)

신라

- 중앙 제도
  - 사정부(감찰)
  - 집사부 시중 > 상대등
  - 14부 완성
  - 9서당(중앙군)

- 지방 제도
  - 9주 5소경
    └도독 └사신
  - 10정(지방군)
    └한산주에 2정

8C

일본에 보낸 국서

- 고토 회복
- 부여 풍속
- 천손, 고려국왕
- 장인-사위관계

일본도[동경 용원부]
└당·신라 견제

- 중경 → 상경 → 동경
  cf) 5대 성왕(동경 → 상경)
- 전륜성왕, 황상
- 정혜·정효공주 父

| 1代 고왕(대조영) (천통) | 2代 무왕 (인안) | 3代 문왕 (대흥→보력) |

- 동모산에 도읍
- 진 → 발해

발해 '군왕'

- 산둥반도 공격(장문휴)
- 북만주 일대 장악
- 흑수말갈 복속
- 일본 돌궐과 교류
  └당나라 견제

발해 '국왕'

당

- 당의 요청으로 신라군 출병
- 발해 공격

한화정책
중국식 지명·관직명
(중시 → 시중, 사벌주 → 상주)

신라도[남경 남해부]
└발해에 최초 사신
(일길찬 백어)

신라

| 29代 태종 무열왕 | 30代 문무왕 | 31代 신문왕 | 32代 효소왕 | 33代 성덕왕 | 35代 경덕왕 | 36代 혜공왕 | 38代 원성왕 |

신라 중대(무열계 직계 자손) → **신라 하대(내물계)**

- 최초 진골왕
- 한반도 최초의 묘호
  └태종
- 갈문왕 제도 X

- 감은사 완공
- 김흠돌의 난 진압
- 만파식적 설화
- 달구벌[대구] 천도 시도

- 서시·남시

불교 문화 융성
- 성덕대왕 신종(최대)
  └경덕 ~ 혜공왕
- 불국사·석굴암
  └상대등 김대성

- 대공의 난(768)
  → 96각간의 난
- 혜공왕 피살

37代 선덕왕

- 토지 제도: 관료전 지급 / 녹읍 폐지 — 정전 지급 — 녹읍 부활
- 국학 정비: 국학 설치 — 문묘 — 국학 → 태학감 — 독서삼품과
  └국학졸업생 관리 등용시험(3등급)

11 발해의 전성기와 후삼국 통일전쟁

1 발해의 성쇠

9C	선왕 (대인수) 건흥	• 영토 확장: 말갈 복속, 요동 진출 → 해동성국이라 불림 • 5경 15부 62주 정비(지방)
10C	애왕 (대인선)	• 거란(야율아보기)의 침입으로 멸망(926)

2 통일 신라의 동요 및 멸망(하대)

(1) 권력 구조 및 상황
① 내물계 왕통(선덕왕 ~), 집사부(시중)의 권한 약화, 상대등 권한 강화
② 왕위 쟁탈 심화 및 지방 호족(성주, 장군) 성장(6두품과 결탁하기도 함)
③ 농민 반란 빈번, 새로운 세력 및 사상의 등장(호족, 선종)

(2) 왕대별 주요 사항

	선덕왕 (김양상)	• 김지정의 난을 진압하고 왕위에 오름(내물계 왕통)
8C	원성왕 (김경신)	• 김주원(김헌창의 父)을 제치고 왕위에 오름 • 독서 삼품과 실시
	헌덕왕	• 김헌창(김주원의 子)의 난(웅천주, 국호: 장안, 연호: 경운, 822), 김범문의 난(825) → 무열계 왕통 쇠퇴
9C	흥덕왕	• 사치금지령(834): 사치 풍조 금지, 골품간 구별 엄격화 • 장보고의 활동: 청해진 설치(828), 당에 법화원 건립, 김우징을 후원하여 신무왕으로 즉위시킴
	문성왕	• 장보고의 난(846) 이후 청해진 폐지(851)
	진성여왕	• 원종·애노의 난(사벌주, 889), 적고적의 난(896) • 견훤의 난(892, 무진주, 칭왕) • 최치원이 시무 10여조 건의, 삼대목 편찬
	경애왕	• 견훤의 침입 시에 포석정에서 죽음
10C	경순왕 (김부)	• 왕건에 귀부하고, 최초의 사심관(경주)이 됨

3 후삼국의 성립 및 통일 과정

(1) 후백제
① 건국: 견훤(신라의 무장)이 완산주(전주)에서 건국(900)
② 성쇠: 충청·전라도 지역 장악 및 경상도 진출(경애왕 죽임), 중국의 후당·오월 등에 사신 파견, 과중한 조세 수취, 호족 포섭 실패

(2) 후고구려
① 건국: 궁예(신라 왕족, 양길의 부하)가 송악(개성)에서 건국(901)
② 성쇠: 경기·강원도 차지, 관제 정비(광평성을 비롯한 관부 설치), 미륵 자칭
③ 국호 개칭 및 천도: 송악 → 철원(905) / 국호: 후고구려 → 마진(904) → 태봉(911) / 연호: 무태(904) → 성책(905) → 수덕만세(911) → 정개(914)

(3) 고려의 후삼국 통일 과정

903	왕건이 금성(나주) 점령: 후백제의 배후를 장악, 나주 오씨와 결합
911	궁예가 국호를 태봉으로 변경
918	고려 건국: 왕건이 궁예를 축출 / 송악으로 천도(919)
926	발해 멸망 cf 발해 태자 대광현 귀순(934)
927	후백제가 신라 공격 → 신라 경애왕 사망
927	공산(대구) 전투: 왕건의 패배, 신숭겸의 죽음
930	고창(안동) 전투: 왕건의 승리 → 호족 대거 고려 귀순
935	견훤 귀순(신검에 의해 금산사에 유폐되었던 견훤이 왕건에게 귀순)
935	신라 경순왕의 항복
936	일리천(왕건 + 견훤 vs 신검) 전투 승리 → 후삼국 통일

참고자료 (신라의 반란)
- (667) 비담·염종의 난
- (681) 김흠돌의 난
- (768) 대공·대렴의 난 → 96각간의 난
- (780) 김지정의 난 → 혜공왕 피살
- (882) 김헌창의 난
- (825) 김범문의 난
- (846) 장보고의 난
- (892) 견훤의 난

11 발해의 전성기와 후삼국 통일전쟁

9C

발해

10代 선왕 (건흥)
- 해동성국
- 5경 15부 62주
  - 도독 / 자사
- 최대 영토(요동 진출, 신라와 국경)
  - 말갈 대부분 복속

신라

41代 헌덕왕

42代 흥덕왕
- 사치 금지령

51代 진성여왕
- 최치원 시무 10조 (과거제 주장)
- 삼대목
  - 향가집

- 김헌창의 난 (822, 공주)
  - 웅천주[공주]도독 (김주원의 아들)
  - 장안(국호)·경운(연호)
- 청해진 설치 (828, 완도)
  - 장보고의 난 (846, 46代 문성왕)
- 원종·애노의 난 (889, 상주)
- 견훤의 난 (892, 무진주[광주])
- 적고적의 난 (896)

10C

52代 효공왕

발해와의 경쟁
- 쟁장 사건(사신 간 자리다툼)
- 등제서열 사건(빈공과 서열)

후백제(900)
- 견훤(신라의 무장)
- 완산주 도읍
- 중국과 외교(후당·오월)

후고구려(901)
- 궁예(신라왕족, 양길의 부하)
  - 왕의 초상화 찢어(in 부석사)
- 미륵신앙

↓ 송악에 도읍
↓ 나주(금성) 점령
  - 왕건(후백제 견제)

마진 → 철원천도 → **태봉**

고려 건국(918)
↓
발해 멸망 (거란침입, 926)
- 경애왕 살해 → 경순왕 즉위
  - by 견훤

공산(대구) 전투(927)
- 왕건(패) vs 견훤(승)

고창(안동) 전투(930)
- 왕건(승) vs 견훤(패)

- 대광현 귀순(934)
- 견훤 귀순(935)
  - 금산사 탈출 → 고려

신라 항복 (935)

일리천 전투(936)
- 왕건 + 견훤(승) vs 신검(패)

후삼국 통일 (936)

MEMO

III 고려사

MEMO

12 고려의 시기 구분

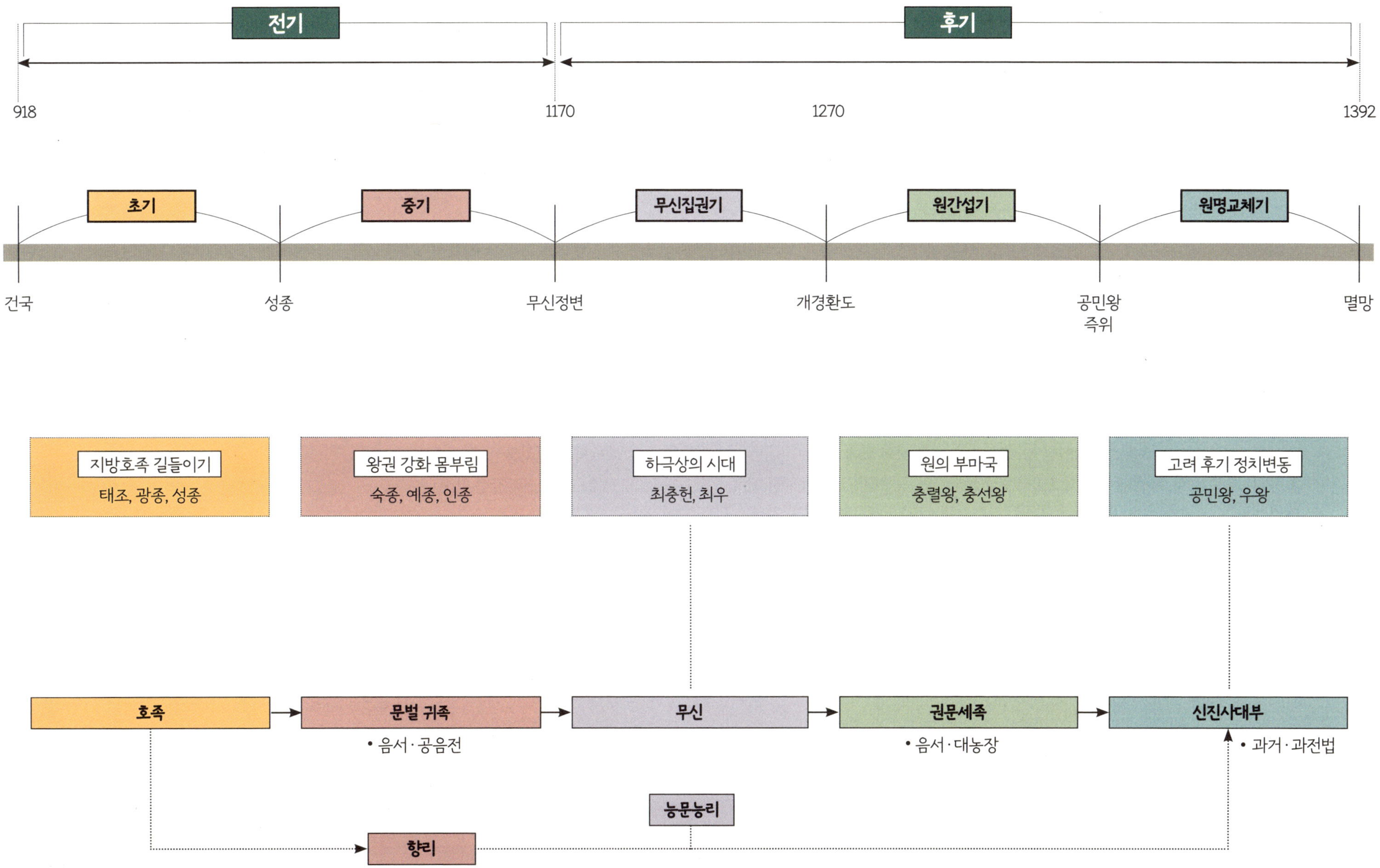

전기 (918 ~ 1170) / **후기** (1170 ~ 1270 ~ 1392)

- **초기**: 건국 ~ 성종
- **중기**: 성종 ~ 무신정변
- **무신집권기**: 무신정변 ~ 개경환도
- **원간섭기**: 개경환도 ~ 공민왕 즉위
- **원명교체기**: 공민왕 즉위 ~ 멸망

시기	특징	주요 왕
초기	지방호족 길들이기	태조, 광종, 성종
중기	왕권 강화 몸부림	숙종, 예종, 인종
무신집권기	하극상의 시대	최충헌, 최우
원간섭기	원의 부마국	충렬왕, 충선왕
원명교체기	고려 후기 정치변동	공민왕, 우왕

지배세력 변천: 호족 → 문벌 귀족 → 무신 → 권문세족 → 신진사대부
- 문벌 귀족: 음서·공음전
- 권문세족: 음서·대농장
- 신진사대부: 과거·과전법

호족 → 향리 ⋯ 능문능리 ⋯ → 신진사대부

III 고려사 35

13 국가 기틀 확립(10C)과 거란과의 전쟁(11C)

1 국가 기틀 확립

(1) **태조**(918 ~ 943)
　① 통치 체제: 태봉 관제를 중심으로 신라·중국 제도 참조, 역분전(논공행상) 지급
　② 민생 안정: 조세 감면(取民有度), 흑창 설치(고구려 진대법 계승)
　③ 호족 통합: 혼인 정책, 사성 정책
　　• 기인 제도: 신라의 상수리 제도 계승, 호족 자제를 인질로 삼음
　　• 사심관 제도: 경순왕(김부)을 최초 사심관(경주)으로 임명, 부호장 이하 임명권
　④ 신하들에게 『정계』와 『계백료서』를 남기고 후손들에게 『훈요 10조』를 남김
　⑤ 북진 정책: 서경 중시, 영토 확대(청천강 ~ 영흥만), 거란 멸시(만부교 사건 등)
　⑥ 분사 제도: 태조 때 최초, 예종 때 완성

(2) **혜종**: 왕규의 난(945) - 정종이 진압 후 즉위

(3) **정종**: 서경 천도 시도(왕식렴 후원), 광군 설치(거란 침입 대비)

(4) **광종**(949 ~ 975)
　① 노비안검법 실시(956): 불법적으로 노비가 된 자를 해방, 호족 세력 약화
　② 과거제 실시(958): 후주에서 귀화한 쌍기가 건의, 신구 세력 교체 도모
　③ 공신·호족 숙청, 논산 관촉사 석조미륵보살입상 건립, 공복(자·단·비·록) 제정
　④ 황제국 표방(외왕내제): 독자 연호(광덕·준풍), 황제 칭함, 개경을 황도라 칭함
　⑤ 주현공부법 실시: 주현(지방)에 대한 세금 부과
　⑥ 귀법사(균여를 주지로 파견) 창건, 국사·왕사 제도 완성(태조 때 시작)
　⑦ 제위보 설치: 빈민 구호 기금

(5) **경종**: 시정 전시과(976) - 전·현직 관리 대상, 인품과 관등 기준

(6) **성종**(981 ~ 997)
　① 최승로의 시무 28조 수용
　　• 유교 정치 이념(유불 융합, 불교 탄압은 아님)
　　• 12목 설치 및 최초 지방관 파견(중앙 집권 강화)
　　• 향리(향직) 제도 마련(지방 세력 견제)
　　　예) 당대등을 향직 중 제일 높은 '호장'으로 대함(대등 → 부호장, 낭중 → 호정)
　　• 노비환천법, 공신 자제 등용(광종 때 숙청된 공신 세력 포용)
　　• 연등회·팔관회 폐지
　② 중앙 관제 정비: 2성 6부·중추원·삼사·도병마사·식목도감
　③ 문산계(중앙 문반과 무반)·무산계(탐라 왕족, 귀화 여진 추장, 향리 등) 수여
　④ 사회 시책: 의창(춘대추납), 상평창(물가 조절), 자모정식(과다한 이자 금지)
　⑤ 국자감 설치, 지방에 경학·의학박사 파견, 향교 설치
　⑥ 문신월과법(995) 실시: 문신들의 실력 향상
　⑦ 건원중보 발행, 경주를 '동경'으로 승격, 사직단·환구단 설치

(7) **목종**
　① 개정 전시과(998): 전·현직 관리 대상, 관등만을 기준(인품 배제)
　② 강조의 정변(1009): 목종 폐위, 현종 즉위, 이를 구실로 거란이 침입(1010)

(8) **현종**(1009 ~ 1031)
　① 지방제 정비: 5도 양계 4도호부 8목, 향리 정원제·향리 공복제 실시
　② 7대 실록 편찬, 초조대장경 간행, 현화사 건립, 연등회·팔관회 부활
　③ 주현공거법(향리 자제에게 과거 응시 자격 부여), 주창수렴법(의창을 보완, 주 단위로 창고 설치), 면군금고법(80세 이상 부모를 모시는 장남의 군역 면제)

(9) **덕종**: 천리장성 축조 시작

(10) **정종**: 천리장성 완성

2 거란의 침입

제1차 침입 (993, 성종)	• 서희가 소손녕과 외교 담판: 강동 6주 확보, 송과 외교 단절 약속
제2차 침입 (1010, 현종)	• 강조의 정변을 구실로 거란 성종의 40만 군사 침입 • 개경 함락 → 현종의 나주 피란 → 양규의 활약(흥화진 전투) • 현종의 친조 조건으로 강화 / 초조대장경, 7대 실록 편찬
제3차 침입 (1018, 현종)	• 소배압의 10만 군사 침입 → 강감찬의 귀주 대첩(1019) • 송·요·고려의 세력 균형 • 개경 나성 축조, 이후 천리장성(압록강 ~ 도련포) 축조

13 국가 기틀 확립(10C)과 거란과의 전쟁(11C)

1代 태조(씨)

중앙정책

호족 회유
- 혼인, 사성 정책
- 역분전(논공행상)
- 연등회·팔관회 실시

국가 정비
- 연호(천수)
- 훈요 10조(후대왕)
- 정계·계백료서(후대신하)

북방정책

북진정책
- 거란 배척(만부교 사건)
- 서경중시(고구려 계승)
- 영토 확장(청천강 ~ 영흥만)

지방정책

호족견제
- 사심관 제도
- 기인제도(인질제도)
  - (튠) 상수리 제도
- 본관제(출신지표기)

2代 혜종 / 3代 정종

1. 고려 건국은 부처님 은혜
2. 도선이 정한 곳 외 사찰 X
3. 왕위는 맏아들 계승 원칙
4. 거란은 짐승같은 나라
5. 서경에 100일 이상 거주
6. 연등회·팔관회 장려
7. 어진 신하 간언 수용
8. 차현 이남 사람 등용 경계
9. 관리 녹봉 함부로 가감 X
10. 경전과 역사서 읽을 것

혼란
왕규의 난(혜종)
↓
극복 시도(정종)
- 광군사 조직(vs 거란)
- 서경 천도 시도(실패)
- 광학보(불교진흥)

4代 광종(피)

호족 억제
- 공신 숙청
- 과거제(쌍기)
  - 신구 세력 교체
- 노비안검법
- 공복(자·단·비·녹)
- 주현 공부법
  - 지방에 세금부과
- 왕실 불교(화엄종)
  - 균여(귀법사)

황제국
- 칭제건원
- 연호(광덕, 준풍)
- 황도(개경), 서도(서경)
- cf) 환구단, 사직단 설치(성종)

5代 경종

시정 전시과
- 최초의 전시과
- 인품과 4색 공복 기준

6代 성종(유교정치)

최승로
- 5조정적평
- 시무 28조
↓
중앙제도 완성(유교·친송정책)

유학진흥	• 국자감(중앙), 향교(지방) 　 경학·의학박사 • 문신월과법(995)
유교적 위계질서	• 노비환천법 • 문산계·무산계(995)
중국모방	• 2성 6부제 • 건원중보(철전) 　 고려시대 최초화폐

거란의 1차 침입(993)
- 서희 vs 요 소손녕
- 강동 6주 획득

8代 현종(지방 우대)

- 외관을 파견할 것
- 연등회·팔관회 폐지
- 불교는 수신의 도, 유교는 치국의 도
- 예악·시서의 가르침과 군신·부자의 도리는 중국의 것을 본받고, …거마·의복 제도는 우리의 풍속을 따르게 하며…

- 강조의 정변
  - 목종 폐위 → 현종 즉위
- 현화사(부모명복)

거란의 2차 침입(1010)
- 현종(나주 피난), 양규(흥화진 전투)
- 초조대장경

거란의 3차 침입(1018)
- 강감찬(귀주대첩, 흥화진 전투)
  - 의주
- 나성(개경), 천리장성(압록강 ~ 도련포)
  - 9代 덕종

	성종	현종
지방제도 개편	10도	5도 양계
	12목	4도호부 8목
지방세력	향리제도 (당대등 → 호장 대등 → 부호장)	향리 (정원·공복)
지역행사	연등회·팔관회 폐지	연등회·팔관회 부활

빈민구휼

흑창 ─── 제위보(빈민구제) ─── 의창, 상평창
　　　　　　　　　　　　　　　 전국 │ 개경·서경·12목

14 문벌귀족 사회의 성립과 여진 정벌(12C)

1 문벌귀족 사회: 호족 → 중앙 문벌 귀족, 과거·음서·공음전, 혼인으로 권력 독점

(1) **문종**(1046 ~ 1083)
  ① 경정 전시과(1076): 현직 관리만 수조권 지급
  ② 최충의 문헌공도를 비롯한 사학 융성
  ③ 동·서 대비원(개경) 설치: 의료 및 구휼 기관
  ④ 흥왕사 건립: 문종의 4남인 의천의 활약
  ⑤ 한양을 남경으로 승격

(2) **순종 → 선종 → 헌종**

(3) **숙종**(1095 ~ 1105)
  ① 별무반 편성(1104): 윤관의 건의, 여진의 기병에 대응
  ② 관학 진흥: 서적포 설치(서적 보관 및 간행)
  ③ 화폐 발행: 주전도감, 의천의 건의, 은병(활구)·삼한통보·해동통보·동국통보 등
  ④ 평양에 기자 사당 건립
  ⑤ 남경 개창 도감 설치(김위제 건의)

(4) **예종**(1105 ~ 1122)
  ① 동북 9성 축조(1107): 윤관 활약, 1년여 뒤 반환
  ② 관학 진흥: 7재(전문 강좌), 청연각·보문각(연구 기관), 양현고(장학 재단) 설치
  ③ 사회 시책: 구제도감, 혜민국 설치
  ④ 분사 제도 완성, 지방에 감무 파견 시작 → 향리 견제
  ⑤ 복원궁(도교 사원) 건립

(5) **인종**(1122 ~ 1146)
  ① 문벌 귀족 사회의 동요: 이자겸의 난(1126), 묘청의 난(1135)
  ② 경사 6학(국자학·태학·사문학 / 율·서·산학), 지방 향교 증설
  ③ 삼국사기 편찬(김부식, 1145)

2 문벌 귀족 사회의 동요

(1) **문벌 귀족**
  ① 출신 성분: 6두품, 호족 → 성종 이후 중앙 정계 진출
  ② 특권: 음서제, 공음전, 과거 독식

(2) **이자겸의 난**(1126)
  ① 배경: 이자겸(왕의 장인이자 외조부)의 전횡 vs 인종과 측근 세력(한안인·문공미)
  ② 전개: 인종이 이자겸 제거 시도 → 이자겸, 척준경의 반격(궁궐 불탐) → 척준경의 배신으로 반란 진압
  ③ 영향: 국왕 권위 실추, 개경의 궁궐이 소실됨

(3) **묘청의 난**(1135)
  ① 배경: 이자겸의 난 이후 서경파(묘청, 정지상 등)와 개경파의 대립
  ② 전개: 서경 천도 운동(금국 정벌, 칭제건원 등 주장)에 실패한 묘청 등이 반란(국호: 대위, 연호: 천개, 천견충의군) → 김부식이 이끈 관군에 의해 진압
  ③ 영향: 문벌 귀족 사회 모순 심화 및 보수화(보수적 유학파, 금에 사대)

3 여진과의 관계

(1) **초기**: 여진은 고려를 부모의 나라로 섬겼으나, 12C 초 완옌부 통합 후 갈등

(2) **윤관의 활약**: 별무반 편성(1107, 숙종), 동북 9성 축조(1108, 예종) → 1년여 뒤 반환(여진의 조공 약속 및 방어의 어려움)

(3) **결과**: 금 건국(1115) 이후 고려에 사대 요구 → 이자겸의 수용(1126)

> **＊참고자료**
>
> ★ "신이 싸움에서 진 것은 적은 기병인데 우리는 보병이라 대적할 수가 없었기 때문입니다."라고 하자, 이에 [윤관이] 건의하여 처음으로 별무반을 만들었으니, …… 말이 있는 사람은 신기군에, 말이 없는 자는 신보군에 배속하였다. …… 또 승려를 선발하여 항마군을 편성하였다.
>
> ★ 묘청 등이 말하기를, "신 등이 보건대 서경 임원역의 지세는 음양가들이 말하는 대화세에 해당합니다. 만약 궁궐을 세워 이곳으로 옮기시면 가히 천하를 아우르게 되니, 금이 예물을 가지고 스스로 항복하여 올 것이며, 주변 36국이 모두 신하가 될 것입니다."라고 하였다. …… [묘청이 난을 일으키고] 국호를 대위, 연호를 천개, 그 군대를 천견충의군이라 불렀다.
>
> ★ 김부식이 아뢰기를, "올해 여름 서경 대화궁 30여 곳에 벼락이 떨어졌습니다. 만약 서경이 길지라면 하늘이 이렇게 하였을 리 없으니, 이곳에서 재앙을 피한다는 것은 또한 잘못이 아니겠습니까? …… "라고 하였다.

14 문벌귀족 사회의 성립과 여진 정벌(12C)

11代 문종	15代 숙종	16代 예종	17代 인종

15代 숙종 / 16代 예종
- 이자겸(외척 세력) vs 한안인(측근 세력)
  - 예종·인종에게 딸을 보냄
- 지방에 감무파견(향리견제)

17代 인종

【이자겸의 난(1126)】
- 이자겸 권력 독점
- 척준경(사돈, 인종 감금)과 반란
- 인종의 척준경 회유로 실패

【귀족사회의 모순 폭발】

【묘청의 난(1135)】
- 서경파와 개경파의 대립
  - 묘청·정지상
- 대위, 천개, 천견충의군, 대화궁
  - 국호 / 연호 / 군대 / 궁궐(서경)
- 김부식 진압 → 『삼국사기』(1145)
- 신채호 "조선역사 일천년래 제일대사건"

구분	김부식	묘청
계승	신라	고구려
외교	금 사대	금 정벌
종교	유교	풍수지리

문벌귀족 특권
- **정치** 음서(목종)
- **경제** 공음전
- **학문** 사학12도 + 과거 독식
  - 최충 문헌공도
- **사회** 중첩혼인
  - 왕실외척

- 경정전시과, 동서대비원
  - only 현직 관료
  - 의료·구휼
- 한양을 남경으로 승격

왕권 강화의 몸부림

국자감
- 서적포 — 출판
- 양현고, 국학 7재
  - 장학재단 / 전문강좌

경제사회
- 주전도감(화폐발행)
  - 의천 건의
- 혜민국, 구제도감

사상
불교	풍수지리		도교
의천 천태종 (국청사)	남경 천도 추진(김위제) 남경개창도감 설치		복원궁 (개경)

- 신편제종교장총록, 교장 간행
  - 몽고침입으로 소실
- 초제(도교 제사) : 왕실과 국가의 번영 기원

군사
- 별무반(윤관) — 여진 대비
- 여진 정벌 → 동북 9성 → 금 건국(1115)
- 요 멸망(1125)

15 무신정권의 성립과 여몽항쟁(13C)

1 무신정권의 성립 및 변동

(1) 배경: 무신 차별(정3품 상장군이 최고 품계, 군 최고 지휘관은 문신), '정중부 수염 사건', 보현원 사건(오병수박희 때 문신 한뢰가 이소응의 뺨을 때림)

(2) 정권의 변동

집권자	의종(1146~1170) → 명종(1170~1197)	신종(1197~1204)	희종(1204~1211) → 강종(1211~1213)	고종(1213~1259)
이의방 (1170~)	• 무신정변(1170, 의종 폐위) 직후 중방 중심 정치 운영 • 김보당(동북면 병마사), 조위총(서경 유수), 귀법사 승려의 난 등			
정중부 (1174~)	• 이의방 제거 후 집권 • 중방(본래 무신 회의 기구) 강화 • 망이·망소이의 난(공주 명학소) → 충순현 승격			
경대승 (1179~)	• 정중부 제거 후 집권, 30세에 병사 • 도방(사병 집단, 경호 목적) 설치 • 전주 관노의 난			
이의민 (1183~)	• 천민 출신의 최고 집권자로 의종을 직접 살해 • 김사미(운문)·효심(초전)의 난(신라 부흥)			
최충헌 (1196~)	• 이의민 제거 후 집권 • 교정도감 설치(교정별감으로 국정 총괄), 도방 확대 • 명종에게 봉사 10조 건의, 이규보 중용 • 만적의 난(개경, 1198), 최광수의 난(서경, 고구려 부흥) • 이비·패좌의 난(경주, 신라 부흥)			
최우 (1219~)	• 교정도감과 도방을 기반 • 삼별초(야별초 → 좌·우별초, 신의군), 마별초(기병) • 정방(인사권 장악), 서방(문신 숙위 기구) • 몽골의 침입(1231) → 강화 천도(1232) 결정 • 팔만대장경판 제작, 상정고금예문·향약구급방 간행, 동국이상국집 편찬(이규보) • 이연년의 난(담양, 백제 부흥)			

(3) 영향: 문벌 귀족 몰락, 전시과 동요(농장 확대), 민란 빈번, 선종 유행(지눌, 혜심)

2 여몽 항쟁

(1) 배경
① 강동성 전투(1219): 몽골과 연합해 거란(대요수국) 격퇴 → 여·몽 협약(형제 관계)
② 몽골의 무리한 공물 요구, 몽골 사신 저고여 피살(1225)

(2) 전개 과정

1231	• 제1차 침입(살리타) → 박서의 항전(귀주성), 충주의 노군·잡류별초항전 → 강화 수락, 다루가치(감찰 관리, 내정 간섭) 파견
1232	• 강화 천도, 입보 정책(산성과 섬으로 들어가 지켜라) / 장기 항전 대비
1232 ~	• 제2차 침입 → 처인성(부곡)에서 김윤후(승려) 활약, 살리타 사살 • 초조대장경·교장 소실(부인사)
1235 ~	• 제3차 침입 → 황룡사 9층 목탑 소실 • 팔만대장경판 제작
1253	• 충주성 전투: 김윤후가 충주 방호별감으로 몽골군 격퇴(제5차 침입기)
1254 ~	• 제6차 침입 → 충주 다인철소 저항 → 익안현으로 승격 • 최씨 정권 붕괴(최의 피살) → 쌍성총관부 설치(1258)
1259	• 강화 체결: 원종이 태자 시절 쿠빌라이 칸(세조)을 만남(세조구제 - 고려의 풍속 유지) • 원종 즉위 → 무신 집권자(김준·임연·임유무)의 강화 반대
1270	• 임유무 피살 및 개경 환도
1270 ~	• 삼별초: 강화도 → 진도(용장산성) → 제주도(김통정, 항파두리성) • 배중손이 승화후 온을 왕으로 추대하며 항쟁 • 일본과 연합 시도(고려첩장) • 여몽 연합군에게 진압(1273) → 탐라총관부 설치(제주도)

(3) 영향: 민생 파탄, 문화재 소실, 왕조 유지(부마국), 무신정권 붕괴

> **＊참고자료**
> ★ 신종 원년(1198), 사노비 만적 등 6명이 북산에서 땔나무를 베다가 공·사노비들을 불러 모아 모의하며 말하기를, "경인년(1170)과 계사년(1173) 이래 천한 무리에서 높은 관직이 많이 나왔으니, 장상(將相)에 어찌 처음부터 씨가 있겠는가. 때가 되면 누구나 차지할 수 있는 것이다.
> – 『고려사』

15 무신정권의 성립과 여몽항쟁(13C)

무신정권 (초기)

1代 이의방 ~ 2代 정중부
- 18代 의종 → 19代 명종
  - 무신정변(보현원사건)
- 중방(무신회의기구 → 최고정치기구) 강화

반무신란
- 김보당[동북면 병마사]의 난 — 의종 복위 시도(실패)
- 의종 사망
- 조위총[서경 유수]의 난〈평양〉
- 교종승려의 난〈귀법사〉〈개성〉

- 망이·망소이의 난〈공주 명학소〉 — 충순현 승격
- 전주 관노의 난
- 김사미·효심의 난〈운문·초전[신라 부흥]〉

3代 경대승
- 도방(사병)

4代 이의민
- 천민 출신, 의종 살해
- 이규보〈동명왕편〉 — 고구려 계승의식

최씨 무신정권

5代 최충헌
- 19代 명종 → 23代 고종
- 교정도감(최고정치기구)
  - ⓐ 교정별감
- 도방부활

봉사 10조 (to 명종)
- 비보사찰 외 사찰 금지
  - cf) 도선이 정한 곳 외 사찰 금지(훈요십조)
- 승려의 왕궁 출입·고리대업 금지
- 농민으로부터 뺏은 토지 반환
- 새 궁궐로 이동

- 만적의 난〈노비〉〈개경〉
- 최광수의 난〈평양[고구려 부흥]〉
- 이비·패좌의 난〈경주[신라 부흥]〉
- 이연년의 난〈담양[백제 부흥]〉

신앙결사 운동후원
- 지눌의 수선결사
- 요세의 백련결사

몽고와의 첫만남
- 강동성 전투(김취려) — 몽골과 연합해 거란격퇴

6代 최우(1219~1249)
- 23代 고종
- 서방·정방 — 문신 인사
- 야별초 → 삼별초 (사병 / 좌·우별초, 신의군)
- 마별초 — 기병
- 신품 4현

war
- 원인 : 몽골사신 저고여 피살
- 귀주성 전투 승리(1231) — 박서 vs 살리타
- 충주성 전투(1231) — 노군잡류별초항전
- 결과 : 강화수락(다루가치 파견)

강화 천도기(1232 ~ 1258)
- 지배층은 강화도, 주민은 산성·섬피난 — 해도입보
- 1232년 ⓐ 처인성 전투 승리(김윤후 vs 살리타)
  ⓑ 초조대장경·교장 소실(대구)
- 1234년 : 상정고금예문 간행(현존 X) — 最古 금속활자
- 1236년 : 팔만대장경 간행(대장도감 설치) — 완성 1251년 / 향약구급방 간행(현존최고)
- 1238년 : 황룡사 9층 목탑 소실(경주)

충주성 전투
- 1253년 : 충주 방호별감 김윤후
- 1255년 : 충주 다인철소 — 익안현 승격

7~8代 최항·최의

무신정권 (말기)

9代 김준
강화천도기(1258~1270)
- 1258년 : 쌍성총관부 설치(화주) — 철령 이북 통치
- 1259년 : 강화체결(불개토풍) — 원종이 태자시절

최씨정권 붕괴

10~11代 임연·임유무
- 1259년 : 원종즉위 — 무신집권자의 강화반대
- 1270년 : 동녕부 설치(서경) — 자비령 이북 통치

24代 원종

개경환도(1270)

무신정권 붕괴 → 개경 환도

삼별초 항쟁(1270~73)
- 승화후 온을 왕으로 옹립
- 배중손(강화도→진도)→김통정(제주도)
  - 용장산성 / 항파두리성
- 일본에 「고려첩장」 전달

- 1273년 : 탐라총관부 설치 — 제주
- 녹과전(경기 8현)

16 원 간섭기의 사회와 홍건적·왜구의 침입(14C)

1 원의 내정 간섭

(1) **영토 상실**: 쌍성총관부(화주, 철령 이북 통치), 동녕부(서경), 탐라총관부(제주)

(2) **일본 원정**: 2차례 원정(1274, 1281), 2차 원정 때 정동행성(승상: 충렬왕) 설치

(3) **왕실 및 관제 격하**

	변경 전 (황제국)		변경 후 (제후국·부마국)
왕실 호칭	짐, 폐하, 태자		고, 전하, 세자
2성 6부 ↓ 1부 4사	중서문하성, 상서성	→	첨의부
	이부, 예부		전리사
	형부		전법사
	호부		판도사
	병부		군부사
	공부		X
중앙 관제	중추원		밀직사

(4) **내정 간섭**
  ① 다루가치(감찰관): 몽골 정복지의 지방관(총독, 감독관), 1232년 처음 설치
  ② 정동행성(일본 원정): 일본 정벌 실패 이후 내정 간섭
  ③ 만호부: 원에서 들여온 군사 조직
  ④ 순마소: 감찰 기구, 야간 경비 외에 형옥도 담당, 일종의 특별 재판소
  ⑤ 입성 책동(친원파의 몽골 편입 주장)

(5) **경제 수탈**
  ① 응방: 사냥 매 징발
  ② 결혼도감: 공녀 선발, 원종 15년(1274) 설치
  ③ 반전도감: 충숙왕 때, 원나라 행차 비용 마련을 위해 설치

2 원 간섭기 왕대별 개관

(1) **원종**: 동녕부 설치(1270) → 개경 환도(1270) → 삼별초 진압 → 탐라총관부 설치(1273), 녹과전 지급(경기 8현)

(2) **충렬왕(1274~1298, 1298~1308)**
  ① 정동행성 설치, 응방(매 징발) 설치
  ② 홍자번의 '편민 18사' 개혁 건의, 필도치(국왕 측근 기구) 설치
  ③ 관학 진흥책
    • 국자감 → 국학, 문묘 건립
    • 섬학전(贍學錢, 안향 건의): 국학생의 학비를 위해 관리들이 낸 장학 기금
    • 경사교수도감 설치: 하급 관리, 경전·역사 교육

(3) **충선왕(1298, 1308~1313)**
  ① 개혁 시도: 사림원 설치, 정방 폐지 → 조비 무고 사건으로 중단
  ② 각염법 제정 → 의염창 설치 → 소금 전매제
  ③ 만권당: 충숙왕에게 양위한 후 대도에 설치, 성리학 연구, 이제현 등이 원의 학자와 교유

(4) **충숙왕**: 찰리변위도감 설치, 평양에 기자 사당 건립

(5) **충혜왕 → 충목왕(정치도감 설치) → 충정왕**

> *참고자료*
> ★ 우리나라의 자녀들이 뽑혀서 서쪽[원]으로 들어가지 않은 해가 없었다. 비록 왕실 친족같이 귀한 집안이라도 [자녀를] 숨길 수 없었고, 부모와 자식이 한번 이별하면 아득하게 만날 기약이 없었다. 슬픔이 골수에 스며들어 병이 생기고 심지어 죽는 이도 한둘이 아니었다. 천하에서 원통한 일이 이보다 더한 것이 있겠는가?
> — 「수령 옹주 묘지명」

(6) **공민왕(1351~1374)**
  ① 반원 자주 정책
    • 정방 폐지(1352, 이색) → 치폐를 거듭하다 창왕 때 폐지(1388), 상서사 설치
    • 기철 등 친원파 숙청(1356), 정동행성이문소 폐지
    • 관제 복구 및 몽골풍 폐지
    • 쌍성총관부 수복(유인우, 이자춘, 1356)

16 원 간섭기의 사회와 홍건적 · 왜구의 침입(14C)

② 홍건적의 침입(1359, 1361)으로 개혁 후퇴, 2차 침입 때 복주(안동)으로 피란
③ 왕권 강화: 흥왕사의 변(1363, 왕 시해 시도)을 계기로 왕권 강화
  - 신돈을 등용하고 전민변정도감 설치(1366, 권문세족의 토지와 노비 몰수)
  - 성균관 중영(이색을 성균관 대사성으로 임명, 1367)
④ 요동 정벌(1369): 이성계 등이 동녕부(요동) 공격

※ 요동 진출 및 정벌

> - **고구려**: 광개토 대왕 때 후연 격파 → 요동 진출
> - **발해**: 선왕 때 요동 진출
> - **고려 말**
>   - 공민왕 때 동녕부(요양) 공격
>   - 우왕 때 요동 정벌 추진 → 위화도 회군(이성계)
>   - 이성계의 4불가론: 작은 나라가 큰 나라를 거스르는 것, 여름철에 군사를 동원하는 것, 요동 공격 시에 남쪽에서 왜구가 침범할 우려, 무덥고 장마철이기 때문에 활의 아교가 풀어지고 전염병 우려

⑤ 개혁 실패
  - 권문세족의 반발
  - 노국대장공주 사망(1365) 후 패륜적 행위 → 자제위의 홍륜 등에게 암살

(7) 우왕(1374 ~ 1388)
  ① 전횡을 일삼던 이인임 일파 숙청 → 최영(우왕의 장인) + 이성계 집권
  ② 명의 철령위 설치 요구 → 요동 정벌(우왕, 최영) vs 4불가론(이성계)
  ③ 위화도 회군(이성계, 조민수): 우왕 폐위 및 창왕 즉위, 최영 제거
  ④ 화통도감 설치(최무선, 1377) → 진포 대첩

(8) 창왕(1388 ~ 1389)
  ① 쓰시마섬 정벌(박위, 1389)
  ② 이성계 일파가 조민수 제거, 폐가입진 명목으로 창왕 폐위

(9) 공양왕(1389 ~ 1392)
  ① 과전법 실시(1391): 조준 등 혁명파 사대부가 주도, 수조권 재분급(신진 관료)
  ② 자섬저화고에서 저화(지폐)를 발행하나 유통은 안 됨
  ③ 이방원 세력의 정몽주 피살 → 공양왕 폐위 → 조선 건국(1392)

3 홍건적·왜구의 침입 → 신흥 무인 세력의 성장

(1) 홍건적의 침입
  ① 배경: 원명 교체기, 홍건적(한족)이 원에 밀려 고려로 침입
  ② 1차 침입(1359): 이방실·이승경이 활약
  ③ 2차 침입(1361): 공민왕이 복주로 피란, 정세운·이성계가 활약

(2) 왜구의 침입
  ① 홍산 대첩(1376, 충남 부여): 최영의 활약
  ② 진포 대첩(1380): 최무선, 나세의 활약, 해전에서 화포 활용
  ③ 황산 대첩(1380, 남원·운봉): 이성계가 적장 아지발도를 사살
  ④ 관음포 대첩(1383): 정지의 활약
  ⑤ 쓰시마섬 정벌(1389): 박위의 활약

4 권문세족과 신진 사대부

구분	권문세족(친원파)	신진 사대부(친명파)	
출신 성향	친원 세력: 기존 문벌 + 무신 집권기 성장한 가문 + 원과의 관계에서 성장한 가문	지방 향리 과거 출신 → 무신 집권기 진출(이규보, 최자) → 공민왕 때 본격 성장(이색, 정몽주, 정도전)	
이념	친불교적, 불교 타락(사원 수공업, 장생고 - 금융 기구)	성리학 수용 및 불교 비판	
경제	대농장 소유, 토지 겸병	지방 중소 지주	
정치 분화	음서제 활용 도평의사사, 정방(인사권) 장악	온건	왕조 유지, 전면적 토지 개혁 반대 / 정몽주·이색 → 사림
		급진	역성혁명, 전면적 토지 개혁(과전법) / 정도전·조준 → 훈구

MEMO

16 원 간섭기의 사회와 홍건적·왜구의 침입(14C)

| 25代 충렬왕 | 26代 충선왕 | 27代 충숙왕
28代 충혜왕
29代 충목왕 | 31代 공민왕 | 32代 우왕 | 33代 창왕 | 34代 공양왕 |

원과의 갈등

원의 간섭
① 내정간섭
- 정동행성(일본 원정→내정간섭)
  └ 충렬왕이 승상
- 다루가치(감찰관)
- 결혼도감(공녀)
- 응방(매 징발)

② 관제격하 ┌ 전법사, 판도사 ┐
- 2성/6부 → 첨의부/4사
  └ 전리사, 군부사
- 중추원 → 밀직사
- 도병마사 → 도평의사사(도당)

③ 부마국 : 제국대장공주
  └ 노국대장공주(공민왕)

중조(이전 왕이 복위)
- 충렬왕 ↔ 충선왕
- 충숙왕 ↔ 충혜왕

입성책동(고려를 원의 행성으로 편입)

반원정책
- 정동행성 이문소·정방 폐지
- 관제복구(2성 6부)
  └ 영토확장(초산~길주)
- 쌍성총관부 수복(유인우)
- 기철 숙청 ········ 친원파 숙청 ········ 이인임 숙청

외적의 침입

홍건적 침입 (1359, 1361)
- 정세운, 이방실
- 2차 침입
  → 공민왕 복주(안동) 피난

왜구 침입
① 홍산대첩(최영)   • 대마도 정벌(박위)
   └ 부여
② 진포대첩(최무선)
   └ 화통도감
③ 황산대첩(이성계 vs 아지발도)
   └ 남원 운봉
④ 관음포대첩(정지)

- 직지심체요절 간행(현존최고)
  └ 청주, 흥덕사

개혁정치

관학 진흥책
- 국자감→국학, 문묘
- 섬학전(장학재단)
- 경사교수도감 ── 사림원 ── 찰리변위도감(충숙왕)
                         └ 정치도감(충목왕)

- 동녕부·탐라총관부 돌려받음
- 성리학 수용
  └ by 안향
- 삼국유사, 제왕운기 편찬

- 각염법 → 의염창 설치
  → 소금전매제
- 충숙왕에게 양위
  → 원에 만권당 설치

왕권 강화정책
- 흥왕사의 변
  └ '김용' 공민왕 시해 시도
- 노국대장 공주 사망 후
  신돈 등용 → 전민변정도감
  권문세족 토지·노비 몰수
- 성균관 순수유학교육 기관화
  └ '이색' 성균관 대사성 임명

요동정벌

공민왕	우왕
• 원명교체기 • 이성계·지용수	• 명의 철령위 설치 요구 • 최영·우왕 ↔ 위화도 회군 └ 이성계 4불가소

- 공민왕 살해 → 개혁중단
  └ by 자제위

공양왕 폐위
→ 조선 건국

정몽주 암살
└ by 이방원
   (선죽교)

- 과전법(1391)
- 저화(1391)
  └ 최초 지폐
- 서적원(출판)

공양왕 즉위
↑ 폐가입진 명목

MEMO

IV 조선사

17 조선의 건국과 조선 초기 정치(15C)

1 선초 왕대별 개관(1)

(1) 태조(1392 ~ 1398)
① 조선 건국 → 한양 천도(1394) → 경복궁(법궁), 종묘·사직(좌묘우사) 등 도성 건설
② 정도전 '표전문'(명에 보내는 외교 문서) → 명과 대립 → 요동 수복 운동
③ 제1차 왕자의 난(1398): 무인정사(이방원이 세자 방석, 정도전 등을 제거)
④ 천상열차분야지도(고구려 천문도 바탕) → 건국의 정당성 확보
⑤ 도첩제 실시(승려 신분증)

(2) 정종
① 개경 천도(1399)
② 도평의사사 축소 → 의정부 설치, 의흥삼군부 설치(이방원이 관제 개편 주도)
③ 제2차 왕자의 난(1400): 박포의 난, 이방간 제거

(3) 태종(1400 ~ 1418)
① 한양 재천도, 창덕궁(이궁: 왕의 또 다른 거처) 건립
② 6조 직계제 실시, 의금부·승정원 설치 → 왕권↑ / 사간원 독립(대신 견제)
③ 사병 혁파(군사 장악), 공신 세력(민무구·민무질 등) 숙청
④ 양전 사업, 호패법(16세 이상 남자, 노비 포함) 실시, 사원의 토지·노비 몰수
⑤ 계미자 제작(주자소), 저화 발행(사섬서)
⑥ 신문고 설치, 서얼 차별(한품서용), 재가 금지
⑦ 요동 정벌 보류 → 명과 원만한 관계, 국경 무역소 설치로 여진과 관계 호전
⑧ 혼일강리도(동양에서 가장 오래된 세계지도)

(4) 세종(1418 ~ 1450)
① 의정부 서사제: 왕권·신권의 조화, 재상 합의 / 인사·군사 업무는 왕이 직접 주관
② 집현전 확대 개편: 학술 기구, 경연(국왕)·서연(세자) 등을 담당
③ 유교 윤리 강화: 오례(국가 행사), 주자가례(가정) 장려
④ 불교 정책: 억불(선교 양종 36개 절만 인정), 내불당(불교 명맥 유지)
⑤ 공법 시행(1444): 전분 6등법(비옥도)·연분 9등법(풍흉)
⑥ 부민고소금지법, 원악향리처벌법 → 수령권 강화
⑦ 훈민정음 창제, 용비어천가 편찬

⑧ 경자자·갑인자 제작(식자판 조립), 조선통보 발행
⑨ 칠정산 내·외편(원의 수시력·명의 대통력·아라비아의 회회력, 한양 중심) 편찬
⑩ 각종 편찬 사업
  • 농사직설: 최초 독자적 농법 소개
  • 삼강행실도: 그림 설명을 붙인 윤리서 / 충신·효자·열녀
  • 총통등록: 화약 무기 제작과 사용법 정리
  • 여민락·정간보(음악)
  • 향약집성방(우리 풍토에 맞는 약재와 치료법 정리)·의방유취(의학 백과사전)
⑪ 측우기, 자격루(자동 시보 장치), 앙부일구(해시계), 혼천의·간의(천체 관측)
⑫ 금부삼복법(사형 3심제), 노비 사형(私刑) 금지법, 관노비 출산 휴가 장려

> **※ 참고자료**
> ★ **[의정부 서사제]**: 6조 직계제를 시행한 후 6조에 업무가 집중되었다. 업무의 경중이 제대로 구별되지 않으며, 의정부는 사형수를 심판하는 일만 하게 되므로 재상에 위임하는 뜻에 어긋난다. 6조는 모든 직무를 의정부에 품의하고, 의정부는 가부를 헤아려 왕에게 아뢰어 [왕의] 전지를 받아 6조로 보내 시행한다. 다만 이·병조의 관직 제수, 병조의 군사 업무, 형조의 사형수를 제외한 판결 등은 종래와 같이 각 조에서 직접 [왕에게] 아뢰어 시행하고 곧바로 의정부에 보고한다.

17 조선의 건국과 조선 초기 정치(15C)

2 조선 초기 대외 관계

(1) **사대교린**: 명에 사대(경제·문화적 실리 추구), 여진 일본과 교린

(2) **대 여진 관계**
  ① 강경책
   • 태조 때 두만강 유역 개척, 세종의 4군(최윤덕)·6진(김종서) 개척(압록강 ~ 두만강)
   • 사민 정책: 삼남 지방의 주민 일부를 북방 이주 → 북방 개척
  ② 회유책
   • 무역 허용: 태종 때 무역소(경원·경성) 설치, 조공 무역(북평관)
   • 토관 제도: 함경도·평안도 변방 토착민을 토관으로 임명(상피제 적용 X)

(3) **대 일본 관계**
  ① 강경책: 세종 때(상왕 태종 주도) 쓰시마섬 토벌(1419, 이종무)
  ② 회유책
   • 3포 개항(1426): 부산포, 내이포(제포, 현재 창원), 염포(현재 울산)
   • 계해약조 체결(세종 25년, 1443): 세견선 50척, 세사미두 200석

(4) **시암·류큐·자와**: 조공·회사 형태 교류
  ① 류큐 등이 조선에 사신을 보내어 토산물을 바침
  ② 조선이 선진 문물 전파(불경, 유교 경전, 범종, 부채 등)

> **＊참고자료**
> ※ 해동제국기: 세종 25년(1443) 서장관으로 일본에 다녀온 신숙주가 성종 2년(1471) 왕명을 받아 일본의 정치·외교·사회·풍속·지리 등을 정리한 책
> ※ 선초 객관(客館)
>   • 태평관·모화관: 사신 접대
>   • 동평관: 여진 사신 접대
>   • 북평관: 일본 사신 접대

3 선초 왕대별 개관(2)

(1) **문종(1450 ~ 1452)**
  ① 건강 문제로 2년 만에 사망, 동국병감(김종서 주도) 편찬
  ② 화차 개발(세자 시절), 사창제(1451), 고려사·고려사절요 편찬

(2) **단종(1452 ~ 1455)**
  ① 12세 왕 → 재상(김종서·황보인) 중심 정치
  ② 계유정난(1453): 수양대군이 김종서·황보인 숙청 → 이징옥의 난 → 단종 폐위

(3) **세조(1455 ~ 1468)**
  ① 6조 직계제, 종친 등용, 집현전 폐지, 경연 중지, 사육신 제거 → 왕권↑
  ② 직전법 실시: 현직 관리만 수조권 지급 → 수신·휼양전 폐지
  ③ 경국대전 편찬 착수: 형전과 호전 편찬
  ④ 보법(정군 1인당 보인 2) 시행, 5위(궁궐·수도 방어), 진관 체제(지역 단위 방어 체제)
  ⑤ 이시애의 난(1467): 함경도 지역 차별에 대한 불만(남이 진압) → 유향소 폐지
  ⑥ 간경도감(월인석보, 불경 간행) 설치, 원각사지 10층 석탑 건립

(4) **예종**: 1년 만에 사망, 공신 남이 숙청

(5) **성종(1469 ~ 1494)**
  ① 정희왕후의 수렴청정, 훈구파 득세 → 사림파 등용
  ② 경국대전 완성 및 반포, 국조오례의 편찬
  ③ 홍문관(옥당) 설치 → 경연 활성화
  ④ 관수관급제 실시: 수조권을 관청이 행사 → 국가의 토지 지배권 강화
  ⑤ 동국여지승람(관찬지리지), 동국통감·동문선(서거정), 악학궤범(성현) 편찬
  ⑥ 억불: 간경도감 폐지, 도첩제 폐지
  ⑦ 사창제 폐지, 재가 금지법 시행

MEMO

17 조선의 건국과 조선 초기 정치(15C)

	1代 태조	3代 태종	4代 세종	7代 세조	9代 성종
	도평의사사 → 의정부(정치, 정종) / 의흥삼군부(군사)	6조직계제	의정부 서사제 • 군사·인사는 왕이 처리 • 청백리 재상(황희·맹사성)	6조직계제	
	• 한양 천도 → 개경 천도(정종) → 한양 재천도 경복궁(법궁) / 민심 수습 / 창덕궁(별궁)		집현전	집현전 X(경연 X)	홍문관(경연 O)
정치 변화	**정도전** • 도성·성문이름 제작 • 재상중심의 정치 • 『고려국사』, 『불씨잡변』 — 조선 건국 정당화 • 『조선경국전』, 『경제문감』 • 1차 왕자의 난으로 사망	**왕권 강화** ㊁ 양전사업, 사원전 몰수 ㊔ 사병 X, 노비해방, 호패법 • 사간원 독립 • 설치(의금부) • 신문고(설치 → 폐지 → 부활) 연산군 영조	**애민정치** • 사가독서제 • 노비의 출산휴가 • 금부삼복법(사형수 3심제) • 훈민정음 • 독자적 서적 ㊭ 『칠정산』, 간의대(천체관측) ㊔ 『향약집성방』, 경복궁 ㊋ 정간보, 『여민락』 • 『삼강행실도』(충·효·열) • 공법(연분 9등법) 제정	**6代 단종** • 계유정난(김종서·황보인 제거) **군사제도** • 진관체제 • 5위 • 보법 직전법(1466) 이시애의 난 (남이장군 진압1467)	훈구파 등장 ↔ 사림파 등용 **유교정치** ㊖ 『국조오례의』— 상복규정 X ㊛ 『악학궤범』 ㊤ 『동국통감』 ㊖ 『동국여지승람』 ※ 동문선 — 우수한 시문 선별 관수관급제(1470)
불교	도첩제 실시		내불당 설치	• 간경도감 • 원각사지 10층 석탑	도첩제 폐지

대외 관계	**명과의 갈등**
	• 고명문제(국호지정)
	• 표전문(외교문서 불손)
	정도전의 압송요구(거부)
	↓
	요동정벌(정도전)
		명과 관계 회복
		• 조천사(명) • 연행사(청)
		     조선후기
		• 실리외교(회사품 > 조공품)
		
		여진 관계
		무역소(경원·경성)
		• 토관제도
		• 4군(최윤덕) 6진(김종서)
		  → 사민 정책
			세종의 대일정책
			쓰시마 정벌(1419, 이종무) → 3포 개항(1426, 부산·제·염포) → 계해약조(1443) • 세견선 50척
			cf) 고려 말(박위, 창왕)
					해동제국기(신숙주)
					일본·류큐·동남Asia

				태종 vs 세종	
			인쇄: 계미자(주자소 설치), 조지소	경자자, 갑인자(식자판인쇄, 2배효율)	
			화폐: 저화(재발행, 사섬서) cf) 공양왕(최초)	조선통보	
법전	『경제육전』(조준)			『경국대전』 편찬(호전·형전)	『경국대전』 완성(6전 체제)
지도	『천상열차분야지도』	『혼일강리도』			
농서			『농사직설』(정초)	『양화소록』(강희안)	『금양잡록』(강희맹)

18 사림의 성장과 붕당의 형성(16C)

1 사림의 성장

(1) 개념(훈구파와 대비, 일률적·고정적 개념 아님)

훈구파	사림파
혁명파 사대부 및 공신 세력 후예	온건 개혁파(길재, 정몽주 등의 후예)
국왕의 패도 일부 인정, 중앙 집권	왕도 정치, 향촌 자치
관학(성균관) 출신, 사장학 중시	사학(서원), 경학 중시
현실적·실천적 유학, 과학 기술 발달	성리학 외 배척, 예학, 이기론 발달
대지주, 중앙 고위 관직(의정부, 6조)	지방 중소 지주, 3사 언관직
지주격 시관(단군)	명분 중시, 기자 중시

(2) 성장
① 성종 때 중앙 정계 등용 → 무오·갑자·기묘·을사사화
② 향촌(서원, 향약)을 기반으로 끊임없이 진출 → 선조 때 사림 집권 → 동인과 서인의 분당

(3) 사림의 계보

정몽주 — 길재 — 김숙자 — 김종직 ┬ 정여창
　　　　　　　　　　　　　　　├ 김굉필 ┬ 서경덕 ┬ 조식
　　　　　　　　　　　　　　　├ 김일손 ├ 이언적 └ 이황
　　　　　　　　　　　　　　　　　　　├ 조광조
　　　　　　　　　　　　　　　　　　　└ 김안국 ┬ 이이
　　　　　　　　　　　　　　　　　　　　　　　└ 성혼

2 왕대별 개관

(1) 연산군(1494 ~ 1506)
① 무오사화(1498)
- 조의제문(김종직)을 실은 사초 문제
- 유자광 주도, 김굉필 유배, 김종직 부관참시
② 갑자사화(1504)
- 폐비 윤씨 사건(연산군 생모 폐비 사건)
- 임사홍 주도, 한명회 부관참시, 사림·훈구 모두 피해
③ 한글 탄압, 신언패 착용(언론↓), 경연 중지, 월산대군의 박씨 부인 자결 → 반정

(2) 중종(1506 ~ 1544)
① 반정공신(훈구) 세력을 견제하기 위해 사림(조광조) 등용
② 정암 조광조(김굉필 제자)의 개혁
- 현량과(천거제) 실시 → 사림 등용 목적
- 향약 실시(여씨향약), 소학(주자의 생활 윤리서) 보급 → 성리학 질서 강화
- 소격서(도교 행사 주관) 폐지 → 성리학 질서 강화
- 경연 강화, 방납 폐단 시정 주장 → 도학 정치 구현
- 훈구파의 위훈(거짓 공훈) 삭제 주장 → 훈구파 반발
③ 기묘사화(1519): 훈구파의 반발[남곤·심정이 주초위왕(走肖爲王) 사건 주도]
④ 윤리 의례서: 이륜행실도(연장자·연소자, 친구 간 윤리), 동몽선습(아동 한자 학습서)
⑤ 주세붕의 백운동 서원 설립(최초 서원, 안향 제사)

(3) 명종(1545 ~ 1567)
① 문정왕후 윤씨의 수렴청정(불교 진흥 - 보우 중용, 도첩제·승과 일시적 부활)
② 소윤(윤원형, 명종의 외척) vs 대윤(윤임, 인종의 외척)
③ 을사사화(1545): 외척 간의 갈등 → 소윤의 대윤 숙청
④ 양재역 벽서 사건(1547): 을사사화의 연장선, 대윤 추가 숙청 → 소윤 권력↑
⑤ 을묘왜변(1555, 제승방략, 비변사 상설화), 임꺽정의 난(1559, 백정 출신)
⑥ 직전법 폐지 → 지주전호제↑ / 구황촬요(흉년 구제) 간행

(4) 선조(1567 ~ 1608)
① 사림 집권 → 동인과 서인의 분화 → 동인이 남인과 북인으로 분화
② 임진왜란(1592) 발발

3 붕당의 형성

(1) 사림 → 동인과 서인

이조 전랑을 둘러싼 갈등 (3사 선발권, 후임자 천거권)	동인	김효원을 따르는 신진 사림
		척신 정치 청산에 적극적
		이황의 문인 / 서경덕·조식의 문인
	서인	심의겸(외척)을 따르는 기성 사림
		척신 정치 청산에 소극적
		이이·성혼의 문인

(2) 동인 → 남인과 북인

정여립 모반 사건(1589) → 세자건저의 사건(1591) → 정철의 처리 문제	북인	서인 처벌 강경	대북(광해군 지지)
		조식의 문인(이산해)	소북(영창대군 지지)
	남인	서인 처벌 온건	
		이황의 문인(유성룡)	

18 사림의 성장과 붕당의 형성(16C)

	10代 연산군	11代 중종	13代 명종	14代 선조

정치변동 사회불안

10代 연산군
- 언론 탄압
  - 신문고 X · 경연 X
    └ 세조 X, 태종 O

11代 중종
- 중종반정(1506, 왕권↓)
- 삼포왜란(1510)
  - 비변사 설치(임시기구)
  - 진관체제 존속
  - 임신약조(1512, 제포만 개항)
- 여진·왜구 대비
- 구성: 전·현직 정승, 5조참판(공조제외)
- 세도가문이 주요관직 차지 → 폐지 └ 대원군

13代 명종
- 선·교 모두부활, 승과설치
- 문정왕후 수렴청정(1544~1553)
- 을묘왜변(1555)
  - 비변사 상설화
  - 제승방략체제
    - 유사시 한곳에 집결
    - 중앙에서 장수 파견
- 『구황촬요』(구황작물 재배법)
  - 임꺽정(백정)의 난(1559)
  - cf) 장길산(광대)의 난(숙종)

14代 선조
- 붕당정치의 전개(1575)
- 임진왜란(1592)
  - 비변사 국정최고기구(의정부, 6조 유명무실)
  - 진관 복구
  - 기유약조(광해군, 부산에 왜관)
- 이몽학(서얼)의 난(1596)

사림의 성장

사림의 계보
- 정몽주(포은) · 길재(야은) · 김종직
- 김굉필 · 조광조

무오사화(1498)
- 김종직의 조의제문
- 김종직 부관참시, 김일손 처형

갑자사화(1504)
- 폐비 윤씨 문제
  └ 연산군 생모

기묘사화(1519, 주초위왕)
- 조광조 개혁

실시·장려	폐지·시정
현량과	위훈 · 소격서
향약	방납 폐단 · 유향소
소학	내수사 고리대

→ 훈구 반발 → 조광조 사약

조광조 : 김굉필(소학동자) 제자
→ 아동용 학습서 보급(⑧)

을사사화(1545)
- 대윤(윤임) vs 소윤(윤원형)
  ↓ 소윤(⑧)
- 척신 정치

척신잔재 청산 → 사림파 집권
이조전랑 임명(3사관리추천권, 후임자천거권)

서인[심의겸] (온건)	동인[김효원] (강경)

대동계
정여립 모반사건(1589, 기축옥사)
건저의 문제(1591)
└ 정철의 세자 건의

남인 (온건)	북인 (강경)

풍속 교화

아동: 『동⑧수지』·『동⑧선습』·『훈⑧자회』
cf) 『이륜행실도』(장유·붕우)

『격⑧요결』(이이)

서원: 백운동 서원(1543, 주세붕, 안향 제사) — 사액서원 → 소수 서원(1550, 이황의 건의)

19 양란과 예송논쟁

1 임진왜란

(1) 배경
  ① 조선: 군역 문란, 붕당 갈등 → 통신사(1591) 입장 차이
     (김성일 - 안일한 대처 / 황윤길 - 일본의 침략 가능성 적극 대처)
  ② 일본: 정명가도 명분, 도요토미 히데요시의 팽창욕

(2) 전개
  ① 왜군 20만 부산진 침입(1592) → 부산진(정발)·동래성(송상현) 함락
     → 신립의 패배(충주 탄금대) / 선조 피란 및 한양 함락(보름 남짓)
  ② 이순신 활약
     • 옥포 해전(첫 승리, 1592. 5.), 사천포 해전(거북선 첫 투입)
     • 당포·당항포 해전 (→ 평양 함락 →) 한산도 대첩(학익진) → 일본의 수륙 병진 좌절
  ③ 제1차 진주 대첩 승리(김시민, 1592. 10.) → 호남 보호
  ④ 조·명 연합군의 평양성 탈환(1593. 1.) → 파주 벽제관 전투 패배 → 행주 대첩 승리
     (권율, 1593. 2.)
  ⑤ 제2차 진주 대첩 패배(1593. 6.): 관군과 의병 합심, 논개의 저항
  ⑥ 정유재란(1597): 칠천량 해전(원균 패배) → 직산(천안) 대첩 → 명량 대첩(진도 울
     돌목) → 노량 대첩(이순신 전사, 1598. 11.)
  ⑦ 의병의 활약
     • 농민, 선비, 전직 관리, 승려 등 / 지리적 이점 활용, 관군과 합심
     • 정인홍·곽재우(경상도), 고경명·김천일(전라도), 조헌·영규(충청도), 정문부
       (함경도, 북관대첩비), 휴정(서산대사, 묘향산)·유정(사명대사, 금강산)

(3) 영향
  ① 국내: 인적·물적 황폐화(양전, 호구조사 필요), 납속·공명첩 발급, 동평관 폐쇄, 문
     화재 소실(궁궐, 불국사, 실록 - 전주 사고본만 남음), 이몽학의 난(충청 홍산, 서얼)
  ② 국외: 명 쇠퇴·후금 성장, 에도 막부 발전(도자기 - 이삼평, 강항 - 이황의 성리학전래)
  ③ 회답겸쇄환사(유정) → 국교 재개 → 기유약조(제한 무역, 부산포 개항)
  ④ 통신사: 에도 막부 요청에 따라 비정기적 파견 → 외교 사절, 선진 문화 전파

2 호란

(1) 배경
  ① 후금 건국(누르하치, 1616), 인조반정 후 친명배금 정책
  ② 모문룡이 가도에 군사 기지 설치(1623, 가도 사건)
  ③ 이괄의 난(1624, 논공행상에 불만, 인조의 공주 피란) → 잔당들이 후금을 자극

(2) 전개
  ① 정묘호란(1627)
     • 후금 침입 → 인조 강화도 피란, 의병 활약(정봉수 - 철산, 이립 - 의주)
     • 형제 관계 수락 → 청 건국 후, 군신 관계 요구 → 주전론(vs 주화) 승리
  ② 병자호란(1636)
     • 인조·소현세자 남한산성에서 항전, 봉림대군 등 왕족 강화도에서 항전
     • 임경업의 활약(의주 백마산성)
     • 강화도 함락 이후 인조 항복 → 삼전도의 굴욕(삼궤구고두례, 삼전도비) → 군신
       관계 수용

(3) 영향
  ① 세자와 대군, 삼학사(윤집, 오달제, 홍익한)·김상헌, 민간인 등 청에 인질
  ② 청에 대한 적개심·문화적 우월감 → 북벌론 제기, 소중화 의식
  ③ 청 문물 수용: 소현세자(아담 샬과 교유) → 북학론

19 양란과 예송논쟁

3 왕대별 개관

(1) 광해군(1608~1623)
  ① 북인(대북, 정인홍, 이이첨) 정권의 독주
  ② 중립 외교(강홍립 파병 시 상황에 따른 대처)
  ③ 폐모살제(영창대군 사사, 인목대비 폐위) → 인조반정의 명분
  ④ 회퇴변척소(문묘 종사 인원에 이언적·이황을 반대하고, 조식을 높이려 함),
     but 광해군은 문묘 5현(김굉필, 정여창, 조광조, 이언적, 이황)을 허용함
  ⑤ 5대 사고 정비, 동의보감(우리 전통 한의학 정리, 세계 기록 유산) 편찬

(2) 인조(1623~1649)
  ① 서인 주도, 남인 공존 / 북인 궤멸
  ② 친명배금 정책으로 정묘호란과 병자호란을 겪음

(3) 효종(1649~1659)
  ① 북벌 추진: 서인 집권 명분 / 송시열, 이완 등 / 어영청 강화
    cf 숙종 초 북벌(1678, 윤휴·허적, 도체찰사부 설치 / 오삼계의 난 활용)
  ② 나선 정벌
    • 1차(변급, 1654), 2차(신류, 1658)
    • 러시아에 대한 대응으로 2차례 조총 부대 파견

4 현종(1659~1674) 대의 예송

시기	쟁점	서인	남인
기해 예송 (1659)	효종 사후 자의대비 복상 기간	• 기년복(1년) 주장 → 승	• 3년복 주장
		• 체이부정, 천하동례	• 왕자사서부동례: 왕권↑
		• 송시열·송준길	• 윤휴·허적·허목
갑인 예송 (1674)	효종비 사후 자의대비 복상 기간	• 주자가례 기준	• 오례 기준
		• 대공복(9개월) 주장	• 기년복(1년) 주장 → 승

MEMO

19 양란과 예송논쟁

14代 선조

임진왜란(1592~1598)

1592
① 부산(정발) → 상주(이일) → 충주(신립)
　　└ 충주 탄금대 전투
② 한양 함락
③ 옥포·사천·당포 해전 승리(이순신)
　　└ 첫 승리 └ 거북선
④ 평양 함락 → 광해군의 분조
　　→ 선조의 의주 피난
⑤ 한산도 대첩(학익진, 7월)
⑥ 1차 진주성 전투 승리(김시민, 10월)

1593
① 조명연합군(이여송+유성룡)의 평양성 탈환
② 벽제관 전투 패배
③ 행주대첩 승리(권율)
④ 2차 진주성 전투 패배(김천일, 논개)
⑤ 선조 한양 복귀

휴전회담 中
① 훈련도감(직업군인) ┐ 유성룡
② 속오군(노비~양반) ┤ 건의
③ 진관 체제 복구
④ 무기개량(비격진천뢰)

정유재란(1597)
- 이순신 파직
- 칠천량 해전(패배, 원균) → 명량대첩(진도)
- 직산 전투 승리(조명연합군)
- 도요토미 히데요시 사망
- 노량대첩(1598, 이순신 전사)

사후 처리
- 전파(성리학[이황], 도자기)
- 국교 재개, 포로 송환
　　└ 사명대사(유정)
- 통신사 파견(선조~순조)
　　└ 비정기적, 문화적

15代 광해군

북인 권력 독점

임진왜란 뒷수습
- 경기도에 대동법 실시
- 『동국신속삼강행실도』
　　└ 임란 중 충·효·열
- 『동국지리지』
- 『동의보감』
- 5대 사고 정비(전주사고 바탕)
- 기유약조

↓

정치적 실정
- 폐모살제(인목대비, 영창)
- 무리한 궁궐건축
　　└ 경희궁 건립, 경복궁 중건 X
- 북인 독주
- 중립외교(강홍립 투항, 1619)

인조반정(1623)
　　└ 서인주도·남인참여

16代 인조

- 인조반정(1623) : 친명배금
- 모문룡의 가도사건(1623)
　→ 외교갈등 → 어영청 설치
- 이괄의 난(1624) → 총융청 설치
　　└ 인조의 공주 피난
- 수어청(1626)

정묘호란(1627)
- 의병(정봉수, 이립)
　　└ 용골산성
- 조선 항복(인조의 강화도 피난)
- 형제의 맹(후금)

청 건국(1636)　주전론 vs 주화론
군신관계 요구　(윤집)　(최명길)

병자호란(1636)
- 임경업(백마산성), 의병 X
- 왕실 강화도 피난
- 인조 남한산성 피신 → 삼전도 굴욕
　→ 군신의 맹(청)

- 삼학사의 죽음
　　└ 윤집, 오달제, 홍익한
- 소현세자(심양관, 천주교 수용)
　　└ 외교기능

17代 효종

북벌론
- 문화적 우월감
- 서인(송시열) 주도
- 청의 요청으로 나선 정벌
　　└ 2차례에 걸친 러시아 정벌

18代 현종

예송논쟁

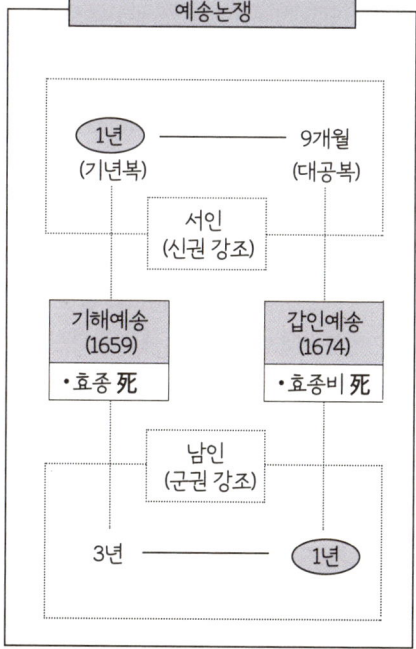

1년 ─────── 9개월
(기년복)　　　(대공복)
　　서인
　(신권 강조)

기해예송　　　갑인예송
(1659)　　　　(1674)
·효종 死　　　·효종비 死

　　남인
　(군권 강조)

3년 ─────── 1년

20. 환국과 탕평정치

1. 환국(붕당 정치의 변질)

(1) 숙종(1674 ~ 1720)
　① 붕당론 제기(박세채) / 환국을 통하여 국왕이 정국 주도
　② 잦은 환국 발생

경신 환국 (1680)	• 허적(집권 남인)의 유악 사건(기름 천막 사건) • 삼복의 옥 - 남인과 종친의 역모 시도 • 남인 축출(윤휴·허적 사사) 시 서인의 분화 • 노론(강경, 송시열) - 명분, 민생 안정 강조, 보수적 • 소론(온건, 윤증) - 실리, 북방 개척에 적극적
기사 환국 (1689)	희빈 장씨(남인) 아들의 원자·세자 책봉 문제 인현왕후(서인) 폐비, 서인 축출(송시열 사사), 장희빈 → 왕후
갑술 환국 (1694)	인현왕후(폐비 민씨) 복위 운동 논란 남인 축출, 소론 집권 및 노·소론 갈등 심화, 장씨는 희빈으로 강등
신사 환국 (1701)	(무고의옥) 장희빈이 무당을 불러서 저주를 퍼부음 소론 축출 → 노론 집권

　③ 안용복의 활약(1693, 1696), 백두산정계비 건립(1712)
　④ 병신처분(1716): 회니시비(송시열계 vs 윤증계) 중에 숙종이 노론 편을 듦
　⑤ 충절·상무 의식 강조(정신적 북벌)
　　• 금위영 설치(궁궐 수비)
　　• 이순신(현충사)·임경업·강감찬 사당 건립
　　• 북관대첩비(임진왜란 전승비/정문부를 대장으로 한 함경도 의병 활약)
　　• 만동묘(충청 괴산, 신종을 기리기 위함)·대보단(창덕궁)

(2) 경종(1720 ~ 1724)
　① 노론 우세 속에 소론의 후원을 받아 즉위
　② 건강·후사 문제 → 왕세제(연잉군) 책봉, 왕세제 대리 청정 문제를 둘러싼 갈등
　③ 신임사화(신축사화, 임인사화)로 소론이 주도권을 잡았으나, 경종이 죽음

2. 탕평 정치의 전개

(1) 영조(1724 ~ 1776)
　① 탕평 교서(1725) → 을사처분(1725): 목호룡 고변 사건 재조사 → 노론 우세
　② 이인좌의 난(1728, 소론 주도, 경종독살설, 정통성 부정) → 영조의 탕평 선언
　③ 완론탕평: 탕평파 중심 정국 운영, 탕평비 건립(성균관 입구)
　④ 서원 정리, 산림 부정, 이조 전랑 권한 축소
　⑤ 균역법(농민에게 군포 1필, 1750), 청계천 준설(준천사), 신문고 부활
　⑥ 사형 3심제, 가혹한 형벌 폐지(압슬형, 낙형), 노비종모법 확정(양인 증가책)
　⑦ 속대전, 동국문헌비고(홍봉한, 백과사전), 속오례의, 속병장도설 편찬
　⑧ 수성윤음 발표 → 훈련도감·어영청·금위영 중심의 도성 방어 체제
　⑨ 임오화변(사도세자 죽음, 1762) 이후 벽파·시파 분화 → 벽파(강경) 집권

(2) 정조(1776 ~ 1800)
　① 노론 시파, 소론, 남인(채제공·정약용) 고루 등용, 준론 탕평(시비를 명백히 분별)
　② 장용영 설치: 국왕 친위 부대, 국왕의 군사권 강화
　③ 규장각 육성 및 초계문신제(37세 이하 문신 재교육)
　④ 화성 건설: 정치·군사·상업적 기능, 정약용의 거중기 설계, 대유둔전 운영(만석거·축만제 축조) / 화성 건설 전 현륭원(사도세자) 이전
　⑤ 정유절목(1777): 서얼 차별 완화, 규장각 검서관 서얼 기용(이덕무·박제가·유득공)
　⑥ 신해통공(1791): 채제공 주도, 6의전 외 시전의 금난전권 폐지
　⑦ 이조 전랑의 자대권(후임자 추천권)이 부활했다 완전히 폐지
　⑧ 수령 권한 강화: 수령이 군현 단위 향약 주관
　⑨ 편찬 사업
　　• 대전통편, 일성록(국왕 일기), 홍재전서(정조의 시문·교지 정리), 동문휘고(외교 문서)
　　• 탁지지(호조 업무), 추관지(형조 업무), 무예도보통지(병서), 고금도서집성(청으로부터 수입)
　⑩ 신해박해(진산 사건, 1791): 윤지충이 조상의 신주 소각 / 피해 규모 小
　⑪ 문체 반정: 노론(박지원 등)의 패관소품체 억압, 고문(古文) 회복

20 환국과 탕평정치

왕 계보
- 19代 숙종
- 20代 경종
- 21代 영조
- 22代 정조
- 23代 순조 — 효명세자 — 25代 철종

숙종대

서인 → 노론 / 소론

환국정치

- **경신환국(1680)**
  - 허적병신(허적 X, 윤휴 X)
    - 허견역모사건
  - 서 집권, 노·소론 분화

- **기사환국(1689)**
  - 장희빈 아들 세자책봉 문제
  - 남 기사회생, 송시열 처형

- **갑술환국(1694)**
  - 숙종의 갑질연애
    → 인현왕후 복위
    → 장옥정 희빈강등
  - 서 집권(일당전제화), 남인 몰락

- **신사환국(무고의옥, 1701)**
  - 장희빈 처형

남인 → 성리학 절대화

충절·상무의식 강조(정신적 북벌)
- 금위영 설치(궁궐 수비)
  - 5군영 완성
- 이순신·임경업·강감찬 사당
  - 현충사
- 북관대첩비(임진왜란 전승비)
- 만동묘(충청 괴산)·대보단(창덕궁)

영토 의식
- 안용복 독도 수호(1693)
- 백두산 정계비(1712)

경종대

신임옥사(1721·22)
- 원인: 대리청정 문제
- 소론 공격
  → 노론 위축

"연잉군 신임하지 말고 경종 신임해"

영조대

임오화변(1762)

- **벽파**
  - 강경
  - 사도세자 반대
    - 장헌세자

- **시파**
  - 온건
  - 사도세자 동정

- 노비종모법
- 신해박해

정조대

- 공노비 해방(1801)
- 신유박해
- 장용영 X

순조대

세도정치(안동김씨 → 풍양조씨 → 안동김씨)

홍경래의 난(1811)
- 가산·정주
- 서북지역 차별 (잔반+광산·상공업자)
- 청천강 이북지역

철종대

임술농민봉기(1862)
- 단성·진주 → 전국 확산
- 백낙신 수탈에 대항
  → 유계춘(몰락 양반) 주도
- 삼정이정청 설치(실패)
- 신해허통(서얼 청요직 허용)
- 동학 창시(1860)

탕평정치

구분	영조	정조
탕평책	• 완론 탕평 　└붕당을 없애자는 논리 • 탕평파 중심 정국운영(이인좌의 난 계기) 　└소론, 청주 • 탕평교서, 탕평비 　└at 성균관	• 준론 탕평 　└당파의 옳고 그름을 가림 • 시파(남인·소론) 중용, 서얼 등용 　└채제공·정약용　└박제가·이덕무·유득공
왕권 강화	• 산림부정, 서원 X, • 수성윤음, 전랑권한 축소 　└훈련도감·어영청·금위영 중심 도성 방어	• 규장각, 초계문신제, 장용영 • 수령의 향약주관, 문체반정
체제 정비	•「속대전」 •「동국문헌비고」 •「동국여지도」「동국지도」 　└현존　└최초의 축적	•「대전통편」「탁지지」「추관지」 　　　　　　└호조　└형조 •「고금도서집성」(청 수입) •「무예도보통지」 　└병법
민생안정	• 신문고 부활, 균역법, 청계천 준설 　└태종 실시, 연산군 폐지 • 노비종모법, 가혹한 형벌 X, 3심제	**상공업 발전** 상 신해통공 → 금난전권 X 공 공장안 X　└6의전 제외 • 화성건설 → 격쟁·상언 활성화 • 노비차별 완화

MEMO

V 근대사

21 대원군의 대내외적 통치

1 세도 정치

(1) **개관**: 세도 가문 권세 ↑, 매관매직 성행, 삼정(전정·군정·환곡)의 문란, 민란 多

(2) **순조(1800~1834)**
  ① 정조의 갑작스러운 죽음 → 정순왕후 김씨 5년간 수렴청정
     - 규장각 검서관(정조 등용 관리) 축출, 장용영 혁파(훈련도감·비변사 장악)
     - 천주교 탄압(신유박해, 1801)
  ② 안동 김씨(김조순) → 시파(천주교 묵인) 집권/홍경래의 난(1811, 평안도 차별)
  ③ 익종(효명세자): 대리청정하다 죽음

(3) **헌종(1834~1849)**
  ① 풍양 조씨(조만영) 집권
  ② 기해박해(1839, 오가작통법 악용, 정하상 순교), 병오박해(1846, 김대건 순교)

(4) **철종(1849~1863, 사도세자의 증손)**
  ① 강화도령 출신(제왕학을 배우지 않고 즉위) / 안동 김씨 세도
  ② 임술 농민 봉기(1862): 진주 민란(몰락 양반 유계춘 주도)을 시작으로 전국화

2 대원군의 대내 정치

(1) **대내외적 위기**: 삼정의 문란·민란 빈번, 이양선 출몰·러시아가 연해주 획득

(2) **왕권 강화**
  ① 12세인 고종을 대신하여 흥선대원군(이하응)이 10년간 섭정
  ② 안동 김씨 축출, 비변사 폐지(의정부와 삼군부의 기능 부활)
  ③ 경복궁 중건(1865): 당백전 발행(물가 혼란 야기), 원납전 징수(강제 기부금 비판),
     도성문 통행세 징수, 양반의 묘지림 벌목, 백성들 요역 징발(경복궁 타령)
  ④ 법전 정비: 대전회통, 육전조례
  ⑤ 서원 정리: 붕당의 근거지 혁파, 민생 안정(서원이 면세 혜택, 백성 침탈)
  ⑥ 만동묘 철폐

(3) **민생 안정(삼정의 문란 해결)**
  ① 전정: 양전 사업 → 은결 색출
  ② 군정: 호포법 실시(집집마다 징수, 양반도 군포 부담)
  ③ 환곡: 사창제 실시(마을에 창고 만들어 자치 운영) → 환곡 문제 해결 시도

3 대원군의 대외 정치(통상 수교 거부)

(1) **병인양요와 신미양요**

시기	병인양요(1866. 9.)	신미양요(1871)
목적	통상 수교 목적	통상 수교 목적
구실	병인박해(프랑스 선교사 처형)	• 제너럴셔먼호 사건 • 평양, 박규수 화공 작전
침입	프랑스 사령관 로즈의 침입	미국 사령관 로저스의 침입
항전	양헌수(정족산성), 한성근(문수산성)	초지진 → 덕진진 → 광성보(어재연)
결과 영향	척화비 건립의 계기 외규장각 의궤(세계기록유산) 약탈 (2011년 임대 방식으로 의궤 반환)	척화비 건립 어재연 장군기(수자기) 가져감 (2007년 임대 방식으로 반환)

(2) **오페르트 도굴 미수 사건(1868)**
  ① 충남 덕산의 남연군(대원군의 父) 묘 도굴 미수
  ② 미국 자본가 및 프랑스 신부(페롱)의 지원 → 서양에 대한 적대감 고조

(3) **척화비 건립(1871)**: 신미양요 이후, 종로와 전국 각지에 건립 → 통상 수교 거부

> ***참고자료**
> ★ **[병인박해]**: 남종삼은 러시아에 변란이 있을 것이며, 프랑스와 조약을 맺을 계책이 있다고 하였습니다. 그러나 명백하게 근거할 만한 단서도 없는데 요망한 말을 만들어 여러 사람을 현혹하였습니다. 감히 나라를 팔아먹을 계책을 품고 몰래 외적을 끌어들일 음모를 하였으니, 그가 지은 죄를 따져 보면 만 번을 죽여도 오히려 가볍습니다. - 『고종실록』
>
> ★ **[제너럴셔먼호 사건]**: 평안 감사 박규수의 장계에서, "평양부에 와서 정박한 이양선이 더욱 미쳐 날뛰면서 포와 총을 쏘아 우리 쪽 사람들을 살해하였습니다. 그들을 제압하고 이기는 방책으로는 화공 전술보다 더 좋은 것이 없으므로 일제히 불을 질러서 보내어 그 불길이 저들의 배에 번지도록 하였습니다."라고 하였다. - 『고종실록』

21 대원군의 대내외적 통치

內

정 세도정치 (외척, 비변사) →

왕권 강화
- 비변사 폐지 → 의정부 + 삼군부
- 만동묘 철폐, 서원 축소
  - 명 황제 사당
  - 600개 → 47개
- 경복궁 중건(원납전, 당백전)
- 법전 편찬(대전회통, 육전조례)

경 삼정의 문란 →

민생 안정
- 전세 - 양전사업
  - 은결색출
- 군정 - 호포제
- 환곡 - 사창제(면민공동출자)

1800 — 세도정치 — 1863 — 대원군 집권기 — 1873

정조 사망 / 1866 / 1868 / 1871 / 최익현 하야 상소

④ 오페르트 도굴사건(독)
- 충남 덕산 남연군 묘 도굴
  - 대원군 父

척화비

① 병인박해(프)

③ 병인양요(프)
- 강화도
- 정족산성(양헌수)
  문수산성(한성근)
- 외규장각 의궤 약탈

② 제너럴 셔먼호 사건(미)
- 평양(박규수)

⑤ 신미양요(미)
- 강화도
- 광성보(어재연)
- 수자기 약탈

外 통상수교 거부

22. 1870~1880년대 개화정책의 추진(개항과 사절파견)

1. 개항(국교 확대)

(1) **조일 수호 조규(강화도 조약, 1876. 2.)**
  ① 배경: 고종의 통상 개화 추진, 운요호 사건(1875, 강화도 초지진)
  ② 체결: 강화도 연무당에서 신헌과 구로다가 체결
  ③ 내용과 의도(최초의 근대적 조약, 불평등 조약)
   • 일본에게 영사 재판권(치외법권) 허용
   • 침략 의도: 청의 종주권 부인, 해안 측량권 허용
   • 부산 외 2개 항구 개항(원산 - 1880, 인천 1883)
  ④ 조일 수호 조규 부록(부속 조약): 개항장에서 일본 화폐 사용, 거류지(10리) 설정
  ⑤ 조일 무역 규칙(통상 장정): 무관세·무항세, 양곡의 무제한 유출 가능성

(2) **조미 수호 통상 조약(1882. 4.)**
  ① 배경: 조선책략의 유포(2차 수신사 김홍집이 일본에서 들여옴, 청(황쭌셴)의 주장
   - '조선이 러시아를 막는 법은 중국과 친하고, 일본과 맺고, 미국과 연합해야'
  ② 내용: 치외법권 / 최혜국 대우 조항 / 관세 규정 有 / 거중조정 규정
  ③ 의의: 서구 열강과 맺은 최초의 조약

(3) **조일 수호 조규 속약(1882. 7.)** - 임오군란(1882. 6.) 직후 제물포 조약과 함께 체결
  ① 거류지 50리로 확대(1년 뒤 100리), 1년 뒤 양화진 개시
  ② 일본 외교관 및 가족·수행원의 내지 여행 가능

(4) **조청 상민 수륙 무역 장정(1882. 8.)**
  ① 조선을 속방으로 규정하여 청의 종주권을 인정받으려 함
  ② 양화진으로 개시를 제한하는 규정이 있으나 사실상 내지 통상 허용

(5) **조일 통상 장정(조일 무역 규칙 수정, 1883. 7.)**
  ① 관세 규정, 방곡령 근거(1개월 전 통고)
  ② 최혜국 대우 규정, 일본 상인에게 사실상 내지 통상 허용

(6) **여러 서양 국가와의 조약 체결**
  ① 영국: 청 알선, 아편 수입 금지 조항으로 비준이 늦어짐(1882 → 1883)
  ② 독일: 1883년에 체결 / 이탈리아: 1884년에 체결
  ③ 러시아: 청의 중재 없이 독자적 체결(1884), 묄렌도르프와 베베르가 체결
  ④ 프랑스: 청의 중재 없이 독자적 체결(1886), 천주교 포교 문제로 늦은 편

2. 개화 정책의 추진

(1) **통리기무아문 설치(1880)**
  ① 개화 정책 추진 총괄 기구
  ② 아래에 12사(사대사, 교린사, 통상사, 군무사 등)

(2) **별기군 창설(1881)**: 일본 교관(왜별기)/기존 5군영 → 2영(무위영·장어영)

(3) **사절단 파견**
  ① 수신사: 강화도 조약 체결 후 공식적 사절
   • 제1차(1876): 김기수가 일동기유, 수신사일기 저술
   • 제2차(1880): 김홍집이 조선책략(황쭌셴)을 들여옴
   • 제3차(1882): 박영효, 임오군란 배상금 협상, 태극기 공식 첫 사용
  ② 조사시찰단(1881. 4.)
   • 산업 시찰 목적으로 비밀리에 파견(암행어사)
   • 박정양, 홍영식, 어윤중, 유길준, 윤치호 등 / 귀국 후 일본문견사건 저술
  ③ 영선사(1881. 9.): 청에 김윤식·유학생 파견, 조기 귀국 → 기기창 설치(1883)
  ④ 보빙사(1883. 5.)
   • 미국 공사 푸트 내한에 대한 답례 형식(조약 체결 이후)
   • 민영익, 홍영식, 서광범, 유길준 등 파견 / 유길준은 미국 유학생이 됨
   ※ 초대 주미 공사 박정양 파견(1887)

3. 위정척사 운동의 전개

시기	배경	주요 활동 인물
1860s	통상 반대, 척화주전론	이항로(화서집), 기정진 등 → 흥선 대원군의 대외 정책 지지
1870s	개항 반대(강화도 조약), 왜양일체론	• 최익현의 5불가소(지부복궐 상소), 유인석
1880s	개화 정책 반대, 조선책략 유포	이만손의 영남만인소(1881, 모르던 나라, 혐의 없는 나라, 섬겨온 나라, 우리에게 매여 있던 나라), 홍재학의 척화 상소
1890s	을미사변, 단발령	유인석, 이소응 등 항일 의병 운동

22. 1870~1880년대 개화정책의 추진(개항과 사절파견)

흥선대원군 개혁정치 (1863~1873)	개항과 사절 파견 (1876~1883)

위정척사파

이항로(통상 반대)
- 서양통상반대 → 척화주전론
- 『화서집』

최익현(개항 반대)
- 5불가소[도끼상소](76)
  - 강화도조약 반대(왜양일체)
  - 서양물화(無) vs 조선물화(有)

이만손(개화 반대)
- 영남만인소(81) 미 모르던 國
- 조선책략 반대 러 혐의 X 國

지지 → **서계 사건**
비판 → **운요호 사건(75)**

강화도 조약(76)[조(일)수호조규]
최초의 근대적 조약
- 1조. 조선=자주국(청 간섭 배제)
- 4조. 부산(76) 외 2개 항구 개항 — 원산(80), 인천(83)
- 9조. 양국관리는 무역에 관여 X
- 7조. 해안측량권 } 불평등
- 8, 10조. 치외법권 } 조약

경제침탈
조(일)무역규칙	조(일)수호조규 부록
3無(무항세·무관세·무제한 곡식유출)	• 간행이정 10리 • 개항장에서 일본화폐 사용

통리기무아문(80)
└ 12사 설치

- 5군영 → 2군영, 별기군(81)
  └ 무위영, 장어영
- 사절 파견

조사시찰단 (일), 81	• 비공식 파견 • 산업 시찰
영선사 (청), 81	• 무기제조 • 1년만에 조기 귀국 • 김윤식 → 기기창

조(프)수호 통상조약(86)
천주교 허용

조(러)수호 통상조약(84)
독자적 수교

조(미)수호 통상조약(82)
서구와 맺은 최초 조약
- 최혜국대우 } 최
- 관세   } 초
- 거중조정
- 치외법권

보빙사(미), 83
- 푸트 공사에 대한 답방
- 유길준, 홍영식
  └ 갑신정변 가담 X

비판

1차 수신사(일), 76 — 김기수(『일동기유』 작성)

2차 수신사(일), 80 — 김홍집(조선책략 유입)

조선책략 — • 러시아 견제 • 친중·결일·연미

(청) 알선

23 임오군란과 갑신정변

1 임오군란

(1) 배경: 구식 군인(무위영, 장어영) 차별(급료 미지급 등), 개항 후 쌀값 폭등·개화 정책 비용 마련 → 도시 빈민 불만 고조

(2) 전개
① 구식 군인·도시 빈민이 일본 공사관과 궁궐 습격 → 민겸호(선혜청 곡식 배급 담당 책임자) 등 살해
② 민씨는 충주 장호원으로 피신, 흥선 대원군 재집권(황후 장례식, 5군영 부활, 별기군 폐지, 통리기무아문 폐지)
③ 청군 개입 → 민씨 정권 재집권(친청 보수화) 및 흥선 대원군이 청으로 압송됨

(3) 결과 및 영향
① 청의 내정 간섭 심화: 군대 주둔(위안스카이), 고문 파견(마젠창, 묄렌도르프)
② 제물포 조약(1882. 7.): 일본 공사관 경비를 위한 군대 주둔, 55만 원 배상금 지불 규정
③ 조·일 수호 조규 속약: 간행이정을 10리에서 50리로 확대
④ 조·청 상민 수륙 무역 장정(1882. 8.): 조선을 청의 속방으로 규정, 청 상인의 내지 통상을 사실상 허용, 치외법권 규정
⑤ 근대 시설 설립
  • 박문국(1883): 한성순보 간행, 갑신정변으로 소실되었다가 재건(1885)
  • 전환국(1883): 당오전, 백동화 등 발행, 화폐 정리 사업(메가타) 때 폐지
  • 기기창(1883): 영선사(김윤식)의 영향, 근대 무기 생산

2 개화파의 형성 및 분화

(1) 형성
① 통상 개화론의 대두(박규수, 오경석, 유홍기 등)
② 박규수의 영향을 받았던 김옥균, 박영효, 김홍집 등이 개화 정책에 참여

(2) 분화
① 온건 개화파(사대당)
  • 김홍집, 김윤식, 어윤중 등
  • (청)양무 운동 모델, 동도서기론, 점진적 개혁 추구
  • 재정 문제를 당오전 발행으로 해결 시도(고문관 묄렌도르프)

② 급진 개화파(개화당)

인물	생애 및 주요 활동
김옥균	(1882) 3차 수신사 박영효의 고문으로 일본 방문 (1883) 일본으로부터 차관 도입 시도 (1884) 갑신정변 후 일본 망명 → 상하이에서 홍종우에게 피살
박영효 서광범	일본 망명 후 10년 뒤 귀국 → 2차 갑오개혁 주도
홍영식	우정국 총판, 갑신정변 때 피살
서재필	미국 망명 후 국적 변경 → 필립 제이슨, 귀국 후 독립신문 창간 및 독립협회 주도

• (일)메이지 유신 모델, 급진적 개혁 추구
• 재정 문제를 일본의 차관 도입으로 해결 시도

3 갑신정변

(1) 배경
① 임오군란 이후 청의 내정 간섭 심화, 김옥균의 차관 도입 실패
② 청프 전쟁으로 청군 일부 철수, 일본(다케조에 공사)의 재정·군사적 지원 약속

(2) 전개
① 우정총국(홍영식이 총판) 개국 축하연을 이용하여 정변, 민씨 정권 고관 살해 → 개화당이 고종과 민씨를 경우궁(방어 용이)으로 이동
② 개화당 정부 수립(청과의 사대 관계 청산, 인민 평등권, 내각제 실시 등)
③ 국왕·왕비가 창덕궁으로 이동 → 청군 개입, 일본의 소극적 태도 → 3일만에 끝

(3) 결과 및 영향
① 청의 내정 간섭 더욱 심화 / 급진 개화파 일본 망명, 홍영식 피살
② 한성 조약(1884. 11. 조 - 일): 공사관 신축 비용 부담, 배상금 지불(13만 원)
③ 톈진 조약(1885. 3. 청 - 일): 청·일 양국 군대 철수, 파병 시에 상호 통보 약속

※ 갑신정변 14개조 정강

1. 청에 잡혀간 흥선 대원군 귀국, 청에 대한 조공 허례 폐지(사대 청산) 2. 문벌 폐지·인민 평등·능력에 따른 인재 등용 3. 지조법 개정(조세제 개혁 O, 토지제 개혁 X) 4. 내시부 폐지	8. 순사 제도를 둘 것 9. 혜상공국 폐지 12. 재정은 호조에서 일원화 13. 대신·참찬은 의정소에 모여 의결·정령 공포(→입헌 군주제)

23 임오군란과 갑신정변

연표: 1876 — 1880 — 1881 — 1882 — 1883 — 1884

대원군
- 왕권강화, 민생안정
- 통상수교거부
  - 제 병 오 신

→ 개항 (open)

개화파

통리기무아문
- 별기군, 2군영
- 조사시찰단, 영선사

위정척사파 (close)

하지마라 — 영남 만인소

임오군란(1882. 6) ← 군인 + 빈민 ← 경제침탈(일본), 차별대우
- 민겸호 X, 민씨 피신 — 충주 장호원
- 대원군 재집권
  ⓐ 5군영(부활)
  ⓑ 통리기무아문 X
  ⓒ 국장 선포

→ 청의 개입

- 민씨 재집권 → 대원군 청 압송
- 청의 내정·외교 간섭 → 조러 독자수교
- 청·일의 간섭 — 갑신정변 이전

구분	정치	경제
일	**제물포 조약(1882)** • 공사관 병력주둔 • 배상금 55만원 • 3차 수신사(박영효, 사죄)	**조·일수호조규 속약** • (간행이정 10→50리) **조·일통상장정** • 쌀의 유출 제한 — 1개월 전 통고 • 최혜국 대우 인정
청	**고문 파견** • 위안스카이(군사) • 마젠창(정치) • 묄렌도르프(외교)	**조청상민 수륙무역장정(1882)** • 내지 통상 가능 • 조선=청의 속국

온건개화파(당오전) — 사대당
↓
근대시설
- 우정국(우편, 84)
- 박문국(인쇄)
- 전환국(화폐)
- 기기창(무기)

급진 개화파(차관도입) — 개화당

할려면 똑바로 해라

갑신정변
- 배경 ⓐ 차관 도입 실패
       ⓑ 청·프전쟁
       ⓒ 일본공사관 지원 약속
- 우정국 축하연 이용

14개조 개혁 정강

구분	변경	폐지
정치	• 대원군 복귀 • 입헌 군주제 (대신들의 정령 의결) • 4영 → 1영 / 근위대	• 조공 — 반청 • 내시부 • 규장각
경제	• 재정 일원화(호조) • 지조법 개혁 세금개혁 O, 토지개혁 X	• 불필요 관청 의정부·6조 제외 • 혜상공국 보부상을 담당 • 환곡제
사회	• 순사 두어 도둑 방지	• 문벌 — 인민평등권

↓ 청의 진압(3일 천하)

조약 체결
- **한성 조약** (조-일, 84)
  • 공사관 신축비용
  • 배상금 지불
- **텐진 조약** (청-일, 85)
  • 양국 공동 철군
  • 군 개입시 통보 — 청일전쟁 불씨

V 근대사 67

24 동학농민운동

1 갑신정변 이후 국내외 정세

(1) 국내: 동도서기식 개화 정책 추진(전신·광혜원·전등)으로 정부 재정 지출 증가
(2) 국외
  ① 청의 내정 간섭 심화 → 조러밀약설(청으로부터 벗어나기 위해 러시아와 접촉)
  ② 영국의 거문도 불법 점령: 러시아 견제 목적
  ③ 일본의 경제 침탈
    • 일본으로 곡물 유출 → 곡물 가격 상승(방곡령 시행되나 배상금만 지불)
    • 외국산 면직물 유입 → 농촌 가내 수공업 타격

2 교조 신원 운동

(1) 최제우(교조)의 신원과 동학 포교의 자유 요구 → 척왜양(斥倭洋) 정치 운동
(2) 삼례 집회(1892, 동학 교권 운동 최초), 광화문 복합상소(1893), 보은집회(1893, 척왜양 창의, 보국안민)

3 동학 농민 운동의 전개

(1) 고부 농민 봉기(1894. 1.)
  ① 배경: 고부 군수 조병갑이 만석보를 쌓게 하고 수세를 강제로 징수
  ② 경과: 전봉준 등이 사발통문을 돌려 봉기를 호소 → 농민들의 고부 관아 점령, 만석보 파괴 → 후임 군수(박원명)의 회유로 농민들 자진 해산
(2) 제1차 봉기
  ① 배경: 안핵사 이용태가 고부 농민 봉기의 주모자 등을 탄압
  ② 경과
    • 무장 봉기(1894. 3, 전봉준·손화중 중심, 대규모 봉기)
    • 백산에서 4대 강령과 격문 발표, '제폭구민', '보국안민'
    • 황토현 전투 승리(전라 감영군) → 황룡촌 전투 승리(경군/초토사 홍계훈)
    • 전주성 점령(1894. 4.)

(3) 전주 화약 체결(1894. 5. 8.)
  ① 배경
    • 농민군 진압을 위해 정부가 청에 지원 요청
    • 청군(1894. 5. 5, 아산만 도착), 일본군(1894. 5. 6, 인천 도착)의 출병
  ② 경과
    • 정부와 동학 농민군이 전주 화약 체결
    • 정부의 폐정 개혁 약속과 농민군의 자진 해산
    • 교정청(정부)·집강소(농민 자치 조직, 전라도 일부 지역) 설치
(4) 제2차 봉기
  ① 배경
    • 전주 화약 체결 후 정부가 청과 일본군에 철수 요구
    • 일본군이 경복궁을 기습 점령한 후 내정 개혁을 강요하고 청일 전쟁을 일으킴
  ② 경과
    • 농민군 삼례에서 재봉기(1894. 9.) → 논산 집결(북접과 남접이 합류)
    • 공주 우금치 전투 패배(1894. 11. vs 관군·일본군·민보군)
    • 전봉준 등 동학 농민군 지도자 체포, 농민군 잔여 세력 진압
  ※ 주요 사건 흐름
    • 제2차 갑오개혁 → 을미사변 → 을미개혁 → 을미의병 → 활빈당

4 동학 농민 운동의 성격 및 영향

(1) 반봉건(신분제 개혁 등 정치, 사회 개혁 요구), 반침략 운동
(2) 농민군의 요구가 갑오개혁에 일부 반영, 항일 의병 운동에 영향

> *참고자료
> ★ [백산 격문]: 우리가 의(義)를 들어 이에 이르렀음은 그 뜻이 결코 다른 데 있지 않다. 백성을 도탄에서 건지고 국가를 반석 위에 두고자 함이라. 안으로는 탐학한 관리의 머리를 베고, 밖으로는 횡포한 강적의 무리를 구축하고자 함이라. −오지영,「동학사」

24 동학농민운동

```
         1880    1882    1884
```

구식군인
&빈민

하지
마라

임오군란

↓

개화파
(통리기무아문)

— 온건개화파

할려면
똑바로 해라

갑신정변

— 급진개화파

하지
마라

**영남
만인소**

위정척사파

중립화론
(부들러, 유길준)

外
- 청 내정간섭↑
- 영 거문도 점령(러시아 견제)
- 일 우린 돈이나 벌자 vs 방곡령
  └ 미면 교환↑

內
- 동도서기 개화
- 전신, 광혜원, 열등
  └ 세금↑

**민중생활
파탄**

교조 신원운동

삼례·서울 집회
종교적

보은집회
정치적
└ 보국안민, 제폭구민

1892
~
1893

1894

1895

1900

동학농민운동

1월 고부민란
원인: 조병갑 학정
└ 만석보, 공덕비
사발통문, 자진해산

3월 무장·백산 봉기
원인: 신임군수 박원명 선정
but 안핵사 이용태 학정
농민군 4대 강령·백산 격문
└ 호남 창의소

4월 황토현(감영군)·황룡촌(경군) 전투 ⓢ
└ 초토사 홍계훈
→ 전주성 점령 → 청 파병 요청

5월
- 청일군대 파병(5.5~6)
  └ 청 아산만 / 일 제물포 / 텐진조약 근거
- 전주화약(5.8)
  ⓐ 외국군대 철병요구
  ⓑ 집강소 규정·폐정 개혁 조건

6월
- 집강소 설치
  (농민주도, 전라도,
  폐정개혁안 실천)
- 교정청(정부 주도)
  일의 경복궁 점령
  → 청일전쟁 → 군국기무처

7월 1차 갑오개혁(내정 간섭)

9월 2차 봉기
(삼례봉기, 남북접 논산 집결)
└ 손병희·전봉준

11월 공주 우금치 전투 패배

12월 2차 갑오개혁

↓

을미개혁

을미의병
- 을미사변·단발령 반발
- 양반 의병장(유인석·이소응)
- 동학 잔여세력 가담
- 고종 해산권고로 해산

활빈당
- 반외세·반봉건
- 대한사민논설 13조목
  ⓐ 금광채굴 X, 철도 부설 X
  ⓑ 토지 균분(균전제)
    cf) 토지 평균 분작(동학)

25. 갑오·을미개혁

1. **배경**: 동학 농민군의 요구 → 정부는 교정청 설치하고 개혁 추진

2. **제1차 갑오개혁**
   (1) 과정
   ① 일본군이 경복궁 기습 점령 후, 내정 개혁 강요
   ② 김홍집 내각(흥선 대원군 섭정), 군국기무처(총재: 김홍집, 부총재: 박정양) 설치
   ③ 군국기무처에서 200여 건의 개혁안 의결(비교적 자율적, 일본이 청일 전쟁 中)
   (2) 주요 개혁 내용
   ① 정치
   - 궁내부 신설(왕실 사무와 정부 사무 분리), 개국 기년 사용, 과거제 폐지
   - 6조 → 8아문(내무·외무·탁지·법무·학무·공무·군무·농상)으로 개편
   - 경무청(근대적 경찰제) 설치, 도찰원(관리 감찰, 상벌 시행, 회계 등) 설치
   ② 경제
   - 탁지아문으로 재정 일원화, 도량형 통일
   - 조세 금납화, 은 본위 화폐 제도 채택(신식 화폐 발행 장정 제정)
   ③ 사회
   - 공·사 노비 제도 혁파, 신분제 철폐
   - 조혼 금지, 과부 재가 허용, 고문·연좌제 폐지 등 봉건적 악습 시정

3. **제2차 갑오개혁**
   (1) 과정
   ① 청일 전쟁에서 승기를 잡은 일본이 개혁에 적극 간섭
   ② 김홍집·박영효 연립 내각(일본에서 귀국한 박영효가 주도)을 수립, 군국기무처 폐지, 흥선 대원군 축출
   ③ 고종이 종묘에서 독립 서고문·홍범 14조(최초의 근대적 헌법) 반포
   (2) 주요 개혁 내용
   ① 정치
   - 의정부 → 내각, 8아문 → 7부(공무 + 농상아문 → 농상공부)
   - 지방 8도 → 23부, 근대적 재판소 설치(사법권 독립, 지방관의 사법·군사권 폐지)
   ② 사회·경제
   - 교육입국조서 반포, 관립학교 多(사범학교, 외국어학교, 소학교)
   - 탁지부 산하 관세사·징세서 설치
   ③ 군사: 훈련대, 시위대 설치

4. **을미개혁(제3차 갑오개혁)**
   (1) 배경 및 경과
   ① 시모노세키 조약 체결(청이 일본에 요동 반도 할양)
   ② 삼국 간섭(러·프·독, 1895. 3.)으로 일본이 요동반도를 청에 반환 → 고종과 명성황후가 러시아를 이용하여 일본 견제 시도
   ③ 을미사변(1895. 8.)
   - 미우라 공사 + 일본 낭인
   - 경복궁 內 건청궁에서 명성황후 시해 후 옥호루에서 불태움
   ④ 김홍집 내각이 구성되어 개혁 추진
   (2) 주요 개혁 내용
   ① 정치: 태양력 사용(음1895. 11. 17. → 양1896. 1. 1.), '건양' 연호 사용
   ② 사회: 단발령 실시, 종두법 실시, 소학교 설립, 우체사 설치
   ③ 군사: 친위대(중앙)·진위대(지방) 설치
   (3) 중단: 아관 파천(1896. 2.) 직후 친일 내각 붕괴

> **＊참고자료**
> ★ **[일본의 경복궁 점령]**: 갑오농민전쟁 시기 조선에 들어온 일본군은 경복궁을 공격하였다. 시위대가 격렬히 저항하였으나 일본군은 경복궁의 서문(영추문)을 부수고 궁궐 내부로 진입하였다. 일본군은 고종을 인질로 삼아 조선군의 무장을 해제하였다. 이때 일본 공사가 흥선 대원군과 함께 궁궐로 들어왔다. 이는 경복궁 점령을 정당화하기 위해서였다.
> ★ **[제2차 갑오개혁]**: 내각제 개혁 이후에는 국왕권이 극도로 제한되었다. 이로 인해 고종은 격분하여 "대신들이 원하는 대로 국체를 바꾸어 새로 공화 정치를 만들든지, 또는 대통령을 선출하든지 너희들 마음 내키는 대로 하는 것이 좋을 것이다."라고 토로하였다. - 주한 일본 공사관 기록

25 갑오·을미개혁

1884   1894

동학농민운동 12개조 폐정개혁안
- 2조. 탐관오리 엄징
- 3조. 횡포한 부호 엄징
- 5조. 노비문서 소각
- 6조. 7종의 천인 차별 개선, 백정의 평량갓 폐지
- 8조. 무명잡세 폐지
- 9조. 지벌 타파로 인재 등용
- 10조. 왜와 통하는 자 처벌
- 11조. 공사채 무효
- 12조. 토지 평균 분작

갑신정변 14개조 정강
- 1조. 대원군을 즉시 환국시킬 것(조공 허례는 폐지)
- 2조. 문벌을 폐지하여 인민 평등권을 제정
- 3조. 지조법을 개혁할 것
- 8조. 급히 순사(巡査)를 두어 도둑을 막을 것
- 11조. 4영을 하나로 통합하고, 근위대를 설치할 것
- 12조. 재정은 모두 호조가 관할할 것
- 14조. 의정부와 6조 외에 불필요한 관청은 혁파할 것

2차 갑오개혁 홍범 14조
- 1조. 청에 의존하지 말고 자주 독립의 기초 마련
- 4조. 왕실사무와 국정사무를 분리하여 서로 혼동하지 않는다.
- 6조. 납세는 법으로 규정
- 7조. 조세의 과세·징수 및 경비 지출은 탁지아문에서 관할.
- 10조. 우수한 젊은이들을 파견, 외국 문물 익히게 할 것
  - 외국어학교, 서유견문(95, 유길준)
- 12조. 장교 교육과 징병제 실시
- 13조. 민법·형법을 제정하여 인민의 생명과 재산 보호
- 14조. 문벌을 가리지 않고 인재 등용

세금 개혁 / **신분제 타파** / **반(反) 외세**

1894년
6월
- 경복궁 점령
- 청·일 전쟁
- **1차 김홍집 내각(자주)**
  - 군국기무처
    - 김홍집(총재), 박정양(부총재)
  - 대원군 섭정

12월
- **2차 김홍집·박영효 내각(친일)**
  - 군국기무처 X
  - 대원군 X
  - 박영효(내무대신), 서광범(법무대신)

1895년
1월
- 독립서고문 → 홍범 14조 반포
  - 종묘

4월
- 시모노세키 조약(청일전쟁 승리)
- 삼국 간섭(러·프·독)
- 친러 내각

7월

8월
- 을미사변(미우라 공사)
- 친일 내각

1차 갑오개혁
- (정) 왕실(궁내부)과 국정(의정부) 사무 분리, 청 종주권 X, 연호(개국), 경무청
  - (사) 순사를 두어 도둑 방지
- (경) 재정일원화(호조 → 탁지아문), 조세금납화, 은본위제(신식화폐 발행 장정)
- (사)
폐지	공·사노비(법적 신분제 X), 연좌제, 조혼, 과거
허용	개가

2차 갑오개혁
- (정) 제도 개편
중앙	의정부 → 내각, 8아문 → 7부
지방	8도 → 23부
- (경) 탁지부   지방관의 권한 축소
- (사) 교육입국 조서 반포, 근대적 재판소(사법권 분리)
  - 관립학교(한성사범·외국어학교)
- (군) 훈련대·시위대

을미개혁
- (정) 연호(건양)
- (사) 단발령, 태양력, 우체사 설치, 소학교, 종두법(지석영)
- (군) 친위대·진위대

26 독립협회와 대한제국

1 아관파천 전후 국내외 상황

(1) 정동구락부(1894, 서울)
  ① 구미인들의 사교 친목 단체로 출발 → 조선인과 구미인들의 외교의 장(일본인 無)
  ② 회원: 민영환·윤치호·이상재·서재필·이완용 / 언더우드·아펜젤러 등
  ③ 구미 외국 공사들과 긴밀한 관계 및 고종·명성황후와도 접촉

(2) 춘생문 사건(1895. 11.)
  ① 을미사변에 반발한 친미·친러파 관리(정동파 - 이범진·이완용·윤치호)·군인들이 주도
  ② 고종을 궁 밖으로 나오게 하여 친일 정권 타도 시도 → 밀고자로 인하여 실패

(3) 아관파천(1896. 2.)
  ① 고종의 요청 → 러시아 공사(베베르) 동의 → 고종·세자가 러시아 공사관으로 이동
  ② 대외 영향
    • 열강의 이권 침탈 절정(최혜국 대우)
    • 베베르 - 고무라 각서: 한반도를 둘러싸고 러·일이 타협(러시아의 우위를 인정하나, 일본도 한반도에 군대를 주둔시킬 수 있는 권한)
  ③ 대내 영향(을미개혁 중단)
    • 단발령 철회
    • 지방 23부 → 13도 개편, 호적(신분 → 직업)

2 독립협회의 설립과 활동

(1) 배경: 한반도를 둘러싼 러·일 대립 지속, 러시아의 영향력 확대 및 열강의 이권 침탈 가속화

(2) 독립협회
  ① 창립
    • 서재필(1895. 12. 미국에서 귀국 / 1896. 1. 중추원 고문으로 임명)
    • 정부의 지원을 받아 독립신문 창간(1896. 4.)
    • 독립문 건립 추진 과정에서 독립 협회 창립(1896. 7.)
  ② 목표: 모금 운동을 통해 독립문 건립, 강연회와 토론회 등을 통한 민중 계몽

③ 활동
  • 영은문(X) → 독립문 건립(1897), 모화관(X) → 독립관 건립
  • 강연회·토론회 개최, 정부의 이권 양도 비판 → 관료 탈퇴 → 민중 지지↑
  • 만민 공동회 개최(종로, 1898. 3.~) → 민중의 지지로 진보(박정양) 내각 출범
  • 관민 공동회 개최(종로, 1898. 10.~): 헌의 6조 결의 → 고종의 재가 → 중추원 관제 반포 → 의회 설립 추진(독립협회 지도부 25명 + 정부 관료 25명)
④ 성격: 자주국권(이권 수호), 자유민권(만민 공동회), 자강개혁(의회 설립)
⑤ 해산: 보수 세력이 독립협회가 공화정을 수립하려 한다고 모함
  → 고종이 황국 협회와 군대를 동원하여 독립협회 강제 해산
⑥ 의의와 한계
  • 의의: 최초의 국민 참정권 운동, 민중의 지지를 바탕으로 전국적 의회 설립
  • 한계: 외세 배척의 대상을 주로 러시아로 삼고 일본이나 미국 등에 대해서는 우호적 태도를 보이는 등 열강의 침략 의도를 제대로 파악하지 못함

*참고자료

시기	독립협회 활동	성격
1898. 2.	• 러시아의 절영도조차 요구 저지 • 일본의 석탄고 기지 반환케 함	자주 국권
1898. 3.	• 만민 공동회 개최 • 러시아의 군사 교관과 재정 고문단 철수시킴	자주 국권
1898. 4.	• 한·러 은행 폐쇄	자주 국권
1898. 5.	• 러시아의 목포·증남포 해역 토지 매도 요구 저지 • 프랑스·독일의 광산 채굴권 요구 저지	자주 국권
1898. 10.	• 언론·출판·집회·결사의 자유 요구 • 국민 참정권 운동 전개	자유 민권
1898. 10.	• 보수파 내각 퇴진 및 박정양 진보 내각 수립	자강 개혁
1898. 10.	• 관민 공동회 개최 → 헌의 6조 채택 → 고종의 재가	자강 개혁
1898. 11.	• 관선 25명, 민선 25명의 중추원 관제 반포	자강 개혁

26 독립협회와 대한제국

3 대한 제국과 광무개혁

(1) 대한 제국 수립(1897. 10.)
  ① 배경: 고종 환궁을 요구하는 여론 고조, 자주독립 국가 수립의 필요성 자각, 러시아를 견제하려는 국제적 여론 조성
  ② 대한 제국 수립 선포: 고종이 경운궁(덕수궁)으로 환궁(1897. 2.) → '광무' 연호 제정 → 환구단(원구단)에서 황제 즉위식 거행
  ③ 연호: 개국(제1차 갑오) → 건양(을미개혁) → 광무(광무개혁) → 융희(1907, 순종)
  ④ 대한국 국제 반포(1899): 대한 제국이 전제군주 국가임을 국내외에 천명

(2) 광무개혁
  ① 방향: '구본신참(舊本新參)'에 입각한 점진적 개혁 표방(위로부터 개혁)
  ② 주요 개혁 내용

정치	• 원수부 설치(황제가 군 통수권 장악) • 내각제 폐지 → 의정부 부활 • 한청통상조약 체결(1899, 청과 대등한 지위, 최혜국 대우) • 블라디보스토크에 해삼위 통상사무관 파견(1900) • 울릉도 → 울도군 승격 및 독도 관할(1900) • 간도 시찰원 파견(1902) → 간도관리사 임명(1903, 이범윤) • 무관학교 설립(1898), 시위대·진위대 증강

세계화	• 목포·군산 개항(자율적)
	• 만국 우편 연합 가입(1900), 만국 박람회 대표 파견
	• 도시 개조 사업(철도, 전차, 탑골 공원)
	  - 철도: 경인선(1899, 한국 최초)·경부선(1905) 개통, 서북철도국 설립(1900, 서울~신의주 간 철도 건설을 위해 궁내부에 설치)
	  - 전차: 한성전기회사(1898 설립)가 전차(서대문~청량리) 개통(1899)
	  - 전화: 경운궁 – 중앙 부서 개통(1896) → 한성 – 인천 시외 전화 개통(1902)
	• 수민원: 궁내부 산하 기구, 해외 여행권 발급(해외 이민) 업무 관장

교육	실업·기술 학교 설립(경성의학교, 상공학교, 광무학교), 유학생 파견
경제	• 황실 재정 강화(내장원에서 광산·홍삼 전매 관장) • 양전 사업 → 양지아문(1898), 지계아문(1901, 양전 사업과 지계 발급) → (근대적 토지 소유권 확립) 지계 발급 → 러·일 전쟁으로 중단 • 식산흥업 정책: 근대적 회사·공장과 시설 마련 지원 • 금본위제 도입 시도 • 상무사(1899, 보부상을 거느려 상업과 국제 무역 업무 관장) • 은행 설립(한성, 대한천일은행) but 조선은행(1896)

③ 의의와 한계
  • 자주독립과 근대화 지향, 외세의 간섭을 배제한 자주적 개혁
  • 황제권 강화에 집중, 민권 보장 노력 소홀, 열강의 간섭 → 성과 미약

참고자료

★ [대한국 국제]
제1조 대한국은 세계 만국이 공인한 자주독립 제국이다.
제2조 대한 제국의 정치는 오백 년간 전래하고 만세 불변할 전제 정치이다.
제3조 대한국 대황제는 무한한 군권을 누린다.
제6조 대한국 대황제는 법률을 제정하여 그 반포와 집행을 명하고 ……

★ [원수부 설치]
제1조 원수부는 국방과 용병과 군사에 관한 각 항의 명령을 관장하며 특별히 세운 권한을 가지고 군부와 경외(京外)의 각 부대를 지휘 감독한다.
제2조 모든 명령은 대원수 폐하가 원수 전하를 경유하여 하달한다.

★ [지계아문 규정]
제1조 지계아문은 한성부와 13도 각 부와 군의 산림, 토지, 전답, 가옥의 지계를 정리하기 위하여 임시로 설치한다.
제10조 대한 제국 인민이 아닌 사람은 산림, 토지, 전답, 가옥의 소유주가 될 수 없다. 단 개항장은 이 규정의 제한을 받지 않는다.
제22조 토지 매매 증권을 인출하여 절반을 나눠 오른쪽 편은 토지 주인에게 주고, 왼쪽편은 해당 지방관청에서 보존한다.

★ [1900년 대한제국]
• 한성중학교
• 만국 우편 연합 가입
• 관리의 양복 착용 법제화
• 해삼위 통상사무관 파견
• 울릉도·독도 → 울도군 승격
• 서북 철도국 설치
• 잠업 시험장 설치
• 우무 학당, 전무 학당

MEMO

26 독립협회와 대한제국

| 1884 | 1894 | 1896 | 1897 |

外
- 베베르-고무라 각서 (러 vs 일)
- 이권침탈 절정 (최혜국 대우)

- 환궁(경운궁) → 연호(광무) → 황제즉위식(원구단)

광무개혁

구본	신참
정치	**경제**
• 황제권 강화, 한청통상조약(99) • 원수부 설치, 시위대·진위대 증강 • 울릉도 울도군 승격, 북간도 관리사파견 └ 칙령41호, 1900 └ 이범윤, 1903	**양전·지계사업** └ 농경지+임야·가옥 • 양지아문(98) → 지계아문(01) • 러일전쟁으로 중단 └ 지계 발급 • 서북철도국(경의선), 한성·천일은행 • 내장원(홍삼판매) → 황실재정 강화
세계화 • 목포·군산 개항(자율적) • 화폐개혁(금본위제 시도) • 만국우편연합 가입, 만국박람회대표 파견 • 도시개조사업(철도, 전차, 탑골공원) • 수민원(해외 이민업무)	**교육** • 한성중학교, 기술학교(상공·광무학교), 무관학교 cf) 한성사범학교(2차 갑오), 소학교(을미)

동학 농민운동 → 청일전쟁

갑신정변 → 갑오·을미개혁(94~95) → 정동구락부(94) → 아관파천(96) → 대한제국(97) 황제권 강화 → 벗어나기 위한 몸부림

춘생문 사건(95)

內
- 23부 → 13도
- 호적(신분→직업)
- 단발령 X

독립신문(96.4)
독립협회(96.7) 민중과 하나
독립문(97.11)

1898년

만민공동회(98.3)

이권 수호운동 (반러, 친일·친미)
- 절영도 조차 X
  cf)용암포 조차 X
  └ 영·일 반대(03)
- 한·러 은행 폐쇄
- 재정·군사고문 철수

박정양 진보내각

관민공동회(98.10)
- 백정 박성춘 연설
- 헌의 6조
- 의회설립운동

↓
중추원 신관제 선포 (관선25, 민선25)

독립협회해산(98.12)
- 익명서 사건 └ 공화제 음모론
- 황국협회 동원 └ 보부상

↓
대한국 국제 선포 (99. 8, 교정소)

헌의 6조

1조. 외국인에게 의지하지 않고 관민이 합심하여 전제 황권을 견고히 할 것
2조. 외국과의 이권에 관한 조약은 각 대신과 중추원(의회) 의장이 합동 날인하여 시행할 것
3조. 재정은 탁지부에서 전관할 것, 예산과 결산은 국민에게 공포할 것
4조. 중대 범죄는 공개 재판하되 피고의 인권을 존중할 것
5조. 칙임관 임명 시 정부에 자문하여 중의(과반수)에 따를 것

27 애국계몽운동과 항일의병운동 (국권피탈기의 몸부림)

1 국권 피탈 과정

연도	월	내용
1904	2. 8	러일 전쟁 발발(∵ 러시아의 용암포 점령, 1903) 전쟁 발발 전 대한 제국 '대외 중립 선언'(1904. 1.)
	2. 23	한일 의정서: 대한 제국의 영토 보전과 황실의 안녕 보증 외교권 제한, 주요 군사 요지 점령, 시정 개선에 대한 충고
	8월	제1차 한일 협약(∵ 일본이 승기) → 고문 정치 외교: 스티븐스(1908. 3. 샌프란시스코에서 전명운·장인환이 사살) 재정: 메가타(1905. 7. 화폐 정리 사업)
1905	7월	가쓰라 태프트 밀약(일본: 조선, 미국: 필리핀)
	8월	제2차 영일 동맹(영국: 인도, 일본: 조선)
	9월	포츠머스 강화 조약(러시아 항복)
	11월	제2차 한일 협약(을사늑약) → 외교권 박탈, 통감부(초대 통감: 이토 히로부미) 설치 (1906. 2.)
	12월	미국 특사 파견(예 헐버트, 거중조정 근거) → 미국의 외면
1907	4월	헤이그 특사 파견: 헐버트 + 이준·이상설·이위종 → 실패
	7. 20	고종 강제 퇴위(∵ 헤이그 특사 파견 구실)
	7. 24	한일 신협약(정미 7조약): 차관(일본인) 정치, 통감부의 내정 간섭 심화 / 신문지법, 보안법 제정
	7. 31	군대 해산(→ 정미 의병)
	8. 2	경운궁 → 덕수궁, 광무 → 융희
	8. 27	순종 즉위식 거행
	11. 13	순종의 처소를 창덕궁으로 옮김
1908	8월	동양척식주식회사법 공포 → (1909. 1.) 경성 본점 업무 개시
	10월	사립학교령(1908. 10.) / 학회령(1908. 8.)
1909	7월	기유각서: 사법권 박탈
	9월	간도 협약(청 – 일): 청 – 간도 영유권 확인, 일본 – 철도 부설권
1909	10. 26	안중근 의사가 이토 히로부미 사살(만주 하얼빈) → 뤼순 감옥 → 동양 평화론 저술 (1910)
	12월	이재명이 이완용 저격 시도 일진회의 한일 합방 청원
1910	6월	경찰권 박탈 → 일본 헌병 경찰 파견
	8. 29	한일 병합 조약(경술국치): 통감 데라우치-총리대신 이완용 → 총독부 설치(초대 총독: 데라우치, 1910)

※ 참고자료

★ [을사늑약에 대한 항거]
- **자결**: 민영환(이천만 동포에게 고함), 조병세 등
- **언론**: 장지연의 시일야방성대곡(황성신문) → 대한매일신보에도 게재
- **특사**: 미 대통령에 특사(헐버트) 파견(1905. 12.), 헤이그 특사(1907, 이준, 이상설, 이위종 + 헐버트)
- **의거**: 을사 5적 암살단(나철, 자신회, 1907), 스티븐스 저격(장인환, 전명운, 1908), 이완용 저격(이재명, 1909), 안중근의 이토 히로부미 처단(1909)

★ [식민 체제 구축을 위한 악법들]
- **신문지법** (1907. 7.)
  21. 내부대신은 신문지가 안녕, 질서를 방해하거나 풍속을 괴란케 한다고 인정될 때는 …… 발행을 정지 혹은 금지할 수 있다.
  36. 본 법의 규정은 정기 발행의 잡지류에도 준용한다.
- **보안법** (1907. 7.)
  1. 내부대신은 질서 유지를 위해 필요한 경우 결사의 해산을 명할 수 있다.
  2. 경찰관은……집회 또는 다중의 운동 또는 군집을 제한·금지하거나 해산할 수 있다.
- **학회령** (1908. 8.)
  2. 학회를 설립하고자 하는 자는 …… 학부대신의 허가를 받아야 한다.
  8. 학회가 …… 공익을 해친다고 인정되는 행위를 할 때에는 학부대신은 인가를 취소할 수 있다.
- **출판법** (1909. 2.)
  2. 문서·도서를 출판하고자 할 때에는 …… 내부대신에게 허가를 신청해야 한다.
  13. 내부대신은 본 법을 위반하고 출판한 문서나 도서의 발매 또는 배포를 금하고, 해당 각판 인쇄본을 압수할 수 있다.

27 애국계몽운동과 항일의병운동(국권피탈기의 몸부림)

2 항일 의병 운동

(1) 을미의병
① 배경: 을미사변, 단발령 실시(1895)
② 주도: 이소응(강원), 유인석(충청), 허위(경상) 등 유생층
③ 특징
- 자진 해산(∵단발령 철회, 고종의 해산 권고 조칙)
- 동학 농민군 잔여 세력 가담 → 활빈당(1900 ~ 1904) 조직 → 1905년부터 의병 가담

(2) 을사의병
① 배경: 을사늑약 체결(1905)
② 주도: 민종식(충청도 홍주성), 최익현, 신돌석(경상도 평해·울진) 등
③ 특징
- 평민 의병장(신돌석) 출현
- 최익현이 전북 태인에서 거병 → 순창 체포 → 쓰시마 섬 순절

(3) 정미의병
① 배경: 고종의 강제 퇴위 → 정미 7조약 → 대한 제국의 군대 해산(1907)
② 전개
- 군대 해산에 반발한 박승환 자결, 강화도 진위대장을 지낸 이동휘 참여
- 이인영 등이 전국 연합부대인 13도 창의군 결성(1907) → 서울 진공 작전(1908)
- 이인영(총대장): 경기도 양주 집결 → 부친상으로 이탈, 허위(군사장): 서울 동대문
- 실패: 항일유격전 전개 → '남한 대토벌 작전'으로 위축 → 연해주(13도 의군 결성, 1910)
③ 특징
- 해산 군인 가담 → 전투력 강화, 의병 전쟁으로 발전
- 각국 영사관에 의병을 국제법상 교전 단체로 인정해 줄 것을 요구
- 평민 의병장 활약: 홍범도(포수, 삼수·갑산에서 활동), 김수민(농민)

3 애국 계몽 운동

(1) 개관: 을사늑약 전후, 관료·지식인들이 점진적 실력 양성을 통한 국권 수호 추구 → 교육 활동, 언론 활동, 산업 진흥 활동 등

(2) 계몽 운동 단체 결성
① 보안회(1904)
- 일제의 황무지 개간권 요구에 대한 반대 운동 전개 → 성공
- 스스로 개간하기 위해 농광회사 설립(1904. 7.)
② 헌정 연구회(1905): 독립 협회 계승, 입헌 군주제 수립 추구, 일진회에 반대 → 일제의 탄압으로 해산
③ 대한 자강회(1906)
- 헌정 연구회 계승 / 장지연·윤치호
- 지회 25개 설치 → 대한자강회월보 간행, 강연회 개최
- 고종 강제 퇴위 반대 운동 → 보안법을 제정하여 해산시킴(1907)
④ 신민회
- 결성(1907): 안창호, 양기탁, 신채호, 박은식 등을 중심으로 조직(비밀 결사)
- 목표: 공화 정체의 근대 국가 건설 지향, 실력 양성과 무장 독립 전쟁 준비
- 활동
  - 교육: 오산 학교(1907, 정주, 이승훈), 대성 학교(1908, 평양, 안창호)
  - 산업: 태극 서관(서적 출판, 평양·대구), 자기 회사(평양)
  - 언론: 대한매일신보(신민회 기관지)
  - 청년 학우회 조직(1909, 안창호) → 흥사단(1913, 샌프란시스코)
- 무장 투쟁: 남만주 삼원보에 독립운동 기지 건설(이회영·이시영)
- 해산: 일제가 날조한 '105인 사건'(1911)으로 해산

> *참고자료
> ★ [신민회 4대 강령]
> 1. 국민에게 민족의식과 독립사상 고취
> 2. 동지를 발견하고 단합하여 국민운동 역량 축적
> 3. 상공업 기관 건설로 국민의 부력(富力) 증진
> 4. 교육 기관 설립으로 청소년 교육 진흥

MEMO

27 애국계몽운동과 항일의병운동 (국권피탈기의 몸부림)

연표

1904
- 고종의 중립선언
- 러일전쟁(04.2) └ 뤼순항 공격
- 한일의정서(04.2)
  - 충고권
  - 군사요충지 사용권
- 1차 한일협약(04.8)
  - 고문정치 (재)메가타 / (외)스티븐슨

1905
- 시마네현 고시(05.2) └ 독도 일본편입
- 가쓰라·태프트밀약(05.7)
- 포츠머스 조약(05.9)
- 을사늑약(05.11) [2차 한일협약]
  - 외교권 박탈, 고종비준 X
  - 민영환 자결, 장지연 논설 └ 시일야방성대곡
  - 헐버트 특사파견
- 통감부 설치(06)

항일 의병운동

을사의병(05)
- 을사늑약 반발
- 양반 의병장(최익현·민종식) · 평민 의병장(신돌석)
  └ 대마도 순국

1907
- 헤이그 특사(07.6)
- 고종 퇴위(07.7)
- 정미7조약(07.7)
  - 차관정치(일본인 관리)
  - 통감부 강화(인사권)
  - 군대해산(박승환 자결)

정미의병(07)
- 고종강제퇴위·군대해산 반발
- 해산군인 가담 · 평민의병장(홍범도)
  └ 강화도 진위대장 이동휘 └ 포수
- 국제법상 교전단체 승인요구

서울 진공작전(08)
- 13도 창의군(전국의병연합)
- 경기도 양주 집결 · 동대문 진격(실패)
  └ (총)이인영 └ (군)허위
- 장인환·전명운의거(08) └ 스티븐슨 사살

1909
- 사법권 박탈(09.7) └ 기유각서
- 남한대토벌 작전(09, 전라도) → 연해주 이동
  └ 13도의군(10)
- 안중근 의거
  └ 하얼빈, 이토 암살
  └ 중국 뤼순에서 옥사

1910
- 경찰권 박탈(10.6)
- 이재명 의거 └ 이완용 암살시도 in 명동성당
- 한일합방조약 [경술국치](10.8)
  - 주권 박탈 · 총독부 설치
  - 황현 자결

1910~ → 항일 무장투쟁

애국계몽운동

보안회(04)
- (일)황무지개간 반대(성공)
  cf) 농광회사(정부 주도 개간)

헌정연구회(05)
- 입헌군주제 주장
- 일진회 반대투쟁 중 해산

대한자강회(06)
- 전국 지회 설치, 월보 간행
- 고종 퇴위 반대투쟁 중 해산(07)
  └ 보안법(07) 적용
- 대한협회로 계승

신민회(07)
- 안창호·양기탁 등
- 공화정 주장(최초), 비밀결사

표면	자기회사·태극서관 오산학교(이승훈)·대성학교(안창호) 대한매일신보
실질	해외 독립운동기지 건설 (남만주 삼원보) └ 이회영 6형제

- 안악사건(10) → 105인 사건(11, 신민회 해산)
  └ 데라우치 총독 암살 미수사건

→ 실력 양성운동

28 간도·독도와 근대의 사회모습

1 신분제 변화

(1) 갑오개혁 이전 시기
① 공노비 해방(1801, 순조 1년): 6만 6천여 명 해방, 양역 확보 차원
② 신해허통(1851, 철종 2년): 서얼의 관직 진출 제한 철폐, 청요직 진출 가능
③ 중인(서얼 포함) 관직 진출 제한 철폐(1882, 고종 19년)
④ 갑신정변(1884): 문벌 폐지, 인민 평등권 주장
⑤ 노비 세습제 폐지(1886)
⑥ 동학 농민 운동(1894): 신분제 폐지 주장(노비문서를 불태운 것)

(2) 갑오개혁 시기 이후
① 갑오개혁의 내용
  • 공·사 노비법 혁파: 신분제 공식 폐지
  • 여권 신장: 조혼 금지, 과부의 재가 허용
② 호적에 신분 대신 직업을 기재(1896)
③ 독립 협회의 인권 강조

(3) 여권 신장
① 여권통문(1898. 9.): 북촌 여성 300여 명, 최초의 여권 선언문(여성의 참정권, 노동권, 교육권 주장), 황성신문에서 신기하다며 보도
② 찬양회(1898): 여권통문을 발표한 직후 조직, 정부에 관립 여학교 설립 요구 → 보수 세력 반대로 실패 → 순성 여학교 설립(1898, 한국인이 세운 최초 여학교)

2 의식주의 변화

의(衣)	• 관복 변화: 한복 → 검정 두루마기(을미개혁) → 양복(1900) • 민간: 간소화된 한복, 양복 차림 증가, 여성의 장옷·쓰개치마 소멸
식(食)	• 독상 문화 → 겸상, 두레상 • 우동, 단팥죽, 어묵 등 (일본)유입, 만두 유입(청) • 17C 고추, 18C 고구마 등 (일본)유입, 19C 감자 유입(청)
주(住)	• 일본식, 서양식 건물(공사관, 은행, 병원, 성당) 유입 • 독립문(1896), 명동 성당(1898), 덕수궁 석조전(1910)

3 간도와 독도 문제

(1) 간도 문제
① 백두산정계비(1712, 숙종): 동위토문(東爲土門)에서 토문강 해석 문제(청 - 두만강, 조선 - 토문강은 쑹화강 지류)
② 서북 경략사로 어윤중 파견(1882)
③ 토문감계사로 이중하 파견(1885)
④ 간도 시찰원으로 이범윤 파견(1902) → 간도 관리사로 임명(1903)하고 적극적 관리(토지와 호구 조사)
⑤ 일본이 을사늑약 체결 후, 간도에 통감부의 파출소 설치
⑥ 간도 협약(1909): 청일 간의 협약
  • 일본: 만주의 철도 부설권, 탄광 채굴권 등의 이권을 얻음
  • 청: 간도 영유권 확인

(2) 독도 문제
① 최초 기록(삼국사기): 이사부의 우산국 정벌
② 『동국문헌비고』: "울릉과 우산은 모두 우산국 땅이다."
③ 『동국여지승람』 - 강원도 소속, 『신증동국여지승람』 - 울릉도·독도 개별 표기
④ 안용복의 2차례 도일(숙종, 독도 영유권 확인)
⑤ 대한제국 칙령 제41호(1900, 울도군 승격, 석도를 관할)
⑥ 일본 측 자료: 『은주시청합기』(1667, 독도 최초 언급), 『삼국접양지도』(1785, 독도를 조선 땅으로 표기), 『조선국 교제시말내탐서』(1870, 외무성 관리 조선 시찰 보고문, 독도를 조선 영토로 인식), 『태정관 지령문』(1877, 독도를 조선 영토로 확인)
⑦ 불법 침탈: 러·일 전쟁 중 시마네현 고시 제40호(1905)

4 해외 이주 역사

(1) 간도 및 연해주: 세도정치로 인한 농민 유망으로 이주, 대한 제국 말기 항일 의병 및 애국 계몽 운동 세력들의 이주
(2) 하와이: 최초 공식 이민(1902), 사탕수수 농장 이민(약 7천여 명), 힘든 업종, 인종 차별 속에서도 민족의식 유지 및 독립운동 지원 / 경제적 어려움으로 멕시코로 이주하는 경우도 발생

28 간도·독도와 근대의 사회모습

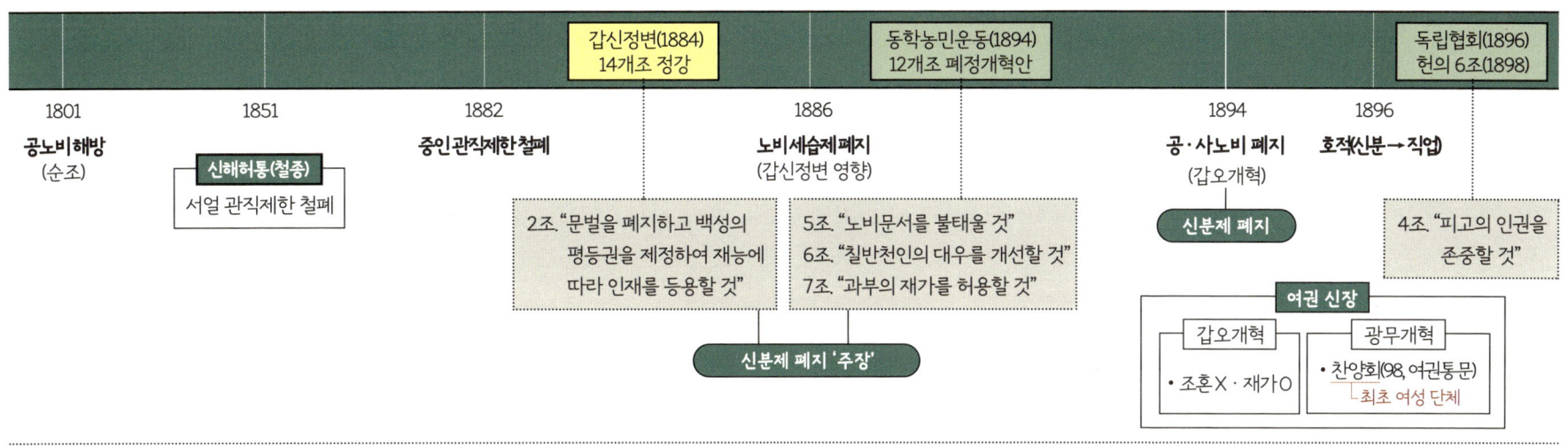

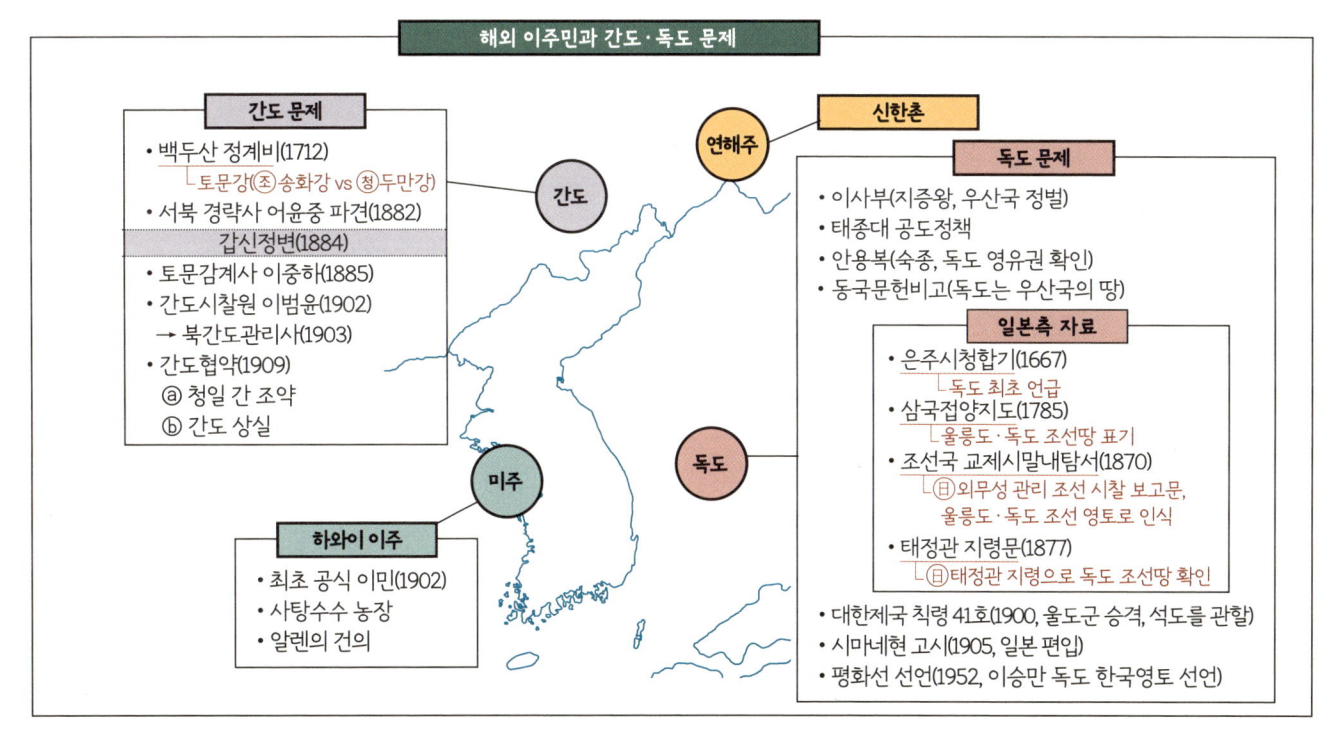

MEMO

VI 독립운동사

29 일제의 식민지 지배정책

1 무단 통치(1910년대) - 공포 억압 정치

(1) 정치
  ① 조선 총독부 설치
    • 입법·사법·행정·군사 총괄, 데라우치 - 초대 총독
    • 총독: 육·해군 대장 출신 임명, 휘하 정무총감(행정)·경무총감(치안)
  ② 범죄 즉결례(1910), 경찰범 처벌 규칙(1912), 조선 태형령(1912, 조선인만 적용)
  ③ 중추원 형식적 운영
    • 의장: 정무총감 + 친일파 조선인
    • 조선인 회유 목적 but 3·1 운동 때까지 한 번도 소집(X)

(2) 경제
  ① 토지 조사 사업(1910 - 1918)
    • 목적: 일본인 토지 소유 확대, 지세 확보, 근대적 토지 소유권 확립
    • 기한부 신고주의 → 토지 등급·지적·결수·지목 신고
    • 토지 소유권만 인정 → 농민의 관습적 경작권, 입회권, 도지권 등 불인정
    • 소유권이 불분명한 역둔토(역 소유·관공서 토지), 궁장토(왕실 소유) 국유지 편입
  ② 회사령(1910): 총독 허가제 → 일본 기업 한국 진출 지원, 한국 기업 제한
  ③ 삼림령(1911), 어업령(1911), 광업령(1915), 임야 조사령(1918)
  ④ 지세령(1914)
    • 토지 조사 사업을 바탕으로 지세 납부 규정
    • 개정(1918): 지가에 따라 지세 산출(지가의 1.3%) → 전통적 결부법 폐지

(3) 사회
  ① 제1차 조선 교육령(1911)
    • 일본어('국어'), 일본 역사('국사') 필수 교육
    • 한국인에게 보통·실업 교육 실시(보통학교 교육 연한 4년)
  ② 총독부 관리·교사들이 제복 및 칼 착용
  ③ 언론·출판·집회·결사의 자유 박탈
  ④ 사립 학교, 서당 탄압

2 문화 통치(1920년대)

(1) 원인
  ① 국내: 3·1 운동(1919)
  ② 국외
    • 레닌의 민족 자결주의(1917), 윌슨의 민족 자결주의(1918)
    • 일본의 민주주의 및 자본주의 발전 → 다이쇼 데모크라시

(2) 정치(민족 분열 정치)
  ① 문관 총독 임명 가능: 실제 임명 사례(X)
  ② 보통 경찰제: 경찰 관서·인원·비용 확대
  ③ 치안 유지법 시행(1925): 사회주의, 독립운동가 탄압
  ④ 도 평의회, 면 협의회 등 설치(의결권 없이 자문만) → 지방 자치 허용

(3) 경제
  ① 산미 증식 계획(1920~1934)
    • 일본의 산업화로 인한 일본 내 식량 확보 목적
    • 일본 벼 품종 보급, 수리 시설 확충, 화학 비료 사용 등
    • 증산량 대비 반출량 증가, 1인당 쌀 소비량 감소 → 만주산 잡곡 수입 증가
    • 농민에게 비용 전가(수리 조합비·비료 대금) → 소작 쟁의
  ② 회사령 철폐(1920)
    • 허가제 → 신고제, 일본 자본 진출 용이
    • 물산 장려 운동: 회사령 철폐 후, 관세 철폐 예상 시기
  ③ 관세 철폐(1923)
  ④ 신은행령(1928): 조선 민족 은행 말살

(4) 사회
  ① 제2차 조선 교육령(1922): 수업 연한 연장(4년 → 6년), 대학 설립 가능
  ② 언론·출판·집회·결사의 자유 허용:『조선일보』,『동아일보』창간(1920), 각종 검열·삭제

29 일제의 식민지 지배정책

3 민족 말살 통치(1930년대 ~)

(1) 배경
① 대공황(1929)으로 일본 내 민주 세력 붕괴
② 대륙 침략 시작 → 만주 사변(1931. 9.) 및 만주국 수립(1932. 3.) → 중일 전쟁(1937. 7. 7.) → 태평양 전쟁(1941)

(2) 정치
① 황국 신민화 정책
- 일선동조론(일본과 조선의 조상이 동일) 주장 → 민족성 말살
- 내선일체[내지인(일본)과 조선인을 동일하게] 표방
- 황국 신민 서사 암송(1937)
- 신사 참배, 정오묵도, 궁성 요배(일본 궁궐을 향해서 고개 숙여 절함) 강요
- 우리 말, 우리 역사 금지(1938)
- 창씨 개명 법안 마련(1939) → 시행(1940)
- '국민학교' 명칭 개칭(1941)

② 탄압
- 조선 사상범 보호 관찰령(1936): 치안유지법으로 구속된 후 석방된 자 감시 목적 → 조선 사상범 예방 구금령(1941)
- 국민 총력 조선 연맹(1940): 총독부 주도, 국가 규모의 친일 단체(중앙 + 지방 - 최하부 애국반)

(3) 경제
① 병참 기지화 정책(1931 ~): 대공황 위기 타개, 전쟁 대비 군수 물자·인력 수탈
② 남면북양 정책: 일본 방직 공업 원료 확보 목적
③ 국가 총동원법 공포(1938. 4.): 중·일 전쟁 이후 인적·물적 자원 총동원
- 물적 자원 수탈
  - 공출 및 식량 배급제: 조선 미곡 배급 조정령(1939)
  - 금속 회수령(1941): 쇠붙이 공출(무기 제작 원료)
- 인적 자원 수탈
  - 지원병제(1938. 2.): 국가총동원법 공포 이전 시행
  - 학도 지원병제(1943) → 징병제(1944)
    - cf 학병 거부하고, 탈영 후 독립군 합류(장준하, 김준엽)
  - 국민 징용령(1939)·근로보국대(1938, 여성 몸뻬 착용)
  - 일본군 '위안부' 동원, 여자 정신 근로령(1944)
④ 산미 증식 계획 재개(1940): 전쟁 확대에 따른 군량미 확보

(4) 사회
① 한국어 사용 금지, 한국어·한국사 교과 폐지
② 『동아일보』·『조선일보』 폐간(1940)
③ 조선어 학회 탄압 및 강제 해산(조선어 학회 사건, 1942 ~ 1945)
④ 농촌 진흥 운동(1932 ~ 1936 or 1940)
- 조선 농민 회유 목적(부업 장려, 취업 알선, 자력 갱생, 춘궁 퇴치)
- 조선 농민의 소작 쟁의 무마 목적
- 소작 조정령(1932), 조선 농지령, 조선 소작령(1934) 공포 → 실효(X)

> **＊참고자료**
>
> ★ **[황국 신민 서사(아동용)]**
> 1. 우리들은 대일본 제국의 신민입니다.
> 2. 우리들은 마음을 합하여 천황 폐하에게 충의를 다합니다.
> 3. 우리들은 인고 단련하여 훌륭하고 강한 국민이 되겠습니다.
>
> ★ **[창씨개명에 대한 총독부의 해설]**: 황국 신민으로서의 신념과 긍지를 가진 한국인 중에서 법률상으로 일본인 방식의 씨를 부를 수 있기를 희망하는 자가 생기게 된 점은 나도 이미 알고 있었다. …… 이번에 조선 민사령이 개정되었는데 …… 한국인이 법률상 일본인 방식의 '씨'를 부를 수 있는 길을 열었다는 점이 개정의 중요한 안목이다.

MEMO

29 일제의 식민지 지배정책

1910년대

정치

무단통치
- 조선 총독부
  - only 무관
- 중추원(총독부 자문기구로 전락)
  - 소집 X
- 헌병 경찰제
- 경찰범 처벌규칙(12)
- 조선태형령(12~20), 칼찬 교사

1차 조선교육령(11)
- 보통학교 수업연한(4년)
- 사립학교 탄압 → 개량서당 전환
  → 서당규칙(18)

경제

토지 조사사업(12~18)
- 명분 : 근대적 토지소유권 확립
  - 최초는 양전·지계 사업
- 목적 : 토지약탈(only 농지), 지세확보
  - 토지조사령(12)   지세령(18)
- 방법 : 기한 내에 지목·지적·결수 신고
- 결과 : 기한부 소작농
  - 경작권 부정
  - 토지약탈(미신고 왕실·문중 땅)
    - 궁장토

산업 침탈
- 회사령(10, 허가제)
  - 허가·해산
- 어업령·삼림령·광업령·임야조사령
- 전매제
  - 연초 전매(20년대)
- 농공은행(06) → 조선식산은행(18)에 흡수

3.1 운동
↓
유화정책

1920년대

문화통치
(민족분열 + 친일파 양성)
- 문관 총독 임명규정(이행 X)
- 보통경찰제(but 경찰수↑, 고등경찰제)
- 치안유지법(25~45)
  - 체제부정, 사회주의
- 도 평의회, 부·면 협의회 → 부분자치
  - 일부 자산가
- 조선·동아일보 창간(but 검열·정간)

2차 조선교육령(22)
- 보통학교 수업연한(6년)
- 조선어 필수과목
- 대학 허용

산미증식계획(20~34)
- 배경 : 일본의 공업화
- 방법 : 종자개량, 비료, 수리시설
  - 비용을 농민에게 전가
- 결과 : 쌀 생산↑, 증산량 < 수탈량
  - ⓐ 1인 쌀소비 감소
  - ⓑ 만주잡곡 수입

산업 침탈
- 회사령 철폐(20, 신고제)
- 관세 철폐(23)
- 신은행령(28)

세계
대공황
↓
만주사변

1930~40년대

민족말살 통치(초기)
- 조선사상범 보호 관찰령(36)

농촌진흥운동(32)
- 춘궁퇴치 차금예방, 자력갱생
- 소작 조정령(32)
- 조선 농지령(34)
  - 소작인 임대기간 보장

산업 정책

남면북양 정책(34)	조선공업화 정책
북	양	중화학공업
남	면	경공업

중일 전쟁
(1937.7)

민족말살 통치(본격화)
- 황국신민서사(37), 창씨개명(39)
- 궁성요배, 신사참배
- 조선사상범 예방 구금령(41)
- 국민총력 조선연맹(40)
  - 한인애국반(한인통제)
- 조선·동아일보 폐간(40)

3차 조선교육령(38)
- 보통학교 → 심상소학교
  → 국민학교(41)
- 조선어 수의과목

국가 총동원령(38)

인적
- 징용
  - 징용령(39)
- 근로보국대(38, 노역조직)
  - 몸빼 착용
- 지원병

태평양전쟁(41)

4차 조선교육령(43)
- 민족교육 금지

- 학도지원병(43)
- 조선여자근로정신대(44)
  - 여자정신대 근로령(44)
- 징병제(44)

물적
- 공출·배급(40)
  - 식량관리령(43)

MEMO

30 국내외 민족 독립운동 개관

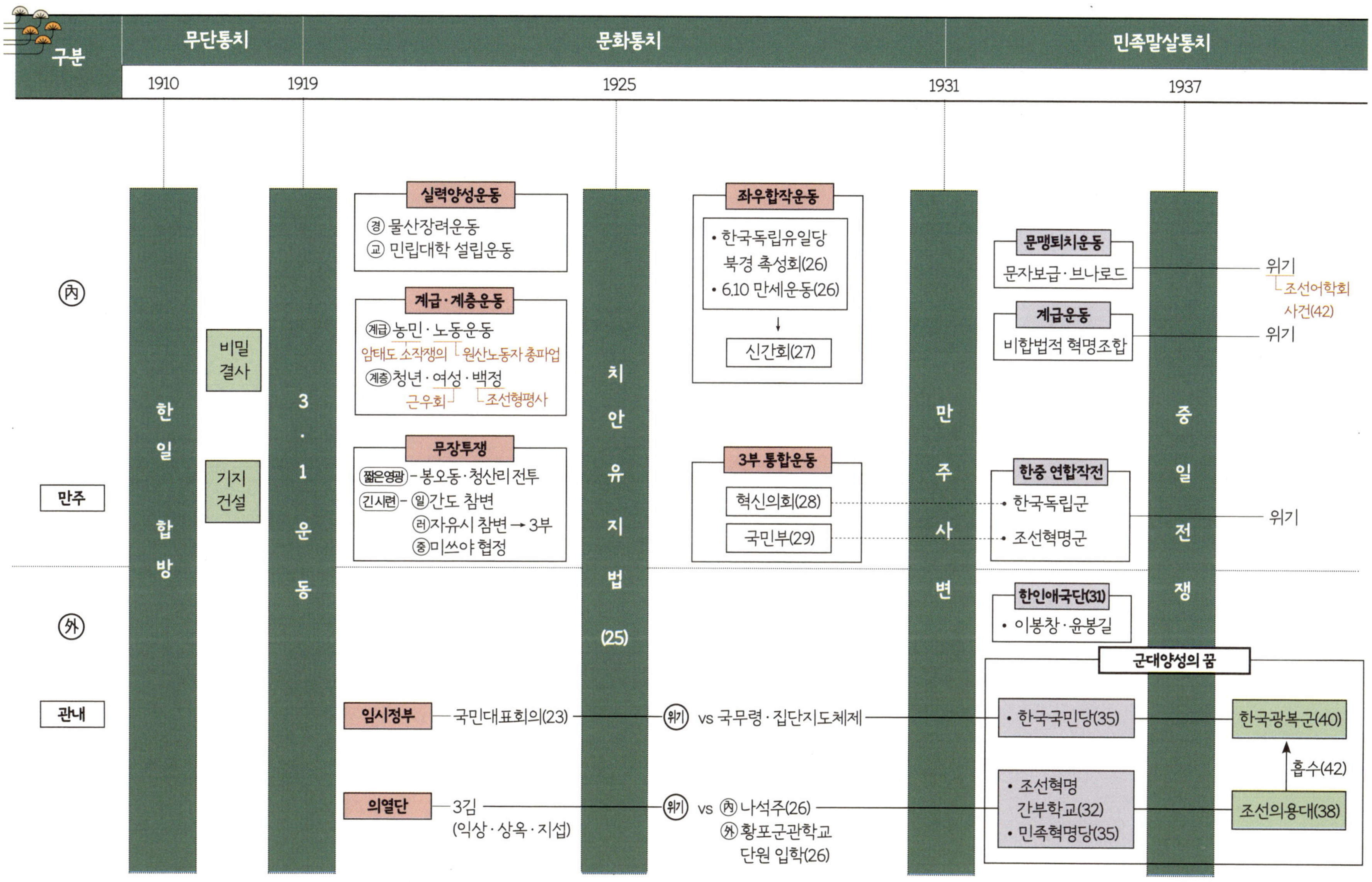

구분	무단통치		문화통치		민족말살통치
	1910	1919	1925	1931	1937

內

- 한일합방
- 비밀결사 / 기지건설
- 3·1운동

실력양성운동
- 경) 물산장려운동
- 교) 민립대학 설립운동

계급·계층운동
- 계급) 농민·노동운동
  - 암태도 소작쟁의 / 원산노동자 총파업
- 계층) 청년·여성·백정
  - 근우회 / 조선형평사

무장투쟁
- 짧은영광 - 봉오동·청산리 전투
- 긴시련 - 일) 간도 참변
  - 러) 자유시 참변 → 3부
  - 중) 미쓰야 협정

치안유지법(25)

좌우합작운동
- 한국독립유일당 북경 촉성회(26)
- 6.10 만세운동(26)
  ↓
- 신간회(27)

3부 통합운동
- 혁신의회(28)
- 국민부(29)

만주사변

문맹퇴치운동
- 문자보급·브나로드

계급운동
- 비합법적 혁명조합

한중 연합작전
- 한국독립군
- 조선혁명군

한인애국단(31)
- 이봉창·윤봉길

중일전쟁

위기 - 조선어학회 사건(42)
위기
위기

만주

外

관내

- 임시정부 — 국민대표회의(23) — 위기) vs 국무령·집단지도체제
- 의열단 — 3김 (익상·상옥·지섭) — 위기) vs 內)나석주(26) / 外)황포군관학교 단원 입학(26)

- 한국국민당(35)
- 조선혁명 간부학교(32)
- 민족혁명당(35)

군대양성의 꿈
- 한국광복군(40)
- 조선의용대(38) — 흡수(42) →

VI 독립운동사

31. 1910년대 국내외 저항(결사 · 기지)

1 국내 비밀 결사

(1) 개관: 강압적 무단 통치 → 비밀 결사 활동, 소규모 의병 투쟁(채응언), 의병 + 애국 계몽 운동

(2) 독립 의군부(1912, 전라도)
  ① 조직
  - 임병찬(최익현의 제자, 전라남 · 북도 순무대장) 등 유생 중심
  - 고종의 밀명을 받아 조직 → 복벽주의 지향
  ② 활동: 전국적 의병 봉기 계획, 국권 반환 요구서 제출 → 사전 발각 및 실패

(3) 대한 광복회(1915~1918, 대구)
  ① 조직: 공화제 수립 목표
  - 풍기 광복단(경북 풍기) + 조선 국권 회복단(대구)
  - 군대식 조직(총사령 - 박상진, 부사령 - 김좌진)
  ② 활동: 친일 부호 처단, 독립군 양성을 위한 군자금 모집, 만주 사관 학교 설립 시도

(4) 여러 비밀 결사 단체
  ① 송죽회(1913): 평양의 숭의 여학교 교사 및 학생이 설립
  ② 자립단(1915): 함경남도 단천의 기독교 실업인과 청년들이 설립
  ③ 조선 산직 장려계(1915): 서울 경성 고등 교원 양성소 학생들이 설립 주도
  ④ 기성단(1914): 대성학교 출신 인사가 설립(기성 야구단)

2 국외 독립운동

(1) 국외 독립운동 기지 건설

지역	단체	활동
남만주 (서간도)	경학사(1911) (자치 기구)	• → 부민단 → 한족회(1919) • 이회영 형제들, 이상룡 등이 활약 • 신흥 강습소(신흥 무관 학교) 설립
	서로군정서 (1919)	한족회의 군 정부 → 대한민국 임시 정부 관할 부대(서로군정서)
동만주 (북간도)	간민회(1913)	김약연, 이상설 등이 조직, 명동 학교 설립
	중광단(1911)	대종교 단체, 무장 투쟁 전개 → 대한정의단(1919)
	북로군정서 (1919)	대종교 계열 무장 단체
연해주	성명회(1910)	이상설, 이범윤 등, '대한의 국민 된 사람은 대한의 광복을 죽기로 맹세하고 성취한다'는 설립 목적
	권업회(1911)	• 권업신문 발행, 한민학교, 대한 광복군 정부 설립 • → 전로 한족회(1917)로 개편
	대한 광복군 정부 (1914)	• 이상설(정통령, 1917년 사망), 이동휘(부통령) • 권업회 회원이 설립(1914) • 세계 제1차 대전 직후, 권업회가 해산되자 대한광복군 정부도 해체 • 전로한족회 중앙 총회(1917) → 대한 국민 의회 1919)
상하이	동제사(1912)	• 신규식, 박은식, 김규식, 신채호 등 300여 명 • 박달학원 설립, 신한청년당과 긴밀한 협력 관계 • 대동보국단(1915, 박은식 · 신규식): 잡지 『진단』 간행
	신한 청년당 (1918)	• 김규식, 여운형, 신채호 등 150여 명 • 파리 강화 회의에 김규식을 대표로 파견 • 독립임시사무소 설치(대한민국 임시 정부 설립에 영향)
미국	대한인 국민회 (1910)	스티븐스 저격(장인환, 전명운) 의거를 계기로 재미 한인 단체 통합(공립협회 + 한인합성협회)
	흥사단(1913)	안창호, 청년 학우회(1909)의 후신
	(대)조선 국민 군단(1914)	박용만, 하와이 지역, 군대 양성

31. 1910년대 국내외 저항(결사·기지)

1910년대(무단통치)

해(外) 독립운동 기지 건설

북간도 (용정)
- 중광단(대종교), 간민자치회
- 서전서숙(06) → 명동학교(08)
- 한흥동
  └ 북만주

연해주 (블라디보스토크)
- 성명회, 권업회
- 13도의군
- 신한촌(한인마을)
- 대한광복군 정부(14, 이상설, 이동휘, 공화정)
  └ 한인사회당(18)
- 전로 한족회 중앙총회(17) → 대한국민의회(19)

서간도 (삼원보)
- 경학사 → 부민단 → 한족회
  신흥강습소(11) → 신흥무관학교(19)

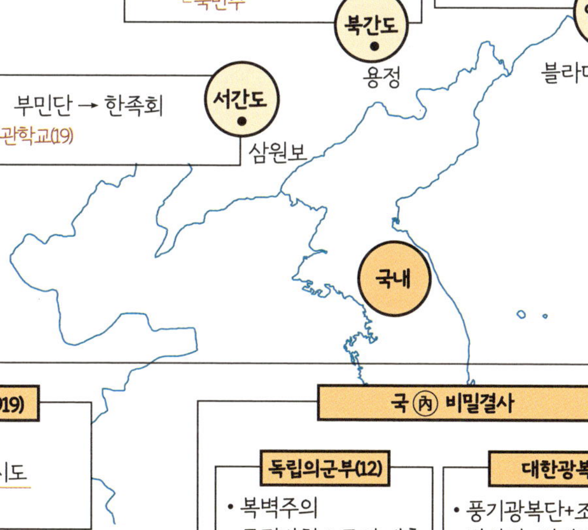

미주

조선국민군단(14)
- 박용만
- 무장투쟁

대한인국민회(09)
- 이승만, 안창호, 박용만
  └ 외교 vs 무장투쟁
- 전명운·장인환 의거(08) 계기

흥사단(13)
- 안창호

상해

동제사(12)
- 신규식, 박은식

대동보국단(15)
- 박은식, 잡지 '진단'

신한청년당(18)
- 김규식, 여운형
  └ 파리강화회의 대표 파견

국내

강우규 의거(1919)
- 노인동맹단 소속
- 사이토 총독 암살시도
  └ 남대문역

국(內) 비밀결사

독립의군부(12)
- 복벽주의
- 국권반환요구서 제출
- 임병찬(고종 밀지)
- 송죽회(여교사), 기성단, 자립단

대한광복회(15)
- 풍기광복단+조선국권회복단
- 박상진·김좌진
- 공화주의
- 군자금 모금
- 만주사관학교 설립계획
- 행형부
  └ 친일부호처단

이상설
- 05. 을사조약 파기상소
  └ 민영환, 조병세
- 06. 서전서숙
- 07. 헤이그 특사
- 10. 성명회, 13도의군(유인석)
  └ 도총재
- 11. 권업회
- 14. 대한광복군 정부
- 17. 사망

32. 3·1운동과 대한민국 임시정부

1 3·1 운동

(1) 배경
- ① 윌슨의 민족 자결주의: 패전국의 식민지에 한정(일본은 승전국)
- ② 대동단결 선언(1917, 상하이)
  - 신규식·박은식·신채호 등, 주권불멸론
  - 국민주권론("경술년 융희 황제의 주권 포기는 우리 국민에 대한 묵시적 선위")
- ③ 대한 독립 선언(무오 독립 선언, 1919, 만주·노령)
  - 박은식, 신채호 등 39인, 민주 공화세·평화·평등 바탕 독립 의지 확인
  - 노선: 무장 투쟁
- ④ 2·8 독립 선언(1919): 동경 유학생, 조선 청년 독립단(단장 - 최팔용)

(2) 전개 및 희생
- ① 기미 독립 선언 발표(1919)
  - 민족 대표 33인(태화관)·학생 및 시민(탑골 공원)
  - 독립 선언식(평화 시위) → 주요 도시로 확산
- ② 농촌 지역 확대 과정에서 무력 저항으로 변모(∵토지 조사 사업에 대한 불만)
- ③ 해외 확산: 만주, 연해주, 일본, 필라델피아(한인 자유 대회) 등
- ④ 화성 제암리 학살 사건(교회당, 주민 학살), 유관순(탑골 공원 → 천안 아우내 장터 → 서대문 형무소)

(3) 의의 및 영향
- ① 식민 통치 방식의 변화(무단 → 문화 통치)
- ② 대한민국 임시 정부 수립의 계기
- ③ 노동자·농민 의식 고양 → 1920년대 노동·농민 운동 활발
- ④ 만주 무장 독립 투쟁을 자극(봉오동 전투, 청산리 대첩 등)
- ⑤ 중국의 5·4 운동, 인도의 비폭력·불복종 운동에 영향

2 대한민국 임시 정부

(1) 수립: 3·1 운동 → 산발적 운동의 한계 극복, 독립운동 지휘 본부 필요
- ① 연해주: 대한 국민 의회(연해주, 1919. 3.)
  - 이동휘·이동녕·문창범 등 주도, 대통령(손병희), 국무총리(이승만)
  - 구성: 의회식 구성으로 행정부 없음
- ② 국내: 한성 정부(서울, 1919. 4. 23.)
  - 구성: 집정관 총재(이승만), 국무총리(이동휘)
  - 13도 대표 명의로 조직 구성, 실체는 불분명
- ③ 상하이: 상하이 임시 정부(1919. 4. 11.)
  - 신한청년당(1918)이 임시 의정원 구성하고 임시 헌장 공포(1919. 4. 11.)
  - 구성: 국무총리(이승만), 임시 의정원 의장(이동녕)
- ④ (통합) 대한민국 임시 정부(1919. 9.)
  - 상하이 임시 정부 & 연해주 대한 국민 의회 내각 해산
  - 한성 정부 내각 구성안 수용(한성 정부 정통성 승계)
  - 위치: 상하이 / 대통령 - 이승만, 국무총리 - 이동휘, 경무국장 - 김구
  - 최초 민주 공화정, 삼권 분립: 임시 의정원(입법), 국무원(행정), 법원(사법)

(2) 활동
- ① 조직: 연통제(비밀 행정 조직, 독판·군감), 교통국(통신 기관)
- ② 외교: 파리 강화회의(김규식 전권 대사), 구미 위원부 설치(이승만)
- ③ 모금: 독립 공채 발행, 백산 상회(안희제, 1914, 부산), 이륭양행(조지엘 쇼, 1919)
- ④ 군사
  - 육군 무관 학교(상하이), 광복군 사령부 → 광복군 총영(1920)
  - 군무부 직할 육군 주만 참의부(1924) 편성
- ⑤ 『독립신문』 발간(국한문 혼용체), 한·일 관계 사료집 간행(임시 사료 편찬소)

32. 3·1운동과 대한민국 임시정부

(3) 임정의 변천(침체 및 강화)

① 일제가 연통제 · 교통국 파괴 → 국내 연락 · 운동 자금 모금 불가

② 외교 노선 한계(이승만의 위임 통치 청원, 1919) 및 독립운동 노선 갈등

③ 베이징 군사 통일 주비회(신채호, 박용만, 1921)
- 군사 단체 통일에 관한 협의 중 통일 단체 군대 지휘권을 누구에게?
- 이승만 비위 노출 → 임시 정부와 의정원 불신임 결의 및 정부 해산 요구

④ 국민대표 회의
- 소집(1923): 1923. 1월 ~ 6월, 상하이에서 각 지역 대표 모두 참여
- 창조파(신채호 · 박용만) VS 개조파(안창호 · 이동휘) vs 유지파(김구, 불참)
- 결렬: 내무 총장 김구가 국민대표 회의 해산 명령

⑤ 이승만 탄핵 의결(임시 의정원, 1925) 및 박은식 2대 임시 대통령 선출(→ 건강 악화로 국무령 선임 후 사임 → 김구 주도)

⑥ 한인 애국단 조직(1931): 이봉창 의거(1932. 1.), 윤봉길 의거(1932. 4.)

⑦ 개헌 과정

1차(1919)	2차(1925)	3차(1927)	4차(1940)	5차(1944)
대통령 중심제	국무령제	국무위원 중심 집단 지도 체제	주석 지도 체제	주석, 부주석 지도 체제

⑧ 충칭 이동
- 한국 독립당 결성(1940), 한국광복군 창설(1940)
- 건국 강령 발표(1941, 조소앙의 삼균주의), 대일선전포고(태평양 전쟁 발발 직후)

MEMO

32. 3·1운동과 대한민국 임시정부

상해시기(19~32)

수립
- ㊊이승만, ㊙이동휘(19.9)
  └ 1차 개헌(임시헌법)
- ㊙구미위원부(이승만)
- 최초의 3권 분립
- 연통제 → 애국공채
  └ 독판·군감·면장 임명
- 교통국
  └ 정보
- ㊙사료편찬소, 독립신문(국한문)
  └ 한일관계사료집(한국독립운동지혈사)

위기
- 연통제·교통국 와해(21)

외교 vs 무장투쟁
| 위임통치 청원서 | vs | 군사통일 주비회(베이징) |
| (19.2, 이승만) | | (21, 신채호·박용만) |

국민대표회의(23.1~23.6)
- 박은식 발의
- 창조파(신채호) VS 개조파(안창호·이동휘)
- 성과없이 결렬

개편
- 25. 이승만 탄핵, 국무령제
  └ 박은식 2代㊊ 2차 개헌
- 27. 국무위원 집단지도체제
  └ 3차 개헌

충칭시기(40)
- 40. 한국독립당, 한국광복군, 주석제
  └ 4차 개헌
- 41. 건국강령(조소앙, 3균주의)
  └ 보통선거, 국유제, 공비교육
- 41. 태평양 전쟁
- 44. 주석(김구)·부주석제(김규식)
  └ 5차 개헌

대한민국 임시정부(최초의 공화제 정부, 19.9)

- 상해정부 —(위치)→
  - 이승만, 외교
  - └ 총리
- 한성정부 —(정통성)→
  - 13도 대표
  - 이승만
  - └ 집정관 총재
- 대한국민의회(19.3) —(흡수)→
  - 연해주
  - 손병희(대통령)

임시헌장(19.4) ← 임시의정원

이륭양행 / 연통제·교통국 / 서울 / 백산상회 / 상해

3·1운동

배경
- ㊙대동단결선언(17, 공화주의)
- ㊙김규식을 대표파견(19.1)
  └ by 신한청년당
- ㊙무오독립선언(19.2, 폭력)
  └ 대한독립선언서
- ㊜2.8 독립선언(19, 조선청년 독립단)

전개
- 고종 인산일, 덕수궁 대한문
  └ 6.10 만세운동(순종 인산일, 창덕궁 돈화문)
- 민족대표(태화관) + 학생들(탑골공원)
  └ 기미독립선언서, 공약3장(한용운)
- 도시 → 농촌, 비폭력 → 폭력
  └ 제암리 학살(스코필드)

결과
- 무단통치 → 문화통치
- 임시정부 수립
- 무장 투쟁 활성화

33. 1920~30년대 국외 무장독립 투쟁(만주)

1 1920년대 무장 투쟁

(1) 독립군의 승리
  ① 삼둔자 전투(1920. 6.): 봉오동 전투 직전의 승리
  ② 봉오동 전투(1920. 6.): 대한 독립군(홍범도), 국민회군(안무), 군무도독부(최진동)
  ③ 훈춘 사건(중국 마적에게 日 영사관 공격을 사주)
  ④ 청산리 대첩(1920. 10.)
    • 대한 독립군(홍범도) + 북로 군정서(김좌진)
    • 백운평·천수평·고동하·어랑촌 전투

(2) 독립군의 시련
  ① 간도 참변(경신 참변, 1920.10)
    • 경과: 일본군 간도 침략 및 독립군 초토화 작전 → 만주 지역 무차별 한인 학살
    • 결과: 한인 학살, 부녀자 겁탈, 민가 소각, 가축 약탈 등
    • 영향: 밀산부에서 대한독립군단으로 재편(총재 서일, 1920. 12.) → 소련 이동
  ② 자유시 참변(1921. 7.)
    • 독립군 내부 갈등(상해파 공산당 vs 이르쿠츠크파 공산당)
    • 소련이 한국 독립군 무장 해제(소련 적색군의 배신으로 희생)

(3) 3부의 성립과 통합 노력
  ① 대한통의부 조직(1922)
    • 일본의 탄압으로 항일 유격대 만주 독립군에 합류
    • 구성: 서로군정서·대한독립단·광복군총영
    • 참의부, 정의부에 흡수
  ② 3부 성립: 만주 지역에 만들어진 자치 정부(민정 기관 + 군정 기관)
    • 참의부(1923): 대한민국 임시 정부 직할대
    • 정의부(1924): 지청천·양기탁 등
    • 신민부(1925): 김좌진 등, 대종교 계열 주축
  ③ 미쓰야 협정(1925)
    • 만주 지역 내 우리 독립군 탄압
    • 일본 미쓰야와 만주 군벌 사이 체결
  ④ 3부 통합 운동
    • 북만주: 혁신의회(1928) → 한국 독립당(군)(1930): 지청천
    • 남만주: 국민부(1929) → 조선 혁명당(군): 양세봉·이진탁

2 한중 연합 작전과 항일 유격대

(1) 한중 연합 작전
  ① 배경: 만주 사변(1931) 이후 만주국 수립(1932) → 중국 내 반일 감정 고조
  ② 활동
    • 북만주 - 한국 독립군(지청천) + 중국호로군
      쌍성보 전투(1932), 사도하자·대전자령·동경성 전투(1933)
    • 남만주 - 조선 혁명군(양세봉) + 중국의용군
      - 영릉가 전투(1932), 흥경성 전투(1933)

(2) 항일 유격대(좌익 계열 한중 연합)
  ① 추수 투쟁(1931), 춘황 투쟁(1932)
  ② 동북 인민 혁명군(1933) → 동북 항일 연군(1936): 조국 광복회(1936) 조직
  ③ 보천보 전투(1937): 김일성 등 일부 유격대가 함경남도 보천보의 경찰 주재소 공격

참고자료

★ **[자유시 참변]**: 대한 독립 군단이 결성될 무렵 러시아에서는 러시아 혁명을 지지하는 군대(적군)와 이에 반대하는 제정 러시아 군대(백군)가 내전을 벌이고 있었다. 홍범도, 지청천 등이 이끄는 독립군은 민족의 독립운동을 지원하겠다는 러시아 적군의 약속을 믿고 러시아의 자유시로 이동하였다. 자유시에 집결한 독립군 부대 내에서 통합 지휘권을 놓고 내분이 발생하자 적군과 일부 독립군이 무장 해제를 요구하였다. 대다수 독립군들이 이에 반발하였고, 결국 적군과 이들을 지지하는 독립군이 나머지 독립군을 공격하였다. 이로 인해 수많은 독립군이 죽거나 실종되었다. – 박환, 『재노한인 민족 운동사』 –

★ **[미쓰야 협정](1925. 6.)** - 경무국장 미쓰야와 만주 군벌 장쭤린(장작림)이 체결
만주 군벌이 한인 독립운동가를 체포하면 반드시 일본영사관에 넘길 것, 일본은 독립운동가를 인계받는 동시에 그 대가로 상금을 지불할 것, 상금 중 일부는 직접 체포한 관리에게 지불할 것 등을 규정

★ **[한국 독립군과 항일 중국군의 합의]**
  • 한·중 양군은 최악의 상황이 오는 경우에도 장기간 항전할 것을 맹세한다.
  • 중동 철도를 경계선으로 서부 전선은 중국이 맡고, 동부 전선은 한국이 맡는다.
  • 전시의 후방 전투 훈련은 한국 장교가 맡고 한국군에 필요한 군수품 등은 중국군이 공급한다.

33 1920~30년대 국외 무장독립 투쟁(만주)

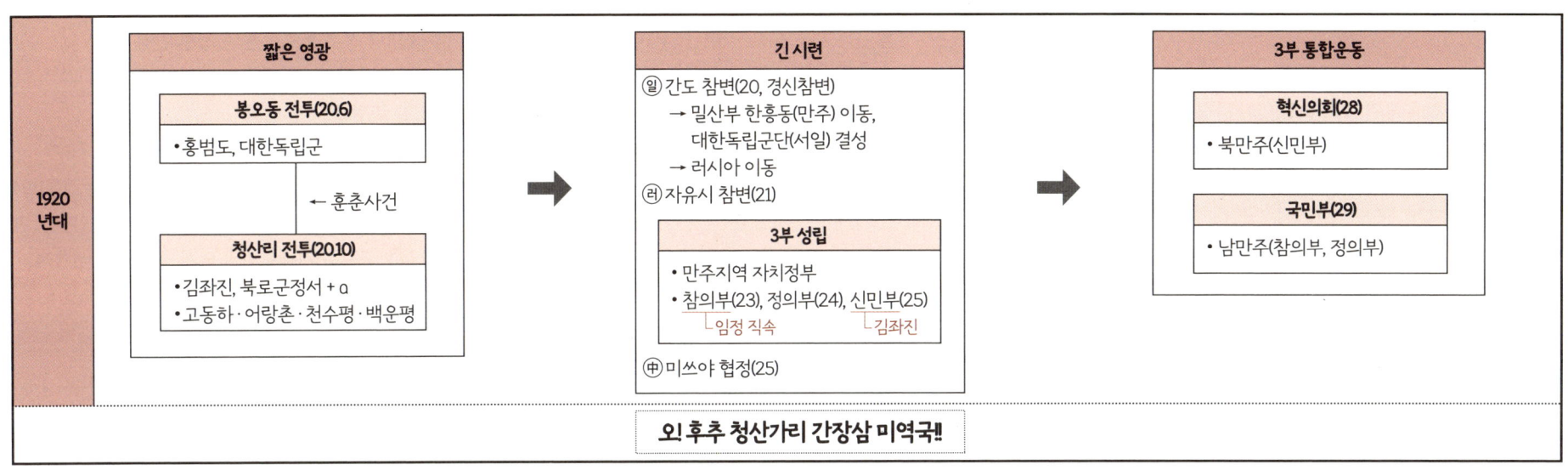

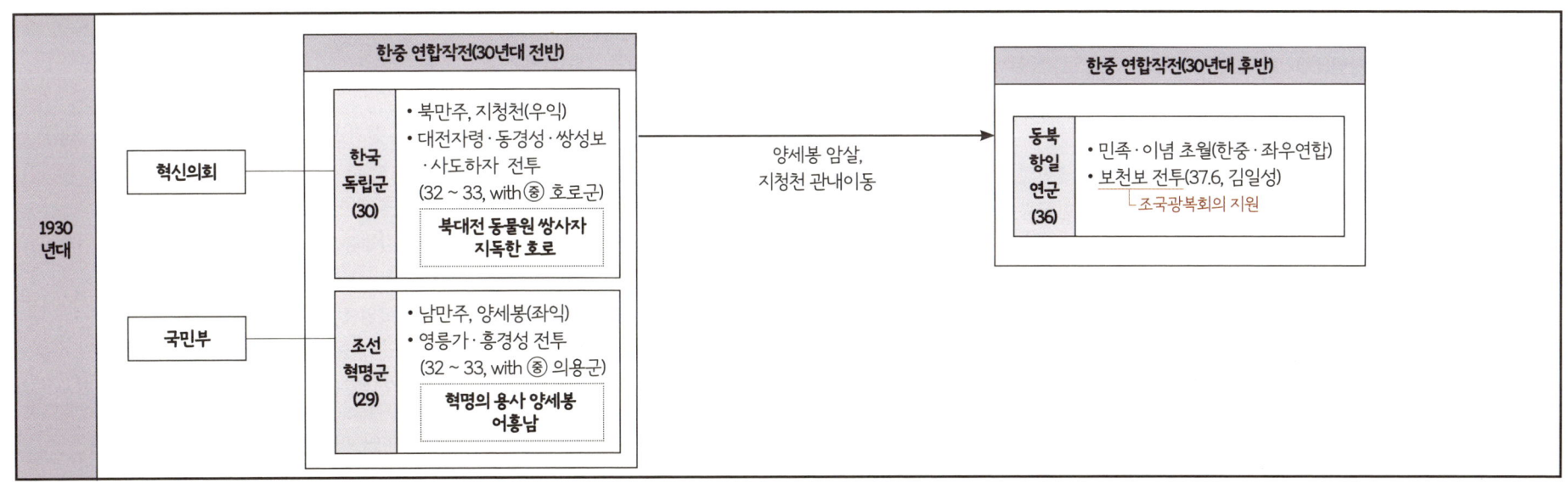

34. 1930~40년대 국외 무장독립 투쟁(중국 관내)

1 의열단과 한인애국단

(1) 의열단(1919. 11, 만주 길림성)
  ① 조직: 신흥 무관 학교 출신 인사 중심 13명 단원
  ② 행동 목표: '공약 10조'와 '5파괴, 7가살'
  ③ 노선: 조선 혁명 선언(1923, 베이징의 신채호에게 부탁) → 민중 직접 혁명론
  ④ 활동
    • (1920. 9.) 박재혁: 부산 경찰서 / (1920. 12.) 최수봉: 밀양 경찰서
    • (1921) 김익상: 조선총독부 → (1922) 상하이 황포탄 의거
    • (1923) 김상옥: 종로 경찰서 / (1924) 김지섭: 일본 도쿄 궁성(이중교)
    • (1926) 나석주: 동양 척식 주식회사, 조선 식산 은행
  ⑤ 방향 전환
    • 중국 황포군관학교에 단원들 입학(1926) → 조선혁명간부학교 설립(1932, 난징)
    • 민족 혁명당 조직(1935) → 조선 의용대(1938, 한커우)

(2) 한인 애국단(1931. 10, 김구, 임정 침체 극복 노력)
  ① 이봉창 의거(1932. 1. 8.)
    • 일본 도쿄, 히로히토 일왕 폭살 시도
    • 의의: 상하이 사변(1932)의 계기
  ② 윤봉길 의거(1932. 4. 29.)
    • 상하이 훙커우 공원(전승 기념식 장소)
    • 의의 - 중국 국민당의 임정 지원 계기(낙양군관학교 한인 특별반 편성)
         - 임정이 상하이 떠나는 계기(항저우, 1932), 한국광복군 창설 계기

2 중국 관내에서 통일 전선 형성

(1) 민족 혁명당(1935, 난징)
  ① 조직: 의열단(김원봉) + 조선혁명당(지청천) + 한국독립당(조소앙) 포함 5개 조직
  ② 의의: 민족주의·사회주의 계열이 협력한 중국 관내 최대 통일 전선 정당
  ③ 한계: 김구(한국 국민당, 1935) 불참, 민족주의계 일부 인사(조소앙·지청천) 탈당
  ④ 조선 민족 전선 연맹(1937. 12.)으로 개편(↔ 한국 광복 운동 단체 연합회)

(2) 조선 의용대(1938, 한커우)
  ① 배경: 중일 전쟁(1937) 이후 국민당 정부가 조선 민족 전선 연맹 지원
  ② 의의: 중국 관내에서 조직된 최초의 한인 군사 조직
  ③ 활동: 일본군에 대한 심리전, 포로 심문, 후방 공작
  ④ 분화
    • 화북 이동: 조선 의용대 화북 지대(공산당 팔로군과 연합) → 호가장 전투(1941), 반소탕전(1942) → 조선 의용군(1942, 옌안)으로 개편 → 해방 후 북한 인민군 편입
    • 충칭 이동: 김원봉 지휘 아래 한국광복군(대한민국 임시 정부)에 합류(1942)

3 대한민국 임시 정부의 정비

(1) 체제 정비
  ① 한국 독립당 결성(1940)
    • 우익 통합 정당
    • 한국 국민당(김구) + 한국 독립당(조소앙) + 조선 혁명당(지청천)
  ② 이동: 상하이 → 항저우 → 광저우 → 충칭 정착(1940)
  ③ 조직 개편: 주석제 개편(김구 주석, 1940), 한국광복군(1940)
  ④ 건국 강령(1941)
    • 태평양 전쟁 발발 직전 발표
    • 조소앙의 3균 주의: 정치(보통 선거), 경제(토지 국유화), 교육(의무 교육)

(2) 한국광복군 창설(1940, 충칭)
  ① 조직: 중국 국민당 정부 지원과 통제(한국광복군 행동준승 9개항)
  ② 총사령관 - 지청천, 부사령관 - 김원봉, 참모장 - 이범석
  ③ 활동
    • 태평양 전쟁 이후 대일본·대독일 선전 포고(1941. 12.)
    • 인도·미얀마 전선 활약(영국군의 요청으로 연합): 선전 활동 및 포로 심문
    • 미국 전략 첩보국(OSS) 지원: 국내정진군 편성 → 국내 진공 작전 계획 → 실행(X)

34. 1930~40년대 국외 무장독립 투쟁(중국 관내)

의열단(19, 김원봉)
- 만주 지린성
- 신채호『조선혁명선언』(민중 폭력)
  └ 김원봉 요청
- 의거활동(5파괴·7가살)

박재혁(20)	• 부산경찰서
김익상(21)	• 조선총독부 • 황푸탄의거(다나카)
김상옥(23)	• 종로경찰서
김지섭(24)	• 궁성(이중교 의거)
나석주(26)	• 동양척식주식회사 • 조선식산은행

좌익

군대양성의 꿈
- ㊥ 황포군관학교 단원들 입학(26)
- 조선혁명간부학교 설립(32)

만주와는 별개
우익
- 조선혁명당(지청천)
- 한국독립당(조소앙)

한인애국단(31, 김구)
- 배경
  ⓐ 만보산 사건 → 반한 감정 ↑
  ⓑ 임정 침체극복노력(31)
- 의거 활동

이봉창(32)	도쿄 천황암살 시도
윤봉길(32)	상하이 홍커우 공원 의거

군대양성의 꿈
- ㊥ 낙양군관학교 한인특별반(34)

민족혁명당(35, 난징) → 조선민족혁명당(37, 난징) → 조선민족 전선연맹(37.12, 난징)

우익 이탈 ↓

한국국민당(35, 김구, 항저우) → 한국광복운동 단체연합회(37.8, 난징) → **한국독립당(40, 충칭, 정부여당)**

중일전쟁 (37.7)

조선의용대(38)
중국 관내 최초 한국 군사조직

중국 국민당 지원
포로심문, 암호해독, 후방교란

조선의용대화북지대(41)
- 호가장 전투
- ㊥ 팔로군 연합

조선의용군(42)
- 조선독립동맹 예하부대
- 북한 인민군 편입

광복군 합류(42)

한국광복군(40)
41. 대일 선전포고
42. 조선의용대 흡수
43. 영국과 연합(미얀마·인도 전선)
44. 국내정진군
45. 국내진공작전(미 OSS 연합, 실행 X)
㊥ 간섭(행동준승 9개항)→독자적 지휘

35 1920~30년대 국내 저항(경제·사회운동과 신간회)

1 민족주의 계열(실력 양성 운동)

(1) 물산 장려 운동
  ① 배경: 회사령 폐지(1920), 관세 폐지 움직임(폐지는 1923)
  ② 전개: (평양, 조만식)조선 물산 장려회(1920) → 조선 물산 장려회(1923, 서울)
  ③ 활동: 토산품 애용 및 저축·금주·금연 주장, 구호(내 살림 내 것으로, 조선 사람 조선 것, 우리가 만든 것 우리가 쓰자 등), 자작회(1922), 토산 애용 부인회(1923)
  ④ 한계: 사회주의계의 비판(자본가를 위한 운동, 높은 가격·조악한 품질)

(2) 민립 대학 설립 운동
  ① 배경: 고등 교육 기관 설립 필요성 증대, 제2차 조선 교육령(1922)의 가능 규정
  ② 전개: 민립 대학 기성 준비회(이상재, 1922), 모금 운동(1천만이 1원씩)
  ③ 실패: 모금 부진(수재·가뭄, 식민지 민중의 빈곤), 일제 방해, 경성제국대학(1924)

(3) 문맹 퇴치 운동(농촌 계몽)
  ① 문자 보급 운동(1929~1934, 조선일보): 교재 보급(조선어학회), '아는 것이 힘'
  ② 브나로드 운동(1931~1934, 동아일보): '민중 속으로', 소설 상록수

(4) 자치 운동: 국민 협회(1920), 참정권 청원, 이광수·최린·김성수(타협적 민족주의)

2 사회주의 계열 운동

구분	1920년대 (생존권·경제적 투쟁, 쟁의)	1930년대 (항일·정치적 투쟁)
농민 운동	• 소작료 인하 요구: 암태도(23, 성공), 동척 농장 소작 쟁의(24), 불이농장(29) • 조선 노농 총동맹(24) → 조선 농민 총동맹(27)	• 식민지 지주 철폐 주장 • (사회주의 연계) 비합법적 혁명적 농민 조합 운동
노동 운동	• 임금 인상 요구: 경성 고무 공장 여성 노동자(23), 원산 총파업(29) • 조선 노농 총동맹(24) → 조선 노동 총동맹(27)	• 항일 민족 운동으로 변모: 일본 자본가 타도 • (사회주의 연계) 비합법적 혁명적 노동 조합 운동

3 다양한 사회 운동

(1) 청년 운동: 조선 청년 총동맹(1924) - 좌우 합작 청년 조직
(2) 소년 운동
  ① 천도교 소년회(방정환, 색동회 중심): 잡지 『어린이』 간행
  ② 어린이날 제정(1922), 소년 운동 협회(1923), 조선 소년 연합회(1927)
(3) 형평 운동: 백정 차별 철폐 → 민족 해방 / 조선 형평사(1923, 진주, 이학찬)
(4) 여성 운동: 대한 애국 부인회(1919, 우파), 조선 여성 동우회(1924, 좌파) → 근우회(1927, 좌우 합작)

4 신간회 창립과 활동

(1) 배경
  ① 제1차 국공합작, 3부 통합 운동, 한국 독립 유일당 북경 촉성회
  ② 6·10 만세 운동(1926): 좌우 연대(조선공산당 + 천도교), 학생 중심

(2) 창립 과정
  ① 조선 민흥회(1926. 7.): 서울 청년회(좌파) + 조선 물산회(우파)
  ② 정우회 선언(1926. 11.) → 정우회 해산 후 신간회 창립(1927.2)
  ③ 초대 회장-이상재(우파), 부회장 - 홍명희(좌파)

(3) 강령: 민족 단결, 기회주의자 배격, 정치·경제적 각성 촉구

(4) 활동
  ① 조선인 본위 교육 주장, 일본인 이민 반대, 토론회·강연회 개최
  ② 원산 총파업(1929) 지원, 갑산군 화전민 사건(1929) 진상 규명
  ③ 여성 차별 철폐, 동양 척식 주식회사 폐지 주장
  ④ 광주 학생 항일 운동 진상 조사단 파견(1929) → 민중 대회 개최 시도 → 사전 발각 → 신간회 집행부 교체(온건)

(5) 해소: 코민테른의 방향 전환(1928, 민족 통일 전선론의 폐기) → 민중 대회 개최 실패 후 신 집행부의 온건화(김병로) → 사회주의자들 주장으로 해소(1931) → 민족주의자(조선학 운동), 사회주의자(혁명적 노동조합 및 농민조합 운동)

(6) 의의: 최대 합법 항일 단체(140여 개 지회, 4만 명)

35. 1920~30년대 국내 저항 (경제·사회운동과 신간회)

산업
- 회사령 철폐(20) → 민족자본(경성방직, 평양 메리야스)
- 관세 철폐(23)

물산장려운동
- 평양(20, 조만식) → 서울(23)
  └ 조선물산장려회
- 자작회(22) · 토산애용부인회(23)
  └ 학생 └ 여성

교육

민립대학 설립운동
- 민립대학 기성회(23, 서울)
  └ 모금운동(1천만이 1원, 금연·금주)
- 일본 회유책 → 경성제국대학(24)

→ 실력양성운동 → 이광수, 「민족적 경륜」 동아일보(24)

계층운동
- 청년운동 : 조선 청년 총동맹(24)
- 소년운동 : 방정환, 어린이날, 천도교
- 형평운동 : 백정 차별철폐운동, 조선형평사(진주, 23)
- 여성운동 : 근우회(27, 좌우합작)
  └ 신간회 자매단체

국권 피탈기	· 만세보(06)
1920 년대	· 잡지 「개벽」,「신여성」,「어린이」

→ 계급·계층운동

계급운동
- 생존권 투쟁, 합법
  └ 소작료 ↓, 임금 ↑
- 조선노동공제회(20)
  → 조선노농총동맹(24)
  → 조선노동총동맹·조선농민총동맹(27)

농민운동
- 암태도 소작쟁의(23, 성공)

노동운동
- 원산 노동자 총파업(29, 실패)
  └ 해외 노동자 격려전문

치안유지법(25)

좌우합작의 꿈

6.10 만세운동(26)
- 순종 인산일, 창덕궁 돈화문
  └ 3.1운동(고종 인산일, 덕수궁 대한문)
      └ 사전발각
- 기획(조선공산당+천도교)
  + 학생(조선학생과학연구회)
- 독립운동 + 노·농운동
  → 전국확산 X

신간회(27~31)
  └ 서울청년회 + 물산장려회
- 배경 : 조선민흥회(26.7), 정우회 선언(26.11)
- 한국독립유일당 북경촉성회 선언 (26, 안창호)
- 회장(이상재), 부회장(홍명희)
     └ 우익   └ 좌익
- 강령
  ⓐ 민족 단결
  ⓑ 기회주의자 배격
  ⓒ 정치·경제적 각성 촉구
- 최대 합법적 반일 단체
  └ 3·1운동 이후 최대
- 광주학생 항일운동(29) 진상조사단 파견
- 해소
  ⓐ 민중대회 계획 → 지도부 우경화
  ⓑ 좌익의 반발로 해소

만주사변(31)

문맹퇴치운동(29~34)
- 문자보급 운동(조선일보)
  └ with 조선어학회
- 브나로드 운동 (동아일보)
  └ (쌤) 상록수

20. 창간
24. 이광수 「민족적 경륜」
31~35. 브나로드 운동
35. 심훈 상록수
36. 일장기 삭제 사건
  └ 손기정 금메달

계급운동(30년대)
- 정치투쟁(비합법적 혁명조합)
  └ 제국주의 타도, 토지분배
- 중일전쟁으로 쇠퇴

경성 부민관 의거
  └ 마지막 의거(45)

MEMO

VII 현대사

36. 8·15 광복과 분단

1 조선 건국 동맹(1944, 국내)과 조선 건국 준비 위원회

(1) 조선 건국 동맹(1944, 국내)
① 조직: 여운형 주도, 국내 사회주의자와 민족주의자 연합, 비밀 결사
② 활동
- 조선 독립 동맹(옌안), 대한민국 임시 정부(충칭)와 연계 추진
- 건국 강령 발표(1944, 민주주의 원칙 국가 건설, 노농 대중 해방 등)

③ 여운형이 총독부에 요구한 5개 조항
- (일본인 안전 보장 조건) → 총독부가 여운형에게 행정권·치안 유지권 이양
- 정치범 석방, 서울의 3개월분 식량 확보, 치안 유지, 건국 활동에 대한 불간섭

(2) 조선 건국 준비 위원회
① 조직(1945. 8. 15.)
- 조선 건국 동맹 중심, 좌·우익 독립 세력 망라
- 위원장 - 여운형, 부위원장 - 안재홍
② 활동: 전국 145개 지부 조직, 치안대 설치 및 질서 유지
③ 건국 준비 위원회 강령
- 우리는 완전한 독립 국가의 건설을 기함
- 우리는 전 민족의 정치적 경제적 사회적 기본 요구를 실현할 수 있는 민주주의적 정권의 수립을 기함
- 우리는 일시적 과도기에 있어서 국내 질서를 자주적으로 유지하며 대중 생활의 확보를 기함
④ 좌·우익 갈등: 좌익 세력의 주도권 장악 → 일부 우익 세력 이탈
⑤ 조선 인민 공화국 수립(1945. 9. 6.)
- 미군 진주에 대비 → 중앙 조직을 정부 형태로, 각 지부를 인민 위원회로 개편
- 주석 이승만(취임 거부), 부주석 여운형 → 미군의 불인정(맥아더 포고령 제1호)

1 38도선 분할(미국 제안)과 미군과 소련군의 진주

(1) 미군의 통치
① 군정청 설치(직접 통치), 한국인 정부(인민공화국, 임시 정부) 불인정
② 기존 행정 체계(일제 협력 관료·경찰) 및 한국 민주당 등 우익 세력 활용
③ 남조선 국방 경비대(1946. 1.), 미곡 수집령(1946. 1, 공출제·배급제), 신한공사(1946. 3, 일제 귀속재산 관리)

(2) 소련의 통치
① 각지 인민 위원회에 행정권 이양(간접 통치), 김일성 세력 지원
② 북조선 임시 인민 위원회(1946. 2.)
- 토지 개혁(무상 몰수·분배)
- 남녀평등법, 8시간 노동제, 주요 산업 국유화 → 북조선 인민 위원회(1947. 2.)

2 다양한 정치 세력의 형성

(1) 한국 민주당
- 건준 활동에 비판적인 우익 세력이 창당(송진우, 김성수 등)
- 대한민국 임시 정부 지지 선언, 미군정청과 긴밀한 관계 유지

(2) 독립 촉성 중앙 협의회: 이승만이 미국에서 귀국(1945. 10.)한 후 조직

(3) 한국 독립당: 김구가 개인 자격으로 귀국(1945. 11.)

(4) 국민당: 안재홍(신민주주의·신민족주의 제창)이 건준을 탈퇴하고 조직

(5) 민족 자주 연맹(1947): 남한 단독 정부 수립에 반대하는 김규식 등이 조직

(6) 남한 좌익 정당 → 3당이 합당하여 남조선노동당(남로당, 1946. 11.)
① 조선인민당: 여운형 주도 중도 좌파 계열 정당
② 조선공산당
- 박헌영 등 사회주의 세력이 공산당을 재건
- 조선 정판사 위폐 사건(1946. 5.), 9월 총파업(1946), 10월 대구 민중 항쟁(1946) 등을 거치면서 미군정청의 탄압을 받음
③ 남조선신민당: 백남운(연합성 신민주주의)

＊참고자료

★ [맥아더 포고령 제1호]

제1조 북위 38도 이남의 조선 영토와 조선 인민에 대한 통치의 전 권한은 당분간 본관의 권한 하에서 시행된다.

제2조 정부 공공 단체 …… 제반 중요한 직업에 종사하는 자는 별도의 명령이 있을 때까지 종래의 정상적인 기능과 의무를 수행하고 모든 기록과 재산을 보존·보호하여야 한다.

제3조 주민은 본관 및 본관의 권한으로 발포한 명령에 즉각 복종해야 한다. 점령군에 대하여 반항 행동을 하거나 질서 보안을 교란하는 행위를 하는 자는 용서 없이 엄벌에 처할 것이다.

36. 8·15 광복과 분단

정상회담
- 카이로(미·영·중, 43.11)
  : 독립 최초 약속(적당한 시기)
    └ 신탁통치의 원인
- 얄타(미·영·소, 45.2)
  : 소련의 대일전 참전 약속, 신탁통치 최초제안
    └ 분단의 원인
- 포츠담(미·영·중·소, 45.7)
  : 카이로 회담 재확인, 일본의 무조건 항복 요구

해방이전 ──────────────────→ 1945.8.15

정부수립 준비 3단체

국외
① 한국독립당(김구, 40)
    └ 한국광복군
② 조선독립동맹(김두봉, 42)
    └ 조선의용군
  └ 건국강령
    ① 보통선거
    ② 무상교육
    ③ 생산시설 국유화

국내
③ 조선건국동맹 (여운형, 44)
- 총독부에 5개 조항 요구
  ⓐ 정치·경제범 석방
  ⓑ 3개월 식량 확보
  ⓒ 정치 운동 간섭 금지
- 민족주의와 사회주의 대거 참여
- 임시정부와 연계

조선건국준비위원회 (안재홍·여운형, 45.8.15)
- 치안(145개 지부)
  └ 인민위원회 개편
- 좌·우 합작(민족유일당)
- 건준위 강령
  ① 완전한 독립국가 건설
  ② 민주주의 정권 수립
  ③ 과도기 자주적 질서유지

조선인민공화국 (45.9.6)
- 좌익 장악
- 주석(이승만, 거절), 부주석(여운형)
- 미국 부정으로 해체

맥아더 포고령 1호(45.9.7)
- All 단체 인정 X → 김구 개인자격 입국
- 친일파 청산 소극

해방 전후 남한의 정치세력 스펙트럼

- 김성수·송진우(한국민주당, 45.9) — 보수우파
    └ 건준위 부정, 임정지지, 미군정 협력
- 이승만(독립촉성 중앙협의회, 45.10)
- 김구(한국독립당, 45.11)
- 김규식(민족자주연맹, 47) — 중도우파
- 안재홍 (국민당)
    └ 신민주주의·신민족주의
- 여운형 (조선인민당) — 중도좌파

37 좌·우합작운동과 대한민국 정부 수립

1 모스크바 3국 외상 회의(1945. 12. 미 영 소 외무 장관)
- (1) 결정 – 1단계: 미·소 공동 위원회 설치
  - 2단계: 미·소 공동 위원회와 한국의 정당 및 사회단체와 협의
  - 3단계: 임시 민주 정부 수립
  - 4단계: 최고 5년간 신탁 통치(미·영·중·소)할 수도 있음 ← 언론 부각
  - 2주일 내, 미·소 양군 사령부 대표로서 회의 소집
- (2) 영향: 좌익과 우익의 극심한 대립
  - ① 우익: 반탁 운동 전개(제2의 독립운동) / 김구, 이승만 등
  - ② 좌익: 처음에는 신탁 통치 반대 → 모스크바 회의 결정 총체적 지시

2 미소 공동 위원회와 좌우 합작 운동
- (1) 제1차 미소 공동 위원회 개최(서울 덕수궁 석조전, 1946. 3.)
- (2) 미·소의 대립: 임시 정부 수립을 협의할 단체 선정 문제
  - ① 소련: 모스크바 3상 회의 결정 사항을 반대하는 세력은 참여 불가
  - ② 미국: 참여를 원하는 모든 정당과 사회단체가 협의의 대상
  - ③ 제1차 미소 공동위원회 결렬(1946. 5.) → 무기한 연기
- (3) 좌우 합작 운동
  - ① 배경
    - 제1차 미소 공위 결렬, 미군정의 좌익 세력 탄압 및 중도 세력 지원
    - 이승만의 정읍 발언(1946. 6. 남한 단독 정부 수립)
  - ② 전개: 여운형, 김규식 등 중도파 주도
    - 좌우 합작 위원회 조직(1946. 7.)
    - 좌우 합작 7원칙 발표(1946. 10.): 통일 임시 정부 수립, 미소 공위 재개, 토지 개혁과 주요 산업 국유화, 반민족 행위자 처벌, 입법 기구 창설 등
    - 남조선 과도 입법 의원(1946. 12. 의장 - 김규식)
    - 남조선 과도 정부(1947. 5. 민정장관 - 안재홍)
  - ③ 실패
    - 좌익과 우익의 의견 충돌 및 반대(토지 문제, 친일파 처벌 문제 입장 차)
    - 우익: 이승만(조건부 지지), 김구(지지, 적극적 참여 x), 한민당(반대)
    - 좌익: 박헌영(반대), 무상 몰수·분배의 토지 개혁과 친일파 즉각 청산 요구
    - 냉전 체제 격화(트루먼 독트린)로 미군정의 지원 철회
    - 여운형 암살(1947. 7.), 제2차 미소 공위 결렬(1947. 10.)로 활동 중단

3 유엔의 한반도 문제 논의와 남북 협상
- (1) 유엔 총회 결의(1947. 11.): 인구 비례에 의한 남북한 총선거 실시 → 유엔 한국 임시 위원단 파견(1948. 1.) → 소련과 북한의 입북 거부
- (2) 유엔 소총회 결의(1948. 2.): 선거가 가능한 지역에서 총선거 실시 → 단독 정부 수립을 둘러싼 갈등(찬성: 이승만, 한민당 / 반대: 김구·김규식, 박헌영)
- (3) 남북 협상(김구·김규식 주도)
  - ① 김구, 3천만 동포에게 읍고함(1948. 2, 통일 정부 수립 염원)
  - ② 통일 정부 수립을 위한 남북한 정치 지도자 회담을 김일성 등에게 제안
  - ③ 전 조선 제 정당·사회단체 대표자 연석회의(남북연석회의) 및 남북 지도자 회의 개최(1948.)
  - ④ 4김(김구·김규식·김일성·김두봉) 단독 선거 반대 공동 성명 발표, 미소 양군 철수를 요구하는 결의문 채택 → 실패
- (4) 제주 4·3 사건(1948)
  - ① 전개: 제주도 민중 + 좌익 세력 봉기(남한 단독 선거 반대, 미군 철수) → 미군정청의 과잉 진압(서북 청년단 동원), 5·10 총선거 부분 실시
  - ② 영향: 여수·순천 10·19 사건(1948, 제주도 진압 명령 거부 군인 봉기) → 일부 잔존 세력 빨치산 활동, 군대 내 좌익 세력 제거(국가 보안법 적용)

4 5·10 총선거와 대한민국 정부 수립
- (1) 5·10 총선거(1948. 5. 10.): 최초 보통(21세 이상 국민)·평등·직접·비밀 선거
- (2) 결과 및 한계
  - ① 임기 2년의 제헌 국회의원 198명 선출(제주도 3개 선거구 중 2곳 무효)
    - 제헌국회 구성: 무소속 85석, 독촉 55석, 한민당 29석, 기타 29석
  - ② 남북 협상 세력(김구, 김규식) 불참, 남노당 등 좌익은 선거 반대 투쟁
- (3) 제헌 헌법 공포(1948. 7. 17.): 대한민국 임시 정부 법통 계승, 3권 분립과 대통령 중심제, 국회가 대통령·부통령 선출, 친일파 청산, 농지 개혁 등
- (4) 정·부통령 선출(1948. 7. 20.): 대통령 이승만, 부통령 이시영
- (5) 내각 구성 및 대한민국 정부 수립 선포(1948. 8. 15.)
- (6) 유엔 총회에서 대한민국 정부를 한반도 내 유일한 합법 정부로 승인(1948. 12.)

37. 좌·우합작운동과 대한민국 정부 수립

1945

모스크바 3국 외상회의 (미·영·소, 45.12)
- 1조. 미소 공동위원회 설치
  - 임시정부 설립목적
  - 미·소 점령군 대표로 구성
- 2조. 임시정부(with 조선인) 수립
  └ 모든 정당·단체 협의
- 3조. 신탁통치 5년(미·영·중·소)
- 4조. 2주 이내 미소 사령부 대표회의 개최

┌ ㉨반탁(김구, 이승만) → 반공
└ ㉰반탁 → 찬탁(박헌영)

1946

1차 미소공동위원회 (46.3~5) 결렬
- 정부 수립시 참여단체 자격 문제
  - ㉠찬탁 단체만 정부 수립 참여
  - ㉤찬탁·반탁 둘다 참여(표현의 자유)
- 덕수궁 석조전에서 개최

↓

이승만 정읍 발언(46.6)
- 남한 단독정부 수립 최초 시사
- 한민당 지지

좌·우합작 위원회 (46.7~47.7)
- 한국 독립 보장한 모스크바 결정 지지
- 중도파 주도(여운형, 김규식)

좌우합작 7원칙(46.10)
- 1조. 좌우합작 임시정부 수립
- 2조. 미소공위 재개
- 3조. 토지개혁(유상매입·무상분배)
- 4조. 친일파 처단을 위한 조례 제정
  └ by 입법기구
- 6조. 입법기구 창설
  └ 구성방법·운영은 위원회 작성

미군정 지원
- 남조선 과도입법의원(46.12)
  └ 김규식(의장)
- 남조선 과도정부(47.5)
  └ 안재홍(민정장관)

실패
- 미군정 입장 변화(지지 → 철회)
  └ 트루먼 독트린(47.3)
- 이승만(실질적 반대)
  └ 단독정부 추구
- 김구(찬성)
- 여운형 피살(47.7)

1947 / 1948

트루먼 독트린 (냉전, 47.3)
↓
2차 미소공위 (47.5~8) 결렬
↓
한국 문제 UN 이관 (47.9)
↓
UN 총회(47.11)
- 인구 비례에 따른 남북한 총선거
- UN 한국 임시위원단 파견
  └ 선거 감시, 여행

UN 한국 임시위원단 북한 입국 거부 (48.1)
→
UN 소총회 (48.2.26)
남한만의 단독 선거 결정

↕

단독정부 수립 반대
① 김구 논설[3천만 동포에게 읍고함](48.2.10)
② 제주 4·3항쟁(48.4) 진압
③ 남북협상(48.4.19, 김구·김규식 제안)
  └ 남북 지도자 연석회의
  ⓐ 4김(구·규식·일성·두봉) 회담
  ⓑ 총선을 통한 통일정부수립
  ⓒ 미·소 양군 철수 합의

5.10 총선거 (48.5.10)
- 우리나라 최초 보통선거(198명 선출)
- 남북협상파, 좌익세력 불참
  └ 김구, 김규식, 조소앙
- 만 21세 이상 국민에게 투표권 부여

제헌헌법 (48.7.17)
- 대통령·부통령제(간선제)
- 이승만(대통령), 이시영(부통령)

대한민국 정부수립 (48.8.15)

여순 반란사건 (48.10.19)
- 제주항쟁 진압거부한 좌익군인 주도
- 이승만 정부의 진압
↓
국가보안법 제정(48.12)

좌우합작 7원칙
- 1조. 일단 합쳐 좌·우를
- 2조. 다시 미소 머금고
- 3조. 사서 뿌려 토지를
- 4조. 친일 처단을 위해
- 6조. 입법 기구를 만들자

38 친일파 청산과 농지개혁, 6·25 전쟁

1 제헌 국회의 활동(친일파 청산 및 농지 개혁)

(1) 반민족 행위 특별 조사 위원회(반민 특위)
  ① 조직: 반민족 행위 처벌법 제정(1948. 9.) → 반민 특위 구성(1948. 10.)
  ② 구성: 국회의원 10명(위원장: 김상덕, 대개 독립운동가)
  ③ 활동: 박흥식, 최남선 등 682건 조사 및 실형 7건 선고 → 재심 후 석방
  ④ 시련
    • 노덕술(일제 경찰) 체포를 계기로 반민 특위 활동 방해 공작 노골화
    • 정부의 비협조: 이승만 대통령의 반민 특위 견제 담화 발표, 반민법 개정 요구
    • 반민 특위 사무실 습격 사건(1949. 6.): 경찰이 반민 특위 사무실 습격
    • 국회 프락치 사건: 공산당과 내통한 혐의로 반민 특위 소속 국회의원 구속
  ⑤ 결과: 반민법 공소 시효를 2년에서 1년여 단축, 반민 특위 해체
(2) 국가 보안법(1948. 12.) 제정: 좌익 군인 색출 목적
(3) 농지 개혁
  ① 배경
    • 토지 소유 구조적 문제(남한 농민의 절반이 소작농)
    • 미군정 시기 농지 개혁(신한 공사 소유 귀속 농지를 유상 분배)
  ② 시행: 농지 개혁법 제정(1949. 6.), 개정안 통과(1950. 3.) 후 시행 ~ 1957
  ③ 방법: 경자유전 원칙, 유상 매수·유상 분배 방식
    • 1가구 농지 소유를 3정보로 제한, 초과 토지는 정부 매입(지가 증권 발급)
    • 분배받은 농민은 평균 연간 수확량의 150%를 5년간 균분 상환
  ④ 결과: 지주전호제 소멸, 남한의 공산화 저지, 지주의 자본가 전환 실패
  ⑤ 한계: 농지 외 토지는 개혁 대상에서 제외, 유상 분배에 따른 농민 부담
(4) 귀속 재산 처리법(1949. 12.)
  ① 신한공사(미군정청 직속 회사)에서 불하하고 남은 적산 공장과 주택을 민간에 불하
  ② 조건: 공장, 임차인·관리인, 주주·관리 직원
  ③ 경과: 민간 기업 탄생

2 6·25 전쟁

(1) 배경
  ① 38선 부근 잦은 무력 충돌, 지리산 일대 좌익 세력의 무장 활동
  ② 중국·소련의 무기 지원, 조선 의용군이 북한군 편입
  ③ 미군 철수(1949. 6.), 애치슨 선언(1950. 1, 미 극동 방위선에서 한반도 제외)
(2) 전개
  ① 북의 남침(1950. 6. 25.): 3일 만에 서울 함락, 7월 말 낙동강 전선 후퇴
  ② 유엔군 참전: 안보리 참전 결의(1950. 6. 27.) → 유엔군 파견 결정(1950. 7.) → 국군의 작전 지휘권을 유엔군 사령관 맥아더에게 이양(1950. 7.)
  ③ 반격: 인천상륙작전(1950. 9. 15.) → 서울 수복(1950. 9. 28.) → 38도선 돌파(1950. 10. 1.) → 평양 탈환(1950. 10. 19.) → 압록강 진출(1950. 10.)
  ④ 중국군 개입과 전황: 중국군 개입(1950. 10. 25.) → 장진호 전투(1950. 11.) → 흥남 철수(1950. 12.) → 1·4 후퇴(서울 재함락(1951. 1.) → 서울 재탈환(1951. 3.) → 38도선 부근 전선의 교착
  ⑤ 정전 협정
    • 휴전 제안(1951. 6. 소련) → 회담 시작 → 협정 체결(미·중·북, 1953. 7. 27.)
    • 군사 분계선 설정에 대한 이견
    • 포로 송환 방식에 대한 이견(북·중 - 강제 송환, 유엔·미국 - 자유 송환)
    • 이승만의 반공 포로 석방(1953. 6. 18.): 주한 미군 주둔 요구, 경제·군사 원조 요구
    • 정전 협정 체결: 휴전선 확정, 비무장 지대 설치, 중립국 감시 위원단 설치
    • 한미 상호 방위 조약 체결(1953. 10.)
(3) 피해: 거창 양민 학살 사건, 국민 보도 연맹 사건
  ※ 국민 보도 연맹(1949. 6. 설립)
    • 목적: 좌익 인사 교화 및 전향, 규모: 30만 명
    • 6·25 전쟁 발발 직후, 정부가 이들에 대해 무차별 검속과 즉결 처분 단행

38. 친일파 청산과 농지개혁, 6·25 전쟁

해방 이전 → 1945 → 1946 → 1947 → 1948 → 1949

外
- 카이로
- 얄타
- 포츠담

內
- 조선건국동맹
  → 건준위
  → 조선인민공화국
- 조선독립동맹
- 한국독립당

- 모스크바 3국 외상회의 (미·영·소, 45.12)
- 1차 미소공동위원회 (46.3~5) 결렬
  → 이승만 정읍 발언 (46.6)
  → 좌·우 합작운동 (46.7~47.7)
- 2차 미소공동위원회 (47.5~8) 결렬
  → UN 총회 (47.11)
- UN 소총회 (48.2) 남한만의 단독 선거 결정
  → 남북 협상 (48.4)
  → 5.10 총선거 (48.5.10)

제헌 의회

반민족 행위자 처벌법 (48.9)
- 반민특위·특별재판부 — 국회의원 10人
- 처벌 > 진상규명
- 박흥식, 노덕술 구속

이승만 정부의 방해
- 국회 프락치 사건
- 반민특위 사무소 습격
- 공소시효 2년 → 1년
- 실형 ○, but 처벌 X

- 국가보안법 (48.12)
- **농지개혁법 (49.6)**
  - 유상매입, 유상분배 (임야제외)
  - 결과 ┐ 북한(무상몰수, 무상분배)
    ⓐ 지주·전호제 소멸
    ⓑ 6.25 때 남한 공산화 저지
    ⓒ 지주의 자본가 전환에는 실패
      (6.25 중 유가증권 가치 폭락)
- 귀속재산처리법 (49.12)

전쟁 발발 이전 → 1950 → 1951 → 1953

배경

북한인민군 창설 (48.2)

국내외 정세
- 중국의 공산화
- 김구 피살 (49.6)
- 주한미군 철수 (49.6)

애치슨선언 (50.1)
한반도를 미 극동 방위선에서 제외

6·25 전쟁 진행과정

- 전쟁 발발 (50.6.25)
  ↓
- UN 안보리 참전 결의 (50.6.27)
  → 작전통제권 이양
  ↓
- 서울함락 (50.6.28)

UN군 참전 (50.7.1)

- 낙동강 전선 (50.7)
  ↓
- 인천상륙작전 (50.9.15)
  ↓
- 서울수복 (50.9.28)
  ↓
- 평양 탈환 (50.10)

중공군 참전 (50.10.25)

- 흥남철수 (50.12.15)
  ↓
- 1·4 후퇴 (51.1.4)
  → 국민방위군 사건 (장교들의 부정착복)
  ↓
- 서울 재탈환 (51.3.15)

휴전 회담

휴전회담시작 (소련의 제안, 51.7)
- 군사분계선
- 포로송환
  ↓
이승만의 반공포로석방 (휴전 반대, 53.6)
  ↓
휴전협정 체결 (북, 중, 미, 53.7)
- 남북 2km 영역에 비무장 지대 조성
  ↓
한미상호 방위조약 (원조 경제, 53.10)

39. 4·19 혁명과 장면 정부의 수립

1 이승만의 장기 집권 시도

(1) 제1차 개헌(발췌 개헌, 1952)
　① 6·25 전쟁 중 부산 정치 파동
　② 대통령 직선제, 양원제 규정(시행 X) → 제2대 대선(1952) 이승만 74.6%

(2) 제2차 개헌(사사오입 개헌, 1954)
　① 개헌 당시 대통령(이승만)에 한하여 중임 제한 철폐
　② 3대 대선(1956): (자)정 - 이승만, 부 - 이기붕 / (민)정 - 신익희, 부 - 장면 / (무) 정 - 조봉암

(3) 독재 체제 강화
　① 배경: 제3대 대선(1956)에서 이승만 당선(but 무소속 조봉암 약진, 부통령 - 장면)
　② 진보당 사건(1958. 1.): 조봉암 간첩 혐의로 사형 집행(1959. 7.)
　③ 신국가 보안법(1958. 12.): 보안법 파동, 군과 정치 세력 탄압
　④ 경향신문 폐간(1959. 4.)

2 4·19 혁명

(1) 배경: 이승만·자유당의 반공 독재 지속, 경제적 어려움 속 3·15 부정 선거

(2) 3·15 부정 선거
　① 부통령 후보 이기붕 당선 목적(야당 대선 후보 조병옥 병사)
　② 야당 부통령 후보 장면의 선거 유세 방해 → 2·28 대구 학생 의거
　③ 4할 사전 투표, 3인조·5인조 공개 투표, 투표함 바꿔치기, 개표 조작 등

(3) 전개
　① 부정 선거 규탄 시위 확산 → 내무부 장관 사임으로 상황 잠시 진정
　② (마산) 최루탄이 박힌 김주열 시신 발견(4. 11.) → 시민들의 분노 폭발
　③ 고려대 학생 시위대를 정치 폭력배가 폭행(4. 18.) → 시민 대규모 시위(4·19 혁명)
　④ 시위대가 경무대로 향하던 중 경찰의 발포로 사상자 발생(4. 19.) → 계엄령 선포
　⑤ 대학교수단의 시국 선언문 발표(4. 25.) → 이승만 하야 성명 발표(4. 26.)

(4) 결과 및 의의
　① 허정 과도 정부 수립 → 제3차 개헌(1960. 6. 의원 내각제, 양원제 - 참·민의원)
　② 아시아 최초 독재 정권 무너뜨림, 이후 한국 민주화 운동의 주춧돌이 됨

39 4·19 혁명과 장면 정부의 수립

이승만 1공 정부(독재정권, 48~60)

1948

제헌의회(1代 총선, 48.5.10)
- 임기 2년

제헌헌법
- 대통령·부통령제
  - └국회에서 선출(간선제)
- 4년 중임제

제1공화국(1代 대선, 48.8.15)
- ㉧이승만, ㉨이시영

1950

2代 총선(50)
무소속 ↑
(反이승만 多)

↓

6·25 전쟁(50.6)
└임시수도 부산

→ The end(53.7)

1951~1953

자유당 창당(51.12)

↓

1차 개헌(발췌개헌, 52)
- 부산 정치 파동(기립표결)
- 대통령 직선제
  + α (의원내각·양원제)
  └실행 X

↓

2代 대선(52)
이승만의 압도적 당선
└전쟁 중

1954

2차 개헌(사사오입 개헌, 54)
초대㉧에 한하여 중임제한 철폐

↓

민주당 창당(55)

1956

3代 대선(56)

구분	자유당	민주당	무소속
대통령	이승만	신익희X	조봉암
부통령	이기붕	장면	

└돌풍!
└못살겠다 갈아보자!

↓

이승만 독재
① 진보당 사건(58. 1) : 진보당 강제해산
② 신국가 보안법 제정(58. 12)
└보안법 파동 → 조봉암 사형(59)
③ 경향신문 폐간(59)

장면 2공 정부(유일한 의원내각제 정부, 60~61)

1960

4代 대선(60)

구분	자유당	민주당
대통령	이승만	조병옥 X
부통령	이기붕	장면

↓

3.15 부정선거 → 김주열 시신 발견

↓

4.19 혁명(60.4)
① 서울대 선언문
└진리의 상아탑
② 계엄령, 경찰 발포
③ 이승만 하야 요구
④ 교수들의 시국 선언(4.25)
⑤ 대통령 하야(4.26)

→

허정 과도내각

↓

3차 개헌(60.6)
- 허정 과도내각이 주도
- 의원내각제·양원제
  참의원, 민의원┘
- 1960년 7.29 총선에서 민주당 압승
  자유당 2석, 혁신계 정당 1석┘

제2공화국 (장면 내각)
㉧윤보선(by 양원국회)
㉩장면
- 경제개발 5개년 계획 수립(실행 X)

4차 개헌(60.11)
- 반민주행위자 처벌법
- 소급입법
  └for 3.15 부정선거사범 처벌

통일운동 묵살
- 중립화 통일, 남북 협상론
  └혁신계 정당

→ **1961**

5.16 군사정변

40. 5·16 군사 정변과 박정희 정부

1 5·16 군사 정변(1961)

(1) 전개
① 군부가 주요 정부 기관 점령 → '혁명 공약' 발표
② 전국 비상계엄 선포 → (군사 혁명 위원회 →) 국가 재건 최고 회의 구성(5. 18.)

(2) 군정 통치(2년간)
① 반공법 제정: 4·19 혁명으로 분출된 민주적 요구 억압
② 중앙정보부 설치(1961. 6. 10.): 권력 강화, 민주 공화당 창당(1963. 2.)
③ 경제 개발 5개년 계획 추진(제1차: 1962~1966), 화폐 개혁(10환 → 1원)
④ 사회
　• 부패 공직자와 폭력배 처벌, 정치 활동 정화법(구 정치인 정치 활동 금지)
　• 농·어촌 고리채 정리법, 부정 축재자 처리법
⑤ 제5차 헌법 개정(1962): 대통령 중심제(직선제), 단원제 국회 구성

(3) 제5대 대선(1963): 박정희가 전역 후, 제5대 대통령으로 당선(vs 윤보선)

2 박정희 정부(제3공화국)

(1) 한·일 협정 체결(1965. 6.)
① 배경
　• (한국) 일본과의 국교 정상화를 통한 경제 개발 필요 자금 마련
　• (미국) 한·미·일 공동 안보 체제 구축 → 일본 역할 부각 및 군비 부담 축소
② 전개
　• 김종필-오히라 각서(1962): 무상 3억 불·유상 2억 불, 독립 축하금, 배상 X
　• 6·3 시위(1964): 굴욕 외교 반대, 민족적 민주주의 장례식 거행(1964. 5.)
　• 탄압: 비상계엄령, 군대 동원 시위 진압, 제1차 인민 혁명당 사건 발표
　• 체결: 한·일 기본 조약 조인(1965. 6.) → 야당이 불참한 가운데 국회 비준
③ 성과 및 한계
　• 한일 국교 정상화, 4개 부속 협정(청구권, 재일교포 지위, 어업, 문화재 반환)
　• 식민 지배에 대한 사죄와 배상, 일본군 '위안부' 문제를 제대로 다루지 못함

(2) 베트남 파병(1964~1973, 전투병은 1965년부터)
① 배경: 경제 개발을 위한 필요 자금 마련
② 브라운 각서(1966): 한국군 장비 현대화, AID 경제 차관 지원 약속
③ 성과 및 문제: 베트남 특수 / 한국군 희생, 베트남 양민 희생 및 혼혈인

(3) 제6차 개헌(3선 개헌, 1969)
① 배경
　• 재선한 박정희 장기 집권 도모
　• 북한의 연이은 도발(청와대 습격 및 푸에블로호 나포, 울진·삼척 무장 공비, 1968)
　• 안보 강조(향토 예비군 창설, 국민 교육 헌장 제정 등)
② 전개: 3선 개헌 추진 → 여당 의원들만 편법적으로 개헌안 통과(1969. 9.)
③ 결과: 박정희 3선 성공(1971, 제7대 대선) → 반공 독재 강화

3 유신 체제(제4공화국)

(1) 성립 배경: 박정희 정권의 위기
① 냉전 완화: 닉슨 독트린(1969), 미·중 관계 개선, 주한 미군 감축 추진
② 8·3 조치(1972, 기업의 대출 상환 동결), 제7대 대선에서 야당 김대중 후보 선전
③ 전개
　• 유신 선포(1972. 10.): 비상계엄령 선포, 국회 해산, 헌정 중단
　• 비상 국무 회의 설치, 개헌안 의결(10. 27.) → 국민 투표로 확정(11. 21.)
　• 제7차 개정 헌법 공포(1972. 12.) / cf 북한 사회주의 헌법(1972. 12, 주석제)
④ 출범: 통일 주체 국민 회의에서 제8대 대통령으로 박정희 선출

(2) 유신 체제 특징(3권 분립을 넘어선 초월적 대통령)
① 대통령 임기 6년, 중임 제한 없음, 대통령 간선제(통일 주체 국민 회의)
② 유신 정우회: 국회의원 3분의 1을 사실상 대통령이 선출 → 개헌 저지선
③ 대통령↑: 국회 해산권, 긴급 조치권(법률 효력 정지와 국민의 자유 제한)

(3) 유신 체제 붕괴
① 제2차 석유 파동(1978~1981)으로 경제 침체
② 유신 반대 운동 본격화: 김대중 납치 사건(1973)을 계기로 활발
　• 개헌 청원 100만인 서명 운동(1973): 장준하, 백기완 등 주도
　• 천주교 정의 구현 사제단(1974), 해직 기자들의 언론 자유 수호 투쟁(1974)
　• 3·1 민주 구국 선언(1976): 함석헌, 김대중 등의 주도로 발표

40. 5·16 군사 정변과 박정희 정부

박정희 3공 정부(경제 개발을 위한 종잣돈, 63~72)
※ 국가재건 최고회의 군정(61~63)

1961

- 5.16 군사정변
  - 혁명공약
    - 반공을 국시로 삼고…
    - 허덕이는 민생고를 구제…
  - 국가재건 최고회의
  - 중앙정보부
    - 민주공화당 창당

박정희 군정(2년간)
- (정치) 정치활동 정화법(구 정치인 OUT)
- **5차 개헌(62)**
  - ㉠ 중심제 단원제 — 4.19혁명 이전
  - 간선제 → 직선제
- (경제) 화폐개혁(실패) ex) 10환 → 1원
  - 농어촌 고리대 정리
  - 경제 개발 5개년 실시(62~66)

1963
- **5代 대선(63)** 박정희 vs 윤보선

1967
- **6代 대선(67)** 박정희 vs 윤보선

1968
- 1.21 사태(청와대습격)
- 푸에블로호 납포
- 향토예비군
- 울진·삼척 무장공비사건
- 국민교육헌장, 주민등록증

1969
- **6차 개헌(69)**
  - 대통령 3회 연임 허용
  - 3선 개헌(변칙 통과)
- 닉슨독트린(69)
  - 냉전완화 → 반공정책 위기

제3공화국(선건설, 후통일)

한일 기본조약(65)
- **김종필-오히라 비밀회담(62)**
  - 한일협정 비밀추진
  - 독립축하금 명목
  - 무상3억 + 유상2억 / 위안부 문제 X
→ **6.3 반대 시위(64)**
  - '제2의 을사조약'
  - 민족적 민주주의 장례식
  - 위수령 발표
→ **한일협정 체결(65)**
  - 한일국교정상화
  - 냉전체제 강화
  - 부속협정
    - ①어업 ②문화재
    - ③재산 ④재일교포

베트남파병(64~73)
- 냉전강화 → 전투병파병
- 65
- **브라운각서(66)**
  - ㉮ 군장비 현대화
  - ㉯ AID 차관
- 파독(광부·간호사)

박정희 4공 정부(강력한 대통령, 72~81)

1970~1971
- 새마을운동(70)
- 경부고속도로개통(70)
- 와우아파트 붕괴(70)
- 전태일 분신(70)
  ↓
- **7代 대선(71)**
  - 朴 vs DJ
  - 공화당 / 신민당
  - 朴 고전 끝에 당선
  ↓
- 국가비상사태 선포(71.12)

1972
- 7.4 남북공동성명(72.7.4)
  - 이후락 평양 비밀 방문
- 경제위기 vs 8·3조치(72.8)
  - 기업의 대출상환 동결
- 유신선포(72.10)
  - 국회해산, 헌정중단
- **7차 개헌(72.12)**
  - 유신헌법
  - ㉠ 간선제(by 통일주체국민회의)
    - 단수후보
  - ㉠ 임기 6년/ 중임제한 X
  - 국민투표로 통과

1976
- 판문점 도끼 만행 사건

제4공화국

통제
- 국회해산권
- 긴급조치권(㉠ 〉 法)
- 유신정우회(국회의원 1/3 ㉠ 임명)
- 김대중 납치사건(73), 민청학련사건(74)

vs

반발
- 개헌청원 1백만 서명운동(73)
- 3.1 민주 구국선언(76)
- 천주교 정의구현 사제단(74)

41 민주주의의 시련과 민주 회복

1 신군부의 집권과 5·18 민주화 운동

(1) 유신 체제의 종말
  ① YH 무역 사건(1979. 8.): 신민당 당사 농성 중 여성 노동자 1명 사망 → 신민당이 유신 독재 강력 비판 → 신민당 총재 김영삼 국회 의원직 제명
  ② 부·마 민주 항쟁(1979. 10.): 김영삼의 정치적 본거지인 부산과 마산 일대에서 대규모 시위 발생 → 인근 지역으로 시위 급속 확산 → 시위 진압 방안을 둘러싼 갈등 (경호실장 차지철 vs 중앙정보부장 김재규)
  ③ 10·26 사태: 대통령 박정희가 김재규에게 피살(1979) → 최규하 제10대 대통령 선출(통일 주체 국민 회의)
  ※ 유신 정권 독재 강화
    • 프레스카드제(1972, 언론 탄압), 민청학련 사건(1974)
    • 학도호국단·민방위대 창설(1975)

(2) 12·12 사태(1979): 신군부(전두환, 노태우 등)의 쿠데타

(3) 서울의 봄과 5·18 민주화 운동
  ① 서울역 집회(신군부 퇴진, 유신 철폐) → 5·18 민주화 운동
  ② 계엄 전국 확대(5. 17.) → 광주에 공수부대 투입 → 시민 무장봉기 진압
  ③ 국가 보위 비상 대책 위원회(국보위) 설치(1980. 5. 31.)
    • 언론 강제 통·폐합, 삼청교육대 운영
    • 7·30 교육 조치(과외 전면 금지, 본고사 폐지), 대학 졸업 정원제 실시
    • 최규하 퇴진 → 제11대 대통령 전두환 선출(통일 주체 국민 회의)
    • 제8차 개헌(1980. 10.): 대통령 7년 단임제(대통령 선거인단, 간선제)
    • 민주 정의당 창당(1981. 1.), 제12대 대통령 전두환 선출(대통령 선거인단)

2 전두환 정부(제5공화국)

(1) 국정 지표: 정의 사회 구현(공직자 윤리법 제정), 복지국가 건설(국민연금 도입)
(2) 독재 사례: 보도 지침으로 언론 통제, 부천 경찰서 성고문 사건(1986)
(3) 회유책
  ① 야간 통행금지 해제, 해외여행 자유화, 교복·두발 자율화
  ② 학도호국단 폐지, 프로야구 출범, 컬러 TV 보급, 국풍 81(대규모 문화 행사)
(4) 경제: 3저 호황(저유가·저금리·저달러), 국제 무역 수지 흑자(1986)

3 6월 민주 항쟁

(1) 배경
  ① 총선에서 신한 민주당(김영삼·김대중) 약진
  ② 개헌 청원 1천만 명 서명 운동(1986) → 박종철 고문치사 사건(1987. 1.)
(2) 전개
  ① 4·13 호헌 조치: 기존 헌법에 따른 차기 대통령 선출(간선제 유지) 발표
  ② 천주교 정의 구현 사제단의 박종철 고문치사 사건 폭로(5. 18.)
  ③ 민주 헌법 쟁취 국민 운동 본부 결성(5. 27.)
  ④ 연대 학생 이한열 최루탄 피격(1987. 6. 9.)
  ⑤ 민주 정의당 전당 대회(6.10): 노태우를 차기 대통령 후보로 추대
  ⑥ 6·10 국민 대회 → 국민 평화 대행진(6. 26) → 6·29 선언(직선제 수용)
(3) 결과 및 의의
  ① 제9차 개헌(1987. 10.): 대통령 직선제(5년 단임), 여야 합의 개헌
  ② 제13대 대선(1987. 12.)에서 노태우 당선(야당 후보 분열)

41 민주주의의 시련과 민주 회복

4 제6공화국 시기별 특징

(1) 노태우 정부(1988 ~ 93)
  ① 여소 야대 국회 → 5공 청문회(전두환 소환, 5·18 민주화 운동 진상 조사)
  ② 3당 합당(민주 자유당, 90): 여소야대 → 여대야소
  ③ 지방 자치제 부분 실시(91): 지방 의회 선거 / 전 국민 의료 보험제(89)
  ④ 북방 외교[소련(90)·중국(92) 수교], 남북 UN 동시 가입, 88 올림픽 개최

(2) 김영삼 정부(1993 ~ 98)
  ① 금융 실명제(93), 부동산 실명제(95), 공직자 재산 등록제(93)
  ② 지방 자치제 전면 실시(95), 대학 수학 능력 시험 실시(93)
  ③ 역사 바로 세우기(총독부 건물 철폐, 초등학교 명칭, 전두환·노태우 구속)
  ④ 우루과이 라운드 협정 체결(94), OECD(경제 협력 개발 기구) 가입(96)
  ⑤ IMF 외환 위기 초래(97), 상록수 부대 소말리아 파병(비전투병, 93)

(3) 김대중 정부(1998 ~ 2003)
  ① 최초 여야 평화적 정권 교체
  ② IMF 조기 극복: 금 모으기 운동, 노사정 위원회 설치, 금융·투자 개방
  ③ 상록수 부대 동티모르 파병(전투병, 99)
  ④ 중학교 무상 교육 전면 실시, 국민 기초 생활 보장법(99), 여성부 신설(01)
  ⑤ 햇볕 정책: 금강산 해로 관광 시작(98), 6·15 남북 공동 선언(00)

(4) 노무현 정부(2003 ~ 08)
  ① 10·4 남북 정상 선언, 개성 공단 가동, 금강산 육로 관광
  ② 칠레와 FTA 체결(04), 이라크 파병

MEMO

41. 민주주의의 시련과 민주 회복

전두환 5공 정부(정의사회 구현+복지국가, 81~88)

1979

4공 말기 정치 불안
- Y.H 여공 사건
- YS 국회 제명
- 부·마 민주화운동

↓

10.26 사태(박정희 피살)

↓

12.12 사태
- 군사 쿠데타
- 신군부의 정권 장악
  └ 전두환, 노태우

1980

서울의 봄
"유신 폐지", "신군부 퇴진", "김대중 석방"

↓

5.18 광주 민주화운동
- 시민 무장 봉기로 발전
- 계엄령

↓

국가보위 비상대책위원회

↓

11代 대선(80.8)
전두환 ㊛ 당선
(by 통일주체 국민회의)

↓

8차 개헌(80.10)
- ㊛ 간접선거(by ㊛ 선거인단)
- 7년 단임제

1981

민주정의당 창당(81.1)

↓

12代 대선(81.2)
- 전두환 ㊛ 당선
  (by ㊛ 선거인단, 간접선거)

↓

제 5공화국

경제
- 3저호황(저유가·저금리·저달러)
- 국제무역 수지 흑자(86)

1987

5공 말기 정치 불안
- 개헌청원 1천만 서명운동
- 박종철 고문치사 사건
- 4.13 호헌 조치(간선제 유지)

↓

6월 항쟁
- 이한열 사망(87. 6. 9)
- 호헌철폐 요구
- 6.10 국민대회 개최(계엄령 X)
  └ 범국민 운동본부

↓

9차 개헌(87.10)
- ㊛ 직선제
- 5년 단임제

↓

13代 대선(87.12)
- 노태우 ㊛ 당선
- 6공화국 출범

6공 정부(평화로운 정권교체, 88~현재)

1988~1993

노태우 정부(6공화국)
- 서울 올림픽(88)
- 북방외교(소련·중국 수교)
- 지방 자치제 부분 실시(지방의회선거)
- 전두환 5공 청문회

1993~1997

김영삼 정부(문민정부)
- 공직자 재산등록
- 역사 바로 세우기 운동
  ⓐ 조선 총독부 건물 철폐
  ⓑ 초등학교 명칭 사용
- 지방자치제 전면 실시(지방단체장 선거)
- 전두환·노태우 구속

1998~2003

김대중 정부(국민정부)
- 최초의 평화적 여야 정권 교체

2003~2008

노무현 정부(참여정부)

42 통일 정책과 남북 대화

1 **남북의 갈등과 대립**
   (1) 1950년대: 전후 남북한 적개심 고조 → 남(북진통일론) vs 북(적화통일론)
   (2) 4·19 혁명 직후 평화 통일 운동 분출
      ① 장면 정부: UN 감시하 인구 비례 남북 총선거 제안(소극적)
      ② 민간(혁신 세력): 남북 협상론·중립화 통일론, "가자, 북으로! 오라, 남으로! 만나자, 판문점에서!"
   (3) 5·16 군사 정변 후 반공 정책 강화
      ① 반공 강화: 평화통일 운동 탄압, 대북 강경책, "선 건설, 후 통일"
      ② 북한 도발: 1·21 사태(1968), 울진·삼척 무장간첩 침투 사건(1968)

2 **남북 관계의 변화와 진전**
   (1) (1970년대) 박정희 정부
      ① 닉슨 독트린(1969, 냉전 체제 완화)
      ② 8·15 평화 통일 구상 선언(1970): 선의의 경쟁 제안
      ③ 남북 적십자 회담 개최(예비회담 - 1971, 본 회담 - 1972)
      ④ 7·4 남북 공동 성명 발표(1972) → 남북 독재 체제 강화에 이용
         • 평화 통일 원칙 최초 합의: 자주·평화·민족적 대단결 3대 원칙
         • 남북 조절 위원회 설치, 서울·평양 간 상설 전화 가설
      ⑤ 6·23 평화통일 외교 선언(1973)
         • 남북 유엔 동시 가입 제안
         • 호혜 평등 원칙하에 모든 국가에 문호 개방 → 북한에서 대화 중단 통보
   (2) 전두환 정부
      ① 민족 화합 민주 통일 방안(1982): 민족 통일 협의회 구성 제안
      ② 남한에 수해 발생하자 북한에서 원조 물자 제공(1984)
      ③ 남북 최초 이산가족 상봉(1985), 예술단 최초 교환 방문(1985)
      ④ 북한 도발: 미얀마 아웅산 묘소 테러(1983), KAL기 폭파 사건(1987)
   (3) 노태우 정부
      ① 7·7 특별 선언(1988): 북한을 선의의 동반자로 인식
      ② 한민족 공동체 통일 방안(1989): 자주·평화·민주 3원칙 발표, 점진적 통일 방안
      ③ 1990년부터 남북 고위급(총리) 회담 추진
      ④ 남북한 동시 유엔 가입(1991. 9.)
      ⑤ 남북 기본 합의서(화해와 불가침 및 교류·협력에 관한 합의서, 1991. 12. 13.)
         • 남북 간에 이루어진 최초의 공식 합의, 7·4 남북 공동 성명 재확인
         • 상대방의 체제 인정 및 상호 불가침
         • 남북은 나라 간의 관계가 아닌 통일을 향해 나아가는 '잠정적 특수 관계'
         • 군사 당국자 간 직통 전화, 남북 군사 공동 위원회, 판문점 남북 연락사무소
      ⑥ 한반도 비핵화 공동 선언(1991. 12. 31.): 핵의 평화적 이용
   (4) 김영삼 정부
      ① 한민족 공동체 3단계 통일 방안: '화해·협력' → '남북 연합' → '통일 국가 완성'
      ② 북핵 위기
         • 핵 확산 금지 조약 탈퇴
         • 북한의 핵무기 개발 포기 대가로 경수로 원자력 발전소 건설 지원(KEDO, 1995)
      ③ 남북 정상 회담 합의 → 김일성 사망(1994)으로 무산
   (5) 김대중 정부: 햇볕 정책
      ① 1단계: 정주영의 소떼 방북(1998), 금강산 해로 관광 시작(1998)
      ② 2단계
         • 남북 정상 회담(2000, 평양) - 최초 정상 회담
         • 6·15 남북 공동 선언 발표(남의 연합제 안과 북의 낮은 단계의 연방제 안의 공통성 인정)
         • 이산가족 상봉(2000), 경의선 복구 기공식(2000)
      ③ 3단계: 개성 공단 착수(2002), 금강산 육로 관광 시범 운영
   (6) 노무현 정부
      ① 햇볕 정책 계승 → 금강산 육로 관광(2003), 개성 공단 착공식(03. 6.), 개성 관광 사업 시작(2007), 경의선·동해선 연결(2007)
      ② 2차 남북 정상 회담(10·4 선언, 평양): 남북 관계 발전과 평화 번영을 위한 선언
      ③ 북핵 문제 해결을 위한 6자 회담 개최 → 성과를 거두지 못함
   (7) 이명박 정부: 북한 핵실험·미사일 발사, 천안함 사건과 연평도 포격 사건(2010) → 남북 관계 경색, 개성 공단을 제외한 남북 간 교류 중단(5·24 조치)
   (8) 박근혜 정부: 개성 공단 폐쇄 등 남북 관계 경색 지속
   (9) 문재인 정부: 3차례 정상 회담(2018)
      ① 4·27 판문점 선언: '한반도의 평화와 번영, 통일을 위한 판문점 선언' 발표
      ② 미(트럼프 정부) 주도의 대북 제재 지속 → 군사적 긴장 고조

42. 통일 정책과 남북 대화

	남한	북한
50년대	이승만 정부 — 북진 통일론	적화 통일론
60년대	장면 정부 — UN감시하 인구비례 남북총선거 주장 박정희 정부 — 先건설, 後통일	
70년대 (냉전 완화)	닉슨독트린(69), 남북적십자 회담(71) → **7·4 남북 공동 성명(72)** • 자주·평화·민족대단결의 원칙 • 최초 합의 문서(비공식) • 서울, 평양 동시 발표 • 남북 조절 위원회 구성 → 독재강화 이용 — 남: 유신체제 / 북: 국가주석제 6.23평화통일 선언(73): 남북UN동시 가입 제안, 모든 국가에 문호개방	

80년대 — 전두환 정부
- 이산가족 최초 상봉(85), 예술단 최초 교환방문(85)

90년대 (냉전 해체)

노태우 정부
- 7·7선언(88, 선의의 동반자)
  - "민족 자존과 통일번영을 위한 특별 선언"

남북관계 진전
- 남북 고위급회담(90)
- UN 동시가입(91.9)

→ **남북기본 합의서(91)**
- 최초의 공식적 합의문서
- 3대 원칙
  ① 상대방 체제 존중
  ② 상호 불가침
  ③ 남과 북의 경제 교류와 협력
  - 남과 북은 나라 간 관계가 아닌 "잠정적 특수관계"

→ 한반도 비핵화 선언(91.12)

김영삼 정부
- 한민족 공동체 3단계 통일 방안
  - 신뢰구축 → 남북연합 → 통일
- 북미 제네바 기본합의서(94)
  - 경수로 발전소 건설 지원

2000년대

김대중 정부

1단계	3단계
• 정주영 회장 소떼방북(98. 6) • 금강산 해로관광 시작(98. 11)	• 개성공단 착수 • 경의선·동해선 복구 • 2차 이산가족 상봉 — 서신교환 • 금강산 육로관광(03.9) • 비전향 장기수 북송(00.9)
2단계	
• 6·15 공동선언(00. 평양) ⓐ 최초의 남북정상 회담 ⓑ 북측의 낮은 단계의 연방제 안과 남측의 연합제 안의 공통성 인정	

노무현 정부
- 10.4 선언(07, 평양)

문재인 정부
- 4.27 판문점 선언(18)

MEMO

VIII 고대·고려·조선·제도사

43 고대의 통치제도

1 중앙 제도

(1) **귀족 회의**: 제가 회의(고구려), 남당 → 정사암 회의(백제), 화백 회의(신라)

(2) **수상**
  ① 통일 이전: 대대로(막리지, 고구려), 상좌평(내신좌평, 백제), 상대등(신라)
  ② 통일 이후: 중시 → 시중(신라), 대내상(발해)

(3) **관등**: 10여 관등(고구려), 16관등(백제), 17관등(경위)·11관등(외위, 신라)
  ① 고구려: ~형·~사자 등 예 태대형, 대형, 소형, 대사자, 소사자
  ② 백제: ~솔·~덕 등, 관복 - 자색(6관등 이상), 비색(7~11관등), 청색(12관등~)
  ③ 신라: 동일 이전 경위·외위제 이원화 → 통일 이후 외위제를 경위제로 통합

(4) **중앙 관제**
  ① 통일 이전: 6좌평제 → 22부(백제), 병부·위화부·집사부(신라)
  ② 통일 이후: 사정부 포함 14부(신라), 3성 6부(발해)

백제 관제	• 내신좌평: 문관 인사, 왕명 출납 • 내두좌평: 재정, 조세 업무 • 내법좌평: 의례, 교육 업무 • 병관좌평: 국방, 군사 의무 • 조정좌평: 법률, 형벌 담당 • 위사좌평: 국왕·왕실 호위
신라 관제	• 병부(법흥왕): 군사 • 품주(진흥왕 / 국가 기밀·재정) → 집사부 + 창부 • 위화부(진평왕): 인사 담당 • 조부(진평왕): 조세·공물과 부역 • 승부(진평왕): 거마(수레)·교통 • 예부(진평왕): 교육, 의례 • 영객부(진평왕): 외교 • 집사부(진덕여왕): 국가의 기밀 담당 • 창부(진덕여왕): 재정, 회계, 창고 • 좌·우 이방부(진덕여왕·문무왕): 사병과 치안 • 공장부(신문왕): 수공업 관련 업무 • 예작부(신문왕): 영선 관련 사무
발해 관제	• 문왕대 정비, 당 모방했으나 독자적 운영(이원적 구성, 유교 명칭) • 3성: 정당성(국정 총괄, 대내상)·선조성·중대성 • 6부: 좌사정 - 충부(이부, 인사)·인부(호부, 재정)·의부(예부, 외교)·우사정 - 지부(병부, 국방)·예부(형부, 형벌)·신부(공부, 건축) • 문적원(서적 관리 및 문한 기능)

2 지방 제도

(1) **수도**: 5부(고구려, 백제), 6부(신라)

(2) **지방**
  ① 삼국: 고 5부(장관: 욕살) - 성(처려근지), 백 5방(장관: 방령) - 군, 신 5주(장관: 군주) - 군
  ② 남북국: 신라 9주(도독) - 군·현·촌 / 발해 15부(도독) - 62주(자사) - 촌(발해)

(3) **특수 구역**
  ① 삼국: 3경(고구려), 22담로(백제), 3소경(신라)
  ② 남북국: 신라 5소경(사신) & 향·부곡 / 발해 5경 - 상경·중경·서경·동경·남경

신라 5소경	• 고구려 지역: 북원경(원주), 중원경(충주) • 백제 지역: 서원경(청주), 남원경(남원) • 가야 지역: 금관경(김해) • 목적: 수도 편재성 보완, 균형 발전 도모, 지방민 통제, 문화 보급
신라 군진	• 북진(무열왕): 강원도 삼척, 북방민(말갈) 대비 • 패강진(선덕왕): 황해도 평산, 예성강 이북(한주 이북) 통치 • 혈구진(문성왕): 강화도, 지방 세력 견제

3 군사 조직

통일신라	• 중앙: 9서당(고구려·백제·말갈인도 포함) • 지방: 10정[9주에 1정씩 배치, 한주(국경 지대, 면적 넓음)에는 2정]
발해	• 중앙: 10위(궁궐과 수도 방어) • 지방: 지방관이 통솔, 농병일치

4 감찰과 교육 기관

(1) **감찰 기관**: 사정부(무열왕)·외사정(문무왕), 중정대(발해)

(2) **교육**: 신라 국학 → 태학 / 발해 주자감(최고 교육 기관)·문적원(서적 관리)

43 고대의 통치제도

구분		고구려	백제	신라	통일신라	발해
중앙제도	귀족회의	제가 회의	정사암 회의 └부여 호암사	화백 회의 └만장일치제, 씨족사회 전통		-
	수상	대대로(막리지)	상좌평(내신좌평)	상대등 └법흥왕	중시 → 시중	대내상
	관등	10여관등[~형, ~사자] └족장 └관료	16관등[~솔, ~덕]	17관등(경위제)	17관등(경위제)	-
	중앙관제	-	6좌평제 → 22부 └고이왕 └성왕	병부(군사), 위화부(인사), 집사부(국정총괄) └법흥왕 └진평왕 └진덕여왕	사정부(감찰) 포함 14부 └무열왕 └신문왕	3성 6부 └문왕
지방제도	수도	5부(부족적 → 행정적) └태조왕 └고국천왕	5부	6부(부족적 → 행정적) └소지마립간		-
	지방	5부[욕살] - 성[처려근지]	5방[방령] - 군 └성왕(방군제)	5주[군주(軍主)] - 군 └지증왕(중국식 주군제)	9주[도독] - 군·현[수령(守令)] - 촌	15부[도독] - 62주[자사] - 촌[수령(首領)]
	특수구역		22담로(무령왕 대 왕족 파견)		5소경[사신] • 금관경(김해) ─ 가야 • 서원경(청주) ┐ • 남원경(남원) ┤백제 • 북원경(원주) ┐ • 중원경(충주) ┘고구려 • 향, 부곡 (소 X)	5경 • 동경 용원부(일본도) • 서경 압록부(조공도) 해로로 당과 교류 cf) 영주도(육로) • 남경 남해부(신라도) • 상경 용천부(거란도) └돌궐도 X • 중경 현덕부
군사제도		지방행정조직과 일치(지방관이 군사와 행정 총괄)			9서당(중앙) 10정(지방) └민족융합 └한산주에 2정	10위(중앙)

44 고려의 통치제도

1 고려의 중앙 정치 조직

(1) 2성 6부(당의 영향)

중서 문하성	① 중서성: 중서령(명예직, 종1품) / 문하성: 문하시중(종1품) ② 재신과 낭사로 구성 • 재신: 2품 이상, 5부 판사 겸직, 국가 정책 심의, 국정 총괄 • 낭사: 정3품 이하, 정치 잘못 비판	
상서성	① 상서령: 상서령(명예직, 종1품) / 6부: 판사, 상서가 실무(정3품) ② 6부: 실제 행정업무 담당	
	• 이부: 문신 인사	• 형부: 형벌, 치안
	• 병부: 무신 인사, 국방	• 예부: 교육, 외교, 과거
	• 호부: 재정(호적·양안)	• 공부: 산업, 건축

(2) 중추원 · 삼사 · 어사대

① 중추원(추부, 추밀원): 추밀(2품, 군사 기밀·국정), 승선(3품, 왕명 출납, 숙위)
② 삼사: 화폐와 곡식 출납 담당, 회계 기관
③ 어사대: 정치의 잘잘못 논의, 관리 비리 감찰
④ 대간: 대관(어사대 관원) + 간관(낭사)
   • 왕권 견제: 서경(관리 임명·법 개정폐지 등 동의), 간쟁(왕의 잘못 논함), 봉박(왕의 명령거부)

(3) 도병마사 · 식목도감

① 특징: 고려 독자 기구, 귀족 합의(재추 합좌, 만장일치), 성종 or 현종대 설치
② 도병마사: 국방 문제, 임시 기구 → 충렬왕대 상설화, 도평의사사(도당) 개칭
   • 모체: 성종대 양계 병마사 통솔 위한 병마판사제
   • 정비: 현종대 도병마사제 정비 → 재신·추밀 참여, 국방 문제 논의(임시 기구)
   • 약화: 무신 정권기 활동 X
   • 기능 강화: 충렬왕대 도평의사사(도당) 개칭, 상설화
   • 폐지: 조선 정종대 의정부 개칭, 태종대 완전 폐지
③ 식목도감: 법제·격식 문제(정치 문제)

(4) 기타 중앙 기관

① 춘추관: 역사 편찬
② 한림원(예문관): 국왕 교서·외교 문서 작성, 경연 담당
③ 문한 기구: 한림원, 춘추관, 비서성(경적·축문), 보문각(경연·장서)
④ 사천대: 천문 관측
⑤ 태의감: 왕실 의약·치료
⑥ 통문관: 외국어 교육·통역

2 관리 등용

(1) 과거

① 도입: 광종 때 쌍기(후주 출신, 지공거)의 건의로 시행(958)
② 자격: 양인 이상 응시 가능
③ 종류
   • 문과
      - 주로 귀족 및 향리 자제들이 응시
      - 제술업(문장력, 시·부·송·책) > 명경업(유교 경전 이해)
      - 절차

1차	• 계수관시: 개경시·서경시·향시 • 상공(개경의 국자감 학생, 사학 12도 학생)·향공(지방)·빈공(외국인)
2차	• 국자감시(사마시) • 상공, 향공, 빈공이 응시 가능
3차	• 예부시(동당시) • 국자감시 합격자 및 현직 관료가 응시 • 3장제: 초장(초시) → 중장(복시) → 종장(친시)

   • 무과: 거의 실시 X, 예종·공양왕 대 일시적 시행
   • 잡과(기술): 명법업(법률)·의업(의술)·명산업(회계)·명서업(서예) / 주로 농민
   • 승과: 교종선(왕륜사), 선종선(광명사) → 합격자에게 '대덕' 법계 수여

(2) 음서

① 5품 이상 고관의 자손(자·손·제·서·질 / 외가 O) 또는 공신과 종친의 자손
② 과거보다 중시(조선과 달리 관직 승진의 제한이 없음)

44 고려의 통치제도

3 고려의 지방 행정 조직

(1) 조직의 정비

① 초기: 호족 자치

② 성종: 정비 시작 → 12목 설치, 지방관 파견, 3경 제도, 10도제

③ 현종: 5도 양계 4도호부 8목 정비, 3경·4도호부·8목 → 계수관 파견

④ 예종·인종: 전국적 5도 체제 정착

(2) 지방 행정 조직

5도	• 상설 행정 기관 없는 일반 행정 구역 • 안찰사 파견: 5·6품, 임기 6개월, 임시, 현종
양계	• 군사적 행정 구역 • 병마사 파견: 임기 6개월, 상주, 성종 • Only 양계에만 국방상 요충지에 진(鎭) 설치
경기	개경 주변
3경	• 개경(개성), 서경(평양), 동경(경주) → 문종 때 남경(서울) 설치 • 장관: 유수관
4도호부	• 안변 도호부, 안북 도호부, 안서 도호부, 안남 도호부 • 군사적 요충지에 설치
8목	목사 파견
주·군	자사 파견
현	현령 파견
특수 행정구역	• 종류: 향·부곡(농업) / 소(수공업) / 역·진(교통) • 신분상 양민, 세금 부담↑, 거주 이전 금지, 과거 응시 불가 • 공주 명학소의 난(1176) 계기 소멸 시작 → 조선 전기 소멸

(3) 특징

① 주현(지방관 파견) < 속현(지방관 파견 X) → 향리 자치권 강함

② 속현·향·부곡·소: 예종 때 향리 견제 위해 감무 파견 시작

4 고려의 군사 조직

중앙군	• 직업 군인 편성, 군인전 지급(교위 ~ 상장군까지), 직역 세습
	• 국왕 친위 부대(2군) + 수도 경비·국경 방어(6위)
	  - 2군: 응양군, 용호군
	  - 6위 ① 좌우위·신호위·흥위위: 개경·변방 수비
	      ② 금오위: 수도 치안·경찰 업무
	      ③ 천우위: 의장 업무, 국왕의 신변 보호 담당
	      ④ 감문위: 도성 문 감독, 수비

지방군	• 군적에 오르지 못한 일반 농민 대상, 16세 이상 장정 • 5도: 주현군(농민 의무병), 양계: 주진군(상비군) • 양계: 주진군(상비군, 좌군·우군·초군 으로 구성)

특수군	• 광군: 정종대 설치, 거란 침입 대비 목적, 청천강 유역 배치
	• 별무반
	  - 숙종대 윤관 편성, 여진 정벌 목적, 양천혼성군
	  - 구성: 신기군(기병), 신보군(보병), 항마군(승병)
	• 삼별초: 최우 설치, 구성-좌별초·우별초(야별초에서 분리)·신의군
	• 마별초: 최우 설치, 기병대
	• 연호군: 고려 말 우왕대 왜구 격퇴 목적, 양천혼성군

※ **참고 자료**

〈고려의 지방 통치 조직〉

MEMO

44 고려의 통치제도

중앙 통치 제도

- **당**
  - 중서문하성(국정총괄)
    - 재신(정책심의, 2품 ⇧)
    - 낭사(간쟁, 3품 ⇩)
  - 상서성 — 6부(이·병·호·형·예·공) → 정책 집행
- **송**
  - 중추원(추밀원)
    - 추밀(군사기밀, 2품 ⇧)
    - 승선(왕명출납, 3품)
  - 삼사 — 화폐, 곡식출납
- 어사대 — 감찰

대 간[대성]
- 대관(어사대) + 간관(낭사)
- 서경(동의), 간쟁(비판), 봉박(거부)
  - └전 관리 대상
- cf) 조선은 5품 이하

재추합좌기구(임시, 독자적 기구)
- 도병마사 (국방, 임시) → 충렬왕 → 도평의사사(도당) (국정전반, 상설)
- 식목도감 (제도, 임시)

문한 기구
- 한림원
  - 교서작성 → 조선 예문관
  - 외교문서 → 조선 승문원
- 보문각 — 장서관리, 경연
- 춘추관 — 역사 편찬
- 비서성 — 도서관(개경)
- 수서원 — 도서관(서경)

관리 등용 제도

- 무과 X, 양인 이상 응시
- 예부에서 주관
- 좌주(지공거)-문생(합격자)
  - └과거 출제자

과거(광종)
- 문과
  - 제술과(글) → 관료
  - 명경과(경전) → 관료
- 잡과 → 기술관
- 승과
  - 교종선
  - 선종선

음서(목종)
- 적용 대상 ※ 과거를 더 명예롭게 여김

고려	조선
• 5품이상 관리의 자손	• 2품이상 관리의 자손
• 왕실의 자손과 공신	

지방 군사 제도

경기	5도	양계
개경 인근	행정, 안찰사	군사, 병마사
중앙군(개경)	지방군	
• 2군(친위부대) 6위(수도·국경) └응양군·용호군 • 직업군인(군적,세습), 군인전	주현군(농민군)	주진군(상비군, 둔전) └좌군,우군,초군

주·군·현	속현)주현	향·소·부곡(특수행정구역)	촌
수령	향리 자치 ↔ 감무 파견(예종)		촌주 자치

※ 지역 요충지

3경	• 개경, 서경, 동경→남경 └태조 └성종 └문종 └숙종(궁궐)	계수관 파견
8목	• 행정요충지	
4도호부	• 군사요충지	

※ 특수군

광군사	정종	거란 대비
별무반 └신기군,신보군,항마군	숙종	여진 정벌
삼별초(사병→항몽) └좌·우별초, 신의군	고종	몽골 항쟁

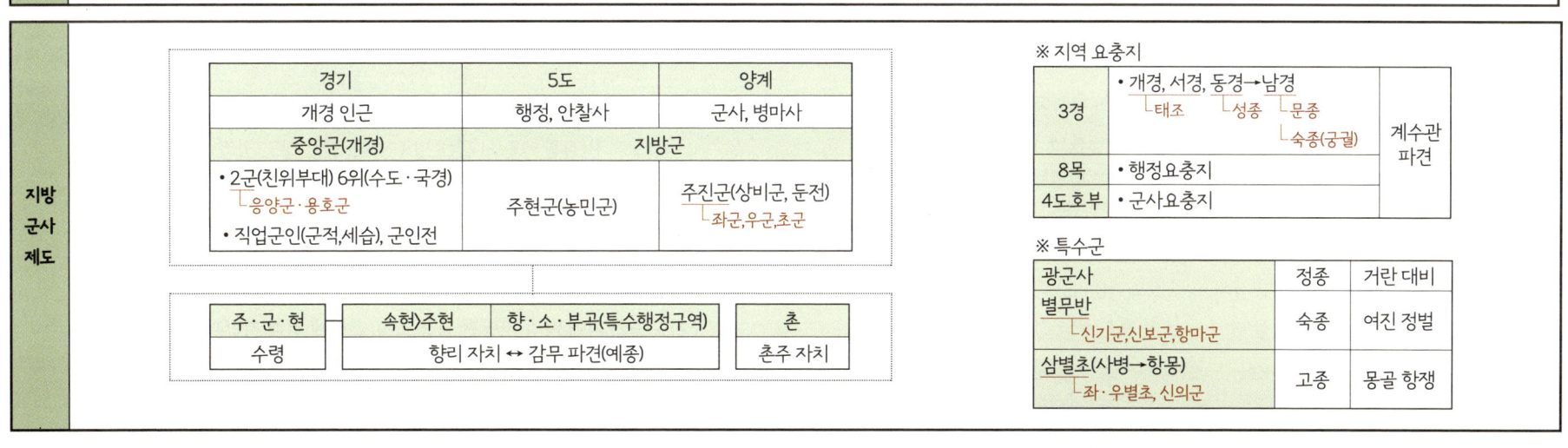

45 조선의 중앙·지방제도

1 중앙 통치 조직의 특징

(1) 관리
① 양반: 문반(동반)·무반(서반) / 30등급(18품 30계)
② 관복 → 홍색(당상관)·청색(참상관)·녹색(참하관)

(2) 관직
① 구성: 경관직(중앙, 겸직 가능) + 외관직(지방)
② 재상: 종2품 이상
③ 행수법: 품계와 관직 불일치 → 품계↑ 관직↓=행(行)
　　　　　　　　　　　　　　품계↓ 관직↑=수(守)

2 중앙 통치 조직의 구성

(1) 왕
① 상참(매일, 종6품 이상 일부 백관, 편전) + 조참(월 4회, 모든 백관, 정전) 주최
② 신하들의 정책 건의 → 윤대: 매일 / 차대: 월 3~6회

(2) 의정부 ※ 귀족 회의 전통 계승, 조선 독자적 기구
① 영·좌·우의정(정승, 정1품) / 좌·우찬성(종1품) / 좌·우참찬(정2품) 구성
② 재상 합의 국정 총괄

(3) 6조
① 이·호·예·병·형·공조 → 왕·의정부의 국정 논의 사항을 집행하는 행정 기관
② 판서(정2품) / 참판(종2품) / 참의(정3품) / 정랑(5품) + 좌랑(6품) - 전랑
③ 이조 전랑 권한: 낭천권(인사추천권), 통청권(3사선발권), 자대권(후임자 추천권)

(4) 비변사 ※비국, 주사, 묘당 등으로도 불림
① 왜구·여진 등 변방 전쟁 업무 대비 → 양란 이후 군국 기무 관장 확대
② 삼포왜란(1510) 당시 임시기구 설치 → 을묘왜변(1555) 이후 상설화
③ 의정부·6조 대신·지변사 재상 참여 → 조선 후기 붕당 정치의 핵심 권력기구화

(5) 승정원 & 의금부
① 특징: 왕권 강화 뒷받침 기관
② 승정원: 왕명 출납(비서), 도승지 이하 6승지 6조 분담
③ 의금부: 국왕 직속 기관 → 의정부 동의 불요, 대역 죄인 관리, 판사 이하 도사

(6) 삼사
① 특징: 청요직, 권력 독점·부정 방지 → 왕권·고위 관직 견제
② 사헌부(장관 - 대사헌): 감찰 업무, 백성들의 억울함 해결
③ 사간원(장관 - 대사간): 간쟁 업무
④ 홍문관(장관 - 대제학): 경연·서연 담당, 궁중 서석 관리, 분한 기능
⑤ 양사: 사헌부 + 사간원 → 서경권(고신서경·의첩서경) 보유
　　※ 고신서경: 관리 임명, 의첩서경: 의례·법 제정

(7) 한성부(장관 - 판윤): 서울 치안·행정 담당
(8) 춘추관: 승정원·예문관 관리 겸직, 역사서 편찬·보관 담당
　　　　　- 부속기구: 실록청 → 선왕 졸곡 종료 후 설치, 실록 편찬 담당, 종료 후 폐지
(9) 성균관: 최고 교육 기관, 대사성(정3품) 총책임
(10) 기타 행정 기구
① 예문관: 국왕 교서 작성
② 승문원: 외교 문서 작성
③ 교서관: 궁중 서적 인쇄
　　※ 조선 시대 사관(四官): 성균관·예문관·승문원·교서관
④ 상서원: 옥새·마패 제작 관리
⑤ 포도청(장관 - 포도대장): 형조 예하, 일반 상민 범죄 처리(경찰 업무)

3 지방 행정 조직의 특징

(1) 정비: 8도 체제(태종대 정비) / 작은 군현 통합 → 전국 약 330여 개 군현
(2) 고을 크기에 따라 지방관 등급 조정, 고려에 비해 지방관 등급↑

45 조선의 중앙 · 지방제도

4 지방 행정 조직의 구성

(1) 도(道, 8도)
  ① 지방관: 관찰사(감사, 종2품)
   • 임기 1년(360일), 단임, 감영에 상주
   • 일부 지역 관찰사 → 병마·수군 절도사 겸임
   • 도 전체의 감찰·행정·군사·사법권 통제, 포폄권 - 수령을 지휘·감독
  ② 도 이하 부 - 목 - 군 - 현 - [면·리·통] 설치, 수직적 배열

(2) 부(府)·목(牧)
  ① 지방관: 부 - 부윤(종2품)·부사(종3품) / 목 - 목사(정3품)
  ② 5부·5대도호부 구성
   • 5부: 경주, 전주, 의주, 평양, 함흥 / 5대도호부: 안동, 창원, 강릉, 영흥, 영변

(3) 군(郡)·현(縣)
  ① 지방관: 군 - 군수(종4품) / 현 - 현령(종5품)·현감(종6품)
  ② 82군·175현 구성
  ③ 수령: 임기 1,800일(5년), 중임 가능
   • 수령 7사: 행정·사법·군사권 통제
     - 농업 진흥, 인구 증식, 교육 진흥, 군대 정비, 부세 수취, 재판 공정, 치안 확보
   • 향·부곡·소 폐지, 모든 군현 수령 파견 cf 고려: 향·부곡·소 + 속군·속현
  ④ 향리: 토착인·무보수직, 6방 소속, 세습직 아전 격하 – 수령 보좌, 자치권↓
  ⑤ 면·리·통: 권농(면)·이정(리)·통주(통) 관리 → 수령이 임명(수령 보좌)

(4) 유향소(향청) ※ 향촌 자치 상징
  ① 구성: 지방 유지(=재지 사족, 전직 관리) 중심, 좌수·별감이 감독
  ② 역할: 수령 보좌·감시, 풍속 교정(지방민 통제), 향리 규찰
  ③ 변천: 조선 초기 설치 → 태종 폐지 → 세종 설치 → 세조 폐지 → 성종 설치
   • 이시애의 난(1467): 함흥부 유향소 결탁 → 진압 후 세조 폐지
  ④ 향회 – 총회, 향규 – 규칙, 향안 – 유향소 명단 정비

(5) 경재소
  ① 구성: 지방 출신 중앙 고관, 태종 → 세종대 제도화
  ② 역할: 유향소 감시·통제, 지방 – 중앙 정부 간 연락, 좌수·별감 임명
  ③ 1603년(선조) 혁파 → 수령 권한 강화

> **참고자료**
>
> ★ **[향리에 대한 규제]**
> 간악한 향리에 대해서는 사람들이 신고하는 것을 허락한다. 또한 본 고을의 경재소(京在所)가 사헌부에 신고하는 것도 허락한다. 심문하여 죄상을 밝힌 후 그 죄를 벌하되, …… 알고도 적발 규탄하지 않은 수령은 제서유위율(制書有違律)로 죄를 따진다.
> - 『세종실록』 권46, 11년 12월 1일 -
>
> ★ **[향약]**
> 처음 향약을 정할 때 약문을 동지에게 두루 보이고 그 마음을 바로잡고, 몸가짐을 단속하고, 착하게 살고 허물을 고치기 위해 약계(約契)에 참례하기를 원하는 자 몇 사람을 가려 서원에 모아 놓고 약법을 의논하여 정한 다음 도약정, 부약정 및 직월·사화를 선출한다.
> - 이이, 『해주향약』 입약 범례 -
>
> ★ **[향약의 처벌 대상]**
> 염치를 돌보지 않고 사풍(士風)을 허물고 더럽히는 자 …… 유향소의 의논에 복종하지 않고 도리어 원망을 품는 자 …… 서인(庶人)이 문벌있는 자손을 능멸하는 자
> - 이황, 『퇴계 선생 문집』-

MEMO

45 조선의 중앙·지방제도

중앙제도

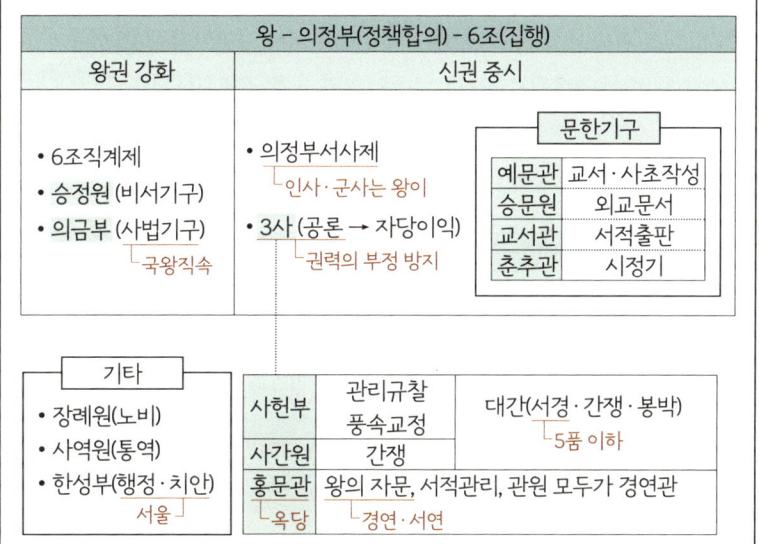

지방제도

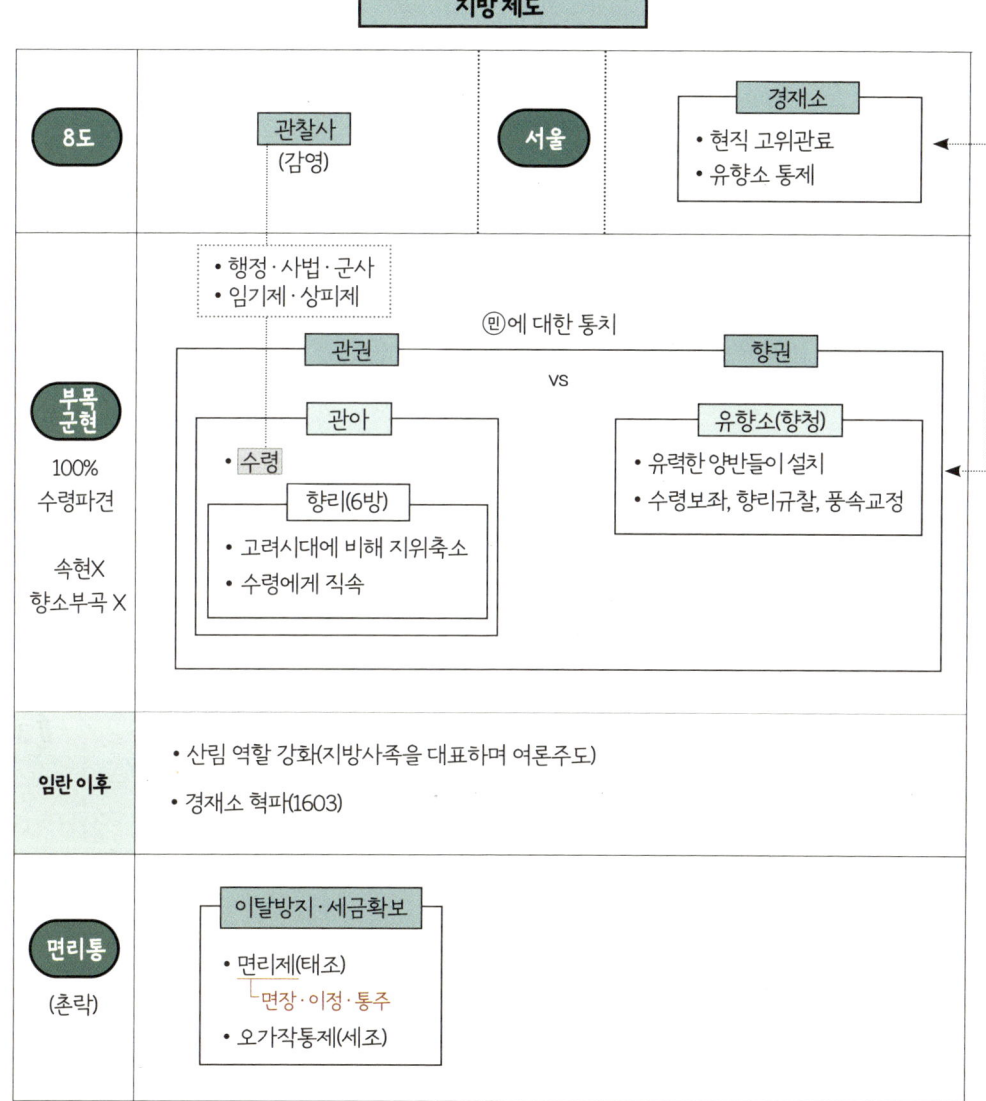

46 조선의 관리선발 · 군사제도

1 조선의 관리 등용 제도

(1) 과거제: 양인 이상 → 천민 · 종친 금지

식년시	문과 (예조)	• 소과 = 생진과(사마시) ① 4학(중앙) · 향교 및 서원(지방) 학생 응시 ② 생원시: 유교 경전 / 진사시: 문학 시험 ③ 1차(초시): 각 700명, 각 도 인구 비례 ④ 2차(복시): 각 100명, 실력 기준 ⑤ 성균관 입학 or 대과 응시 자격 • 대과 ① 초시(240명): 관시 50명 + 한성시 40명 + 향시 150명 ※관시: 성균관 유생으로 출석 점수 300점 이상 ② 복시(33명) → 전시 <table><tr><td>장원(갑과 1등)</td><td>종6품 임용</td></tr><tr><td>갑과(2·3등)</td><td>정7품</td></tr><tr><td>을과(7명)</td><td>정8품</td></tr><tr><td>병과(23명)</td><td>정9품</td></tr></table>• 응시 금지: 탐관오리 子, 재가한 여자의 자손, 서얼
	무과 (병조)	• 소과 X, 무예 시험 + 병서 + 경전 • 대과 ① 초시 190명 → 복시 28명 선발 ② 전시 <table><tr><td>갑과(3명)</td><td>종7품, 장원 X</td></tr><tr><td>을과(5명)</td><td>종8품</td></tr><tr><td>병과(20명)</td><td>종9품</td></tr></table>
	잡과	• 기술관, 초시 - 복시 단계 • 해당 관청(예조 협조) 선발 예 음양과 - 관상감, 율과 - 형조, 의과 - 전의감, 역과 - 사역원 등
별시		• 알성시: 국왕 성균관 행차 시, 1회로 결정 • 증광시: 국가 경사 시, 초시 - 복시 - 전시 단계 거침

(2) 특별 채용 시험
① 취재: 하급 관리 선발 목적 시험, 이조·병조·예조 등 시행
② 이과(吏科): 상급 서리 선발 → 훈민정음 시험
③ 음서: 2품 이상, 고위 관리 진출 불가(고려보다 축소)
④ 천거: 현직 관리 대상 → 문관 3품 / 무관 2품 이상 고관이 추천 예 현량과
⑤ 유외잡직(하급 기술관): 공노비·장인·상인 등 예 장영실(세종)

2 공정한 인사 관리

임기제	• 지방관 임기 제한 → 관찰사 약 1년(360일) / 수령 약 5년(1,800일)
상피제	• 가까운 친인척 같은 부서 배치 X, 출신 지역 지방관으로 임명하지 않음
서경제	• 대간에서 담당 · 인사 · 법률 제정 등 공정성 확보 (고려: 모든 관리, 조선: 5품 이하)
포폄제	• 근무 성적 평가, 고위 관리 → 하급 관리 근무 성적 평가 예 관찰사가 수령 평가(6월·12월)
한품 서용	• 관리 채용 시 신분에 따른 승진의 품계 제한 • 서얼·기술관: 정3품 당하관 이하, 향리·토관: 정5품 이하 • 하급 기술관·서리: 정7품 이하
분경 금지	• 하급 관리 → 상급 관리의 집 방문 금지

3 조선의 군역 제도

(1) 원칙
① 양인개병: 사병 혁파 → 태종 확정 → 보법(세조)
 • 정군: 현역, 서울·국경 요충지 배치, 교대 복무, 복무 기간 따라 품계 지급
 • 보인(봉족): 정군 비용 부담(군포)
② 병농일치: 농민 군역 담당 → 상인·수공업자 제외(의무적 생산)

(2) 예외
① 현직 관료, 학생, 향리 등 군역 면제
② 종친, 외척, 공신, 고급 관료의 자제 → 특수군 편입

46 조선의 관리선발 · 군사제도

4 조선의 군사 조직

중앙군	5위 (도총부)	• 궁궐·서울 방어 • 정군 + 갑사 + 특수군 구성 ※ 갑사: 시험을 거쳐 선발된 정예병, 서울 시위 + 변경 방비 담당

	5군영	① 훈련도감(1593, 선조)
		  - 삼수병(포수·사수·살수) 구성
		  - 직업적 상비군, 삼수미세(1결 2.2두)
		② 어영청(1623, 인조)
		  - 인조반정 후 설치, 도성 방어, 후금 침입 대비
		  - 효종대 북벌을 위해 강화
		③ 총융청(1624, 인조)
		  - 이괄의 난(1624) 이후 설치 → 경기 북부·북한산성 수비
		④ 수어청(1626, 인조)
		  - 경기 남부, 남한산성 수비
		⑤ 금위영(1682, 숙종)
		  - 왕궁, 한성 수비
		※ 서인 정권의 군사적 기반, 정세 변화 따라 임기응변 설치

지방군	영진군	• 육군·수군 → 영·진 소속 복무
		  - 영군: 병마절도사가 지휘
		  - 진군: 첨절제사가 지휘
		※ 익군 체제: 세조대 정비, 중·좌·우익 → 실패

	잡색군	• 태종대 설치 / 서리·잡학인·신량역천인·노비 구성 • 유사시에만 동원되는 예비군(농민 제외)
	진관 체제	• 세조대 정비: 지방 군사 요충지에 진관 설치 → 지역 단위(수령 지휘) 방어 / 소규모 침입 대비
	제승방략 체제	• 계기: 을묘왜변 → 대규모 침입에 대비 • 전투(쟁) 발생 시: 지역 군대 지정 장소 집결 → 중앙에서 고위 관리 지휘관 파견
	속오군 체제	• 계기: 임진왜란 • 유성룡 건의, 진관 복구 • 평상시 생업, 농한기 군사 훈련 → 유사시 동원 • 양천혼성군: 양반 ~ 노비 모두 편제

5 조선의 교통과 통신

(1) **봉수제(병조)**: 군사적인 위급 사태 알림
(2) **파발제(공조)**: 임진왜란 후 정비(보발·기발), 봉수제·역참제 보완
(3) **역참제(병조)**: 물자 수송·통신

※ '역' - 교통·통신·물자 수송, 원(院) - '역'에 설치한 여관

> **★ 참고자료**
> ★ [속오군의 편제]
> … 병사의 강함과 약함, 용맹함과 겁이 많음은 장수가 어떻게 운용하느냐에 달려 있을 뿐입니다. 군졸이 궤멸하여 흩어지지 않게 하는 가장 긴요한 것은 오직 '속오(束伍)'에 있으니, … 지금 사람들이 군졸만 많이 모아 놓으면 적을 방어하는 줄로 아는데 …
> - 『선조실록』 권56, 27년 10월 21일 -

MEMO

46 조선의 관리선발·군사제도

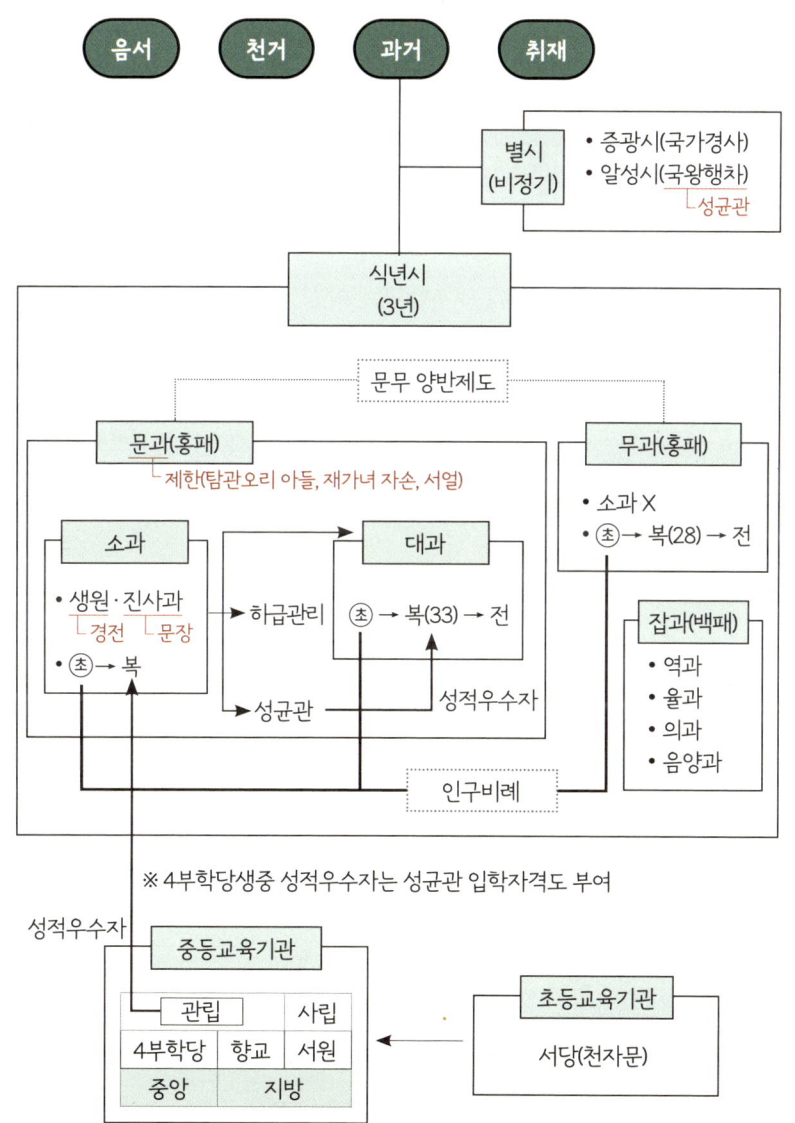

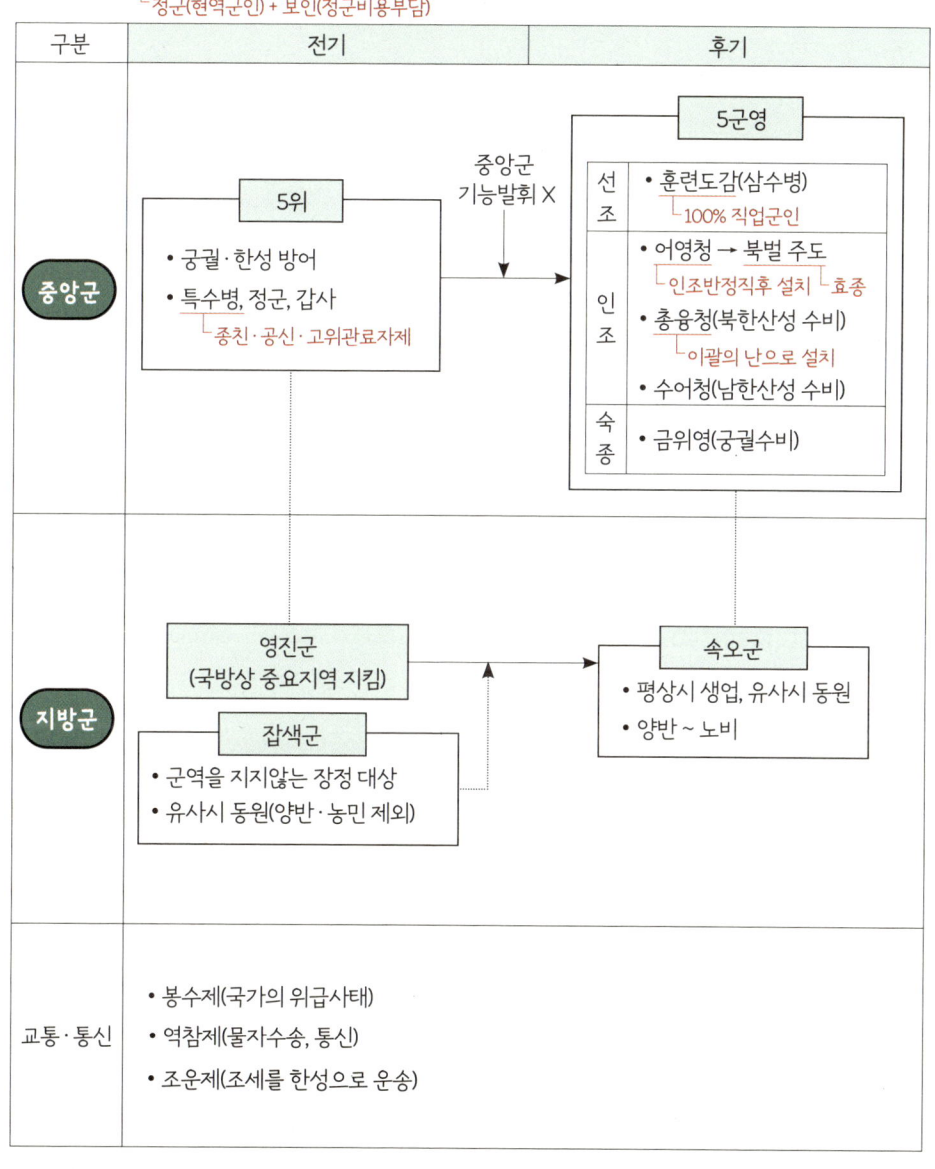

MEMO

IX 고대·고려·조선·근현대 문화사

47 고대의 불교 · 풍수지리설

1 고대의 풍수지리설

(1) **전래**: 신라 하대 도선이 당에서 전래
  ※ 도선: 풍수도참설 기반, 전국 명산에 비보 사찰 건립
(2) **성격**: 산세·수세 살펴 도읍·주택·묘지 등을 선정 → 국토 효율적 이용과 관련
(3) **영향**: 경주 중심 지리 개념서 벗어나 다른 지방 중요성 자각 → 신라 권위 약화
  ※ 고려: 서경 길지설(북진 정책, 서경 천도 운동)
       남경 길지설(문종 대 남경 승격, 숙종 대 남경개창도감 설치) → 한양 천도
  ※ 조선: 명당 선호 → 산송(山訟) 문제

2 삼국 시대의 불교

(1) **삼국의 불교**

불교 공인	고구려	• 전진으로부터 순도가 전래(소수림왕, 372년) • 삼론종(공 사상, 승랑), 열반종 유행
	백제	• 동진으로부터 마라난타가 전래(침류왕, 384년) • 율종(겸익) 유행
	신라	• 눌지 마립간 때 고구려의 묵호자(아도화상)가 전래 • 법흥왕 때 이차돈의 순교로 공인(527년) • 계율종 유행
불교 역할		• 새로운 국가 정신 확립에 기여 예 원광의 세속오계(진평왕) • 왕권 강화에 기여 → 신라 불교식 왕명 사용

(2) **신라 불교의 특징**
  ① 업설: 사람의 행위에 따라 업보 → 지배층 지배 정당화, 왕권 강화
    ※ 신라 후기 현실 구복적 밀교(자식 출산, 질병 치료)로 연결
  ② 미륵 신앙: 미륵불이 (신라에) 이상적 불국토를 건설 → 화랑도의 정신적 기반
    • 진지왕 때 흥륜사의 진자 → 미륵의 부활 = 화랑의 모습
    • 백제 말기에도 미륵 신앙 유행
  ③ 호국 불교
    • 황룡사 9층 목탑 건립(선덕여왕, 자장 건의)
    • 백좌강회(호국 법회)·팔관회: 진흥왕대 (고구려)혜량을 맞이해 처음 설치
  ④ 교단 정비: 진흥왕대 망명한 혜량을 국통으로 삼고, 그 아래 주통·군통을 둠

3 통일 이후의 불교

(1) **신라의 불교 사상**

원효	• 6두품, 도당 유학 X, 무열왕 때 공주와 결혼 → 子: 설총(화왕계) • 법성종 개창: 분황사(경주) • 속명: 설서당 / 춤추고 노래하며 무애가 • 아미타 신앙: 염불만 외면 누구나 극락정토에 갈 수 있다 → 대중화 • 일심 사상(화쟁): 모든 것은 한 마음에서 비롯 → 종파 간 갈등 해소 • 저서: 『십문화쟁론』, 『금강삼매경론』, 『대승기신론소』, 『화엄경소』 등
의상	• 진골, 도당 유학(지엄의 제자), 문무왕·신문왕 때 주로 활약 • 화엄종 개창: 부석사(영주) • 사원: 낙산사(양양), 봉정사(안동) • 문무왕의 도성 축성 반대 • 화엄 사상: 만물의 상호 의존 관계 ("一卽多多卽一": 하나가 곧 만물이고, 만물이 곧 하나이다.) • 아미타 신앙 + 관음 신앙(관세음보살 신봉, 현세 구복적) • 저서: 『화엄일승법계도』 → 화엄 사상의 요체를 210개 그림·글씨 요약
혜초	• 『왕오천축국전』: 인도·중앙아시아 여러 풍물 기록
원측	• 문무왕 때 당의 현장에게서 유식 불교 배움 • 당 승려 규기와 논쟁, 『해심밀경소』 저술

(2) **발해의 불교 사상**
  ① 고구려 불교 계승 → 왕실·귀족 중심
  ② 문왕(전륜성왕 = 불교적 성왕 = 불교의 이상 군주 자칭), 정혜·정효공주 묘지명
  ③ 정혜·정효공주 묘지명에 '대흥보력금륜성법대왕'으로 기록

(3) **신라 하대 선종의 유행**
  ① 전래: 통일 전후 → 법랑(선덕여왕), 도의(헌덕왕) → 신라 하대 유행
  ② 성격: 참선(좌선) 수행 → 실천적 성향 → 마음속의 내재된 깨달음 중시
  ③ 발전: 선종 9산 개창 → 호족 세력과 결탁, 반신라적 경향
  ④ 영향: 지방 문화의 역량 증대, 고려 왕조 개창의 사상적 바탕

47 고대의 불교 · 풍수지리설

구분	상대	중대	하대
불교	**삼국의 불교**	**통일신라의 승려**	**풍수지리설 & 선종**

삼국의 불교

- **고구려**: 소수림왕(from 전진 by 순도)
- **백제**:
  - 침류왕(from 동진 by 마라난타)
  - → 계율종 발달(겸익) ― 성왕
  - 日에 불교전파(by 노리사치계)
- **신라**:
  - 눌지마립간(from 고구려 by 묵호자)
  - → 법흥왕 공인(by 이차돈 순교)
    - 백률사 석당기
  - 불교식 왕명 사용
  - 자장(계율종, 국통, 황룡사 9층목탑)
    - 선덕여왕
  - 원광(걸사표, 세속오계)
    - 수

고구려의 승려

혜량	• 신라 망명, 진흥왕 대 국통 • 팔관회 개최
혜자	• 쇼토쿠 태자의 스승
보덕	• 연개소문의 억불 → 백제망명 • 열반종(도교에 대항)

통일신라의 승려

구분	원효(6두품)	의상(진골)

불교통합	• 일심(화쟁)사상
	  └ 분파의식 극복
	• 원융회통사상
		• 화엄사상(일즉다 다즉일)
		  └ 전제왕권 기여
		• 원융사상

대중화	아미타신앙(정토종) └ 내세적	아미타신앙 + 관음신앙 └ 현세적
저서	• 『십문화쟁론』 • 『금강삼매경론』 • 『대승기신론소』	• 『화엄일승법계도』 └ 210개의 그림·글씨
기타	• 분황사(법성종) • 파계 후 소성거사, 무애가 • 화쟁국사로 추앙(by 의천)	• 화엄 10찰(부석사·봉정사) └ 화엄종 개창 • 지엄의 제자 • 문무왕 도성 신축 저지 cf) 심상(일본에 화엄종 전파)

- 원측(유식론) • 혜초(왕오천축국전) • 진표(법상종, 미륵신앙)

발해의 불교

- 고구려 불교 계승
- 전륜성왕(문왕)
  └ 신라 진흥왕

풍수지리설 & 선종

구분	풍수지리설	선종
성격	도참사상과 결합	참선 수행, 실천적
전래	도선(신라 하대)	도의(신라 중대)
공통점	• 지방 호족의 이념적 지주 • 고려 왕조 개창의 사상적 바탕	

9산 선문

- 무염(성주)
- 도의(가지)   ┐ 9개의
- 범일(사굴)   │ 선종 주요 종파
- 이엄(수미)   ┘

승탑

- 선종
- 팔각원당형
  └ 쌍봉사 철감선사 승탑

48. 고대의 유교·도교

1. 고대의 유교

(1) 한자의 보급과 교육

① 한자 보급: 철기 시대부터 사용(창원 다호리 유적, 붓)

② 삼국의 교육

고구려	• 수도: 태학(소수림왕, 국립, 귀족 자제, 유교 경전·역사서) • 지방: 경당(평양 천도 이후, 사립, 평민 입학 가능, 한학·무술)
백제	• 5경 박사·의박사·역박사 → 유교 경전, 기술학 교육 • 개로왕의 국서(472년, 북위)
신라	• 임신서기석(552년, 진흥왕): 유교 경전 학습, 충효 서약

③ 통일 이후의 교육

신라	• 국학(신문왕) → 태학 or 태학감(경덕왕) → 국학(혜공왕)
	• 독서삼품과(원성왕): 유교 경전 이해 수준 시험 → 관리 채용
	  - 3등급(상·중·하품) + 실력 기준 / 특품 - 5경 3사
	  - 진골 귀족 반발로 실패, but 학문·유학 보급 기여

발해	• 주자감(문왕)

(2) 역사 편찬과 유학 보급

① 삼국의 역사 편찬: 국가의 융성기에 역사서 편찬 → 국력 과시, 왕권 강화
- 고구려: 유기 → 신집(7C, 이문진, 영양왕)
- 백제: 서기(4C, 고흥, 근초고왕)
- 신라: 국사(6C, 거칠부, 진흥왕)

(3) 통일 신라의 학자

① 김대문(진골)
- 『화랑세기』(화랑의 전기), 『고승전』(유명한 승려 전기)
- 『한산기』(한산주 지방 지리지)
- 『계림잡전』: 신라 문화의 주체적 인식 경향

② 강수(6두품)
- 외교 문서 작성 문장가
- 『청방인문표』, 『답설인귀서』 등
- 불교를 세외교라고 비판

③ 설총(6두품)
- 신문왕에게 『화왕계』 바침, 유교 경전에 조예 깊음
- 이두 정리: 한문 교육 보급에 공헌

④ 최치원(6두품)
- 도당 유학, 빈공과 급제
- 『계원필경』(현존 가장 오래된 문집), 『제왕연대력』(역대 왕의 계보 정리), 『사륙집』
- 해인사 묘길상탑기, 난랑비문(풍류도), 토황소격문
- 4산비문: 지증대사비, 진감선사비, 대숭복사비, 낭혜화상비(득난)
- 시무 10여조 건의(진성여왕) → 아찬에 오르나 진골 귀족 반대로 개혁안 좌절

2. 고대의 도교

(1) 특징: 산천숭배·신선사상과 결합 → 귀족 사회 환영, 노자·장자 사상 등

(2) 도교 문화의 발달

고구려	• 강서고분 사신도(도교의 방위신), 을지문덕 5언시 • 연개소문 장려: 국교 인정 → 불교 귀족 세력 견제
백제	• 산수무늬 벽돌(자연과 더불어 살고자 하는 마음을 표현) • 백제 금동 대향로(신선들의 이상 세계 형상화) • 무령왕릉 지석(토지신에 대한 제사 기록) • 사택지적비(도교의 허무주의 문구)
신라	• 화랑도 = 국선도 = 풍월도 = 풍류도 → 무위자연설·신선사상 반영
통일신라	• 최치원 4산비문: 도교 사상 반영 → 유·불·선 사상 모두 반영 • 굴식 돌방 무덤 둘레돌에 12지신상 조각(불교 + 도교)
발해	• 정혜·정효 공주 묘지의 도교 사상
고려	• 초제(도교 제례), 복원궁(예종, 최초 도교 사원) • 팔관회(도교 + 불교 + 민간 신앙, 명산대천에 제사)
조선	• 소격서(도교 행사 주관, 조광조가 폐지) • 강화도 마니산 초제(단군이 일월성신에 제사)

48 고대의 유교·도교

유교

구분	상대	중대	하대

상대

유교 교육
- 고구려
  - 태학(유교경전, 귀족자제) — 중앙, 소수림왕, 관립
  - 경당(한학·무술교육, 평민) — 지방, 장수왕, 사립
- 백제
  - 박사(오경·의·역박사)
- 신라
  - 임신서기석 — 충효, 유교경전 학습

역사서(현존 X)
- 『신집』 5권(이문진, 영양왕) — 『유기』(100권) 요약
- 『서기』(고흥, 근초고왕)
- 『국사』(거칠부, 진흥왕)

중대

국립교육기관
- 국학(통일신라, 9년제)

신문왕	설립
성덕왕	문묘 설치 — 공자와 72제자 초상화 안치
경덕왕	태학(감), 박사·조교(논어·효경 강의)

- 주자감(발해)

유학자

진골	김대문	• 신라문화의 주체적 인식 • 『화랑세기』, 『고승전』, 『한산기』, 『계림잡전』
6두품	강수	• 불교 비판(세외교) • 『청방인문표』 — 김인문을 보내줄 것을 청하는 글
	설총	• 이두 집대성 • 『화왕계』 to 신문왕

하대

독서삼품과
- 원성왕
- 유교경전 이해 따라 3등급 선발 — 국학생의 관직 등용 최종시험
- 학문보급에 기여했으나 실패(골품제)

도당유학생
- 빈공과 급제
- 6두품 多(최언위, 최승우, 최치원) — 고려에서 벼슬 / 견훤의 책사

최치원
- 도당유학(빈공과)
- 「시무 10조」(진성여왕) → 은둔생활
- 「난랑비문」, 『제왕연대력』 — 풍류도 / 역대 왕 정리
- 4산비문: 최치원이 지은 비문 중 가치가 높은 4편 — 낭혜화상비(6두품을 득난이라 표현)
- 『계원필경』 — 최고(最古)·최초 개인문집
- 「토황소격문」
- 『해인사 묘길상탑지』: 탑의 건립사유 밝힘
  - "전쟁과 흉년의 재앙이 서쪽(중국)에서는 멈추었으나 동쪽(신라)으로 오니…"

도교 (불로장생 + 신선사상)

구분	고구려	백제	남북국	고려	조선
도교	• 연개소문(도교장려) — 도사·도덕경 수입 • 사신도(강서대묘) — 사후세계를 지켜준다는 믿음	• 금동대향로(부여) • 산수무늬 벽돌 • 사택지적비(의자왕) — 늙어감을 한탄	• 최치원의 '난랑비 서문' — 풍류도(신선사상 반영)	• 초제 — 도교에서 지내는 제사 • 팔관회 — 개경(11월), 서경(10월) • 도관 설치(예종) — 복원궁	• 소격서(도교 행사주관) — 조광조가 폐지 • 강화도 마니산 참성단(초제) — 일월성신에게 제사

49 고대의 고분 양식 변화

1 고분과 고분 벽화

(1) 삼국 시대

① 고구려

초기	• 돌무지무덤
	  - 흙을 덮지 않고 돌을 정밀하게 쌓아 올린 무덤
	• 형성 시기: 청동기 ~ 삼국 시대
	  - 장군총 : 7층 계단식 돌무지무덤, 벽화 X

후기	• 굴식 돌방 무덤
	  - 돌로 널방을 짜고 그 위에 흙으로 덮은 봉분을 만든 것
	  - 도굴 용이, 시신 추가 매장 가능, 모줄임천장 구조
	  - 벽화 : 초기 → 생활 표현 (각저총의 씨름도, 무용총의 무용도와 수렵도)
	• 후기 → 추상화(강서대묘의 사신도)

② 백제

한성	• 계단식 돌무지무덤
	  - 백제 건국 세력이 고구려와 같은 계통임을 보여줌
	  - 서울 석촌동 고분

웅진	• 굴식 돌방 무덤
	• 벽돌무덤: 중국 남조(양) 영향
	  - 송산리 고분군 6호분: 벽화(사신도, 일월도)
	  - 송산리 고분군 7호분 (무령왕릉) : 벽화 X
	    * 무덤 내 지석: 매지권 + 영동대장군백제사마왕 작호 기록
	    * 무령왕 + 왕비 합장릉, 벽화 X, 일본산 금송관, 아치형 천장
	    * 금제 관식과 석수(돌짐승), 오수전(남조 양의 화폐) 출토

사비	• 굴식 돌방 무덤(규모가 작지만 세련됨) - 능산리 고분군

③ 신라

통일 이전	• 돌무지덧널무덤(적석목곽분)
	  - 지상 or 지하에 시신과 껴묻거리를 넣음
	  - 나무덧널 설치 → 도굴 X, 추가 매장 X
	  - 냇돌을 쌓은 뒤 흙으로 덮음
	  - only 신라, 벽화 X, 규모 大
	• 종류 : 천마총(천마도), 호우총(그릇), 황남대총, 금관총(금관) 등

④ 가야
- 초기: 널무덤(목관묘), 덧널무덤(목곽묘), 돌덧널무덤(석곽묘, 고령 지산동 고분)
- 후기: 굴식 돌방 무덤

(2) 통일 이후

신라	• 불교식 화장 유행 → 문무왕릉
	• 규모가 작은 굴식 돌방 무덤
	  - 둘레돌에 12지신상 조각
	  - 김유신 장군 무덤, 원성왕릉(괘릉, 서역인 무인상), 성덕대왕릉

발해	• 정혜공주(둘째) 묘: 고구려의 영향
	  - 돈화현(동모산 인근) 육정산 근처
	  - 벽화 X, 굴식 돌방 무덤, 모줄임 천장 구조, 돌사자상
	• 정효공주(넷째) 묘: 고구려 + 당의 영향
	  - 중국 화룡현(중경 인근) 용두산 근처
	  - 1980년 출토, 벽돌무덤(당), 평행고임 천장 구조(고구려)
	  - 벽화 있음(12명 인물도), 고분의 봉토 위에 벽돌탑 조성
	• 정효·정혜공주 묘 공통점: 묘지석 발견, 4·6 변려체 문장

49 고대의 고분 양식 변화

구분	백제	고구려	신라	통일신라

계단식 돌무지 무덤 (지배층 동일)

백제 - 한성(서울 석촌동 고분)

고구려 - 초기
- 장군총 
  └ 7층의 계단식 돌무지무덤

신라 - 마립간 시기

돌무지 덧널무덤
- 천마총, 호우총, 황남대총
- 껴묻거리 多 ─ 금관
  └ 천마도 (벽화 X)

(봉토 / 돌무지 / 껴묻거리 / 나무널 / 나무덧널)

백제 - 웅진(공주 송산리 고분)
- 굴식 돌방무덤(송산리 고분 1~5호)
- 벽돌무덤(송산리 고분 6호·7호)
  └ 벽화(사신도) └ 벽화 X

무령왕릉 [송산리 7호분]
- 묘지석 '영동대장군 백제사마왕'
- 외국과의 교류
  ⓐ 벽돌무덤(중국 남조[양])
  ⓑ 일본산 금송을 사용한 관(일본)
- 벽화 X • 매지권·돌짐승(도교)

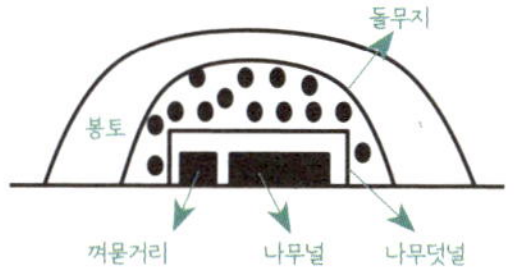

무덤 양식 비교

구분	벽화	도굴 추가매장
돌무지	X	X
굴식돌방·벽돌	O	O
돌무지 덧널	X	X

발해

정혜공주묘	정효공주묘
돈화현 육정산 고분 (동모산)	화룡현 용두산 고분 (중경)
굴식 돌방무덤 (고구려)	벽돌무덤 (당)
모줄임 천장구조	평행고임 천장구조
돌사자상	벽화(인물도)
묘지석	

굴식 돌방무덤 (돌로 널방 and 흙으로 덮어 봉분)

백제 - 사비(부여 능산리 고분) 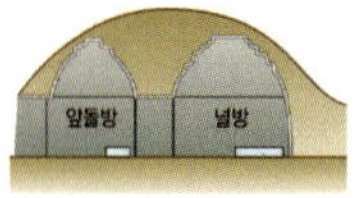
- 규모가 작지만 세련

고구려 - 후기 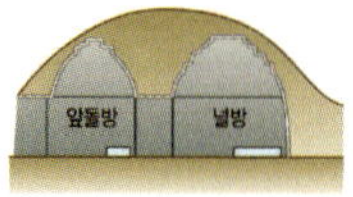
- 벽화변화
  - 생활묘사
    - 무용도·수렵도 (무용총)
    - 씨름도(각저총)
  → 추상적·상징적
    - 사신도 (강서대묘)

신라 - 한강 진출 이후

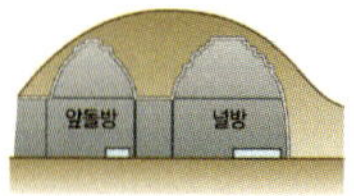

통일신라 - 둘레돌, 12지 신상
- 불교식 화장 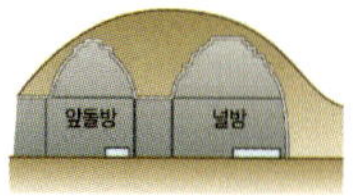

고분

50 고대의 건축 · 예술

1 삼국의 건축과 예술

특징		• 금동 미륵보살 반가사유상 많이 제작(통일 신라에선 X)
고구려	건축	• 평양성(평양): 평지성(안학궁성) + 배후산성(대성산성)을 갖춘 쌍성 • 평양성(전기:안학궁성 → 후기:장안성)
	탑	• 목탑 중심(현존 X)
	불상	• 금동 연가 7년명 여래 입상(539년, 안원왕) → 고구려 + 북조 영향
	서예	• 광개토대왕릉비문(웅건한 서체)
	음악	• 왕산악: 거문고 제작
	한문학	• 황조가(유리왕), 여수장우중문시(을지문덕)
백제	건축	• 왕흥사(부여), 미륵사(익산) → 무왕의 팽창 의지, 호국불교 • 궁남지(별궁 연못, 부여): 가장 오래된 궁원지
	탑	• 익산 미륵사지 석탑: 목탑 양식, 현존 최고(最古) 석탑 - 금제 사리봉안기(사택적덕의 딸 미륵사 건립) • 부여 정림사지 5층 석탑: 소정방의 백제 평정(평제탑)
	불상	• 서산 마애 삼존불(백제의 미소)
	공예	• 창왕명 석조 사리감(능산리 절터)
	금속기술	• 칠지도 (금으로 글씨를 새겨놓음)
신라	건축	• 황룡사(진흥왕)
	탑	• 황룡사 9층 목탑(선덕여왕): 자장의 건의로 건립 • 분황사 모전 석탑(선덕여왕): 석재를 벽돌 모양으로 쌓은 탑
	불상	• 경주 배리 석불 입상(경주 배동 석조여래 삼존 입상)
	그림	• 천마도(천마총에서 출토, 벽화 X, 힘찬 화풍)
	음악	• 우륵(대가야 출신) → 충주탄금대에서 가야금 연주
	금속기술	• 出자 모양금관

2 통일 이후의 건축과 예술

통일신라	건축	• 불국사(현생의 부모)·석굴암(전생의 부모): 경덕왕, 김대성 건축 • 안압지(월지, 문무왕): 뛰어난 조경술

	탑	• 특징: 3층 석탑 + 이중 높은 기단(안정감)
		• 감은사지 3층 석탑(신문왕) → 불국사 3층 석탑(경덕왕)
		  → 양양 진전사지 3층 석탑(하대/탑신·기단에 부조불상 조각)
		• 불국사 3층 석탑·다보탑, 화엄사 4사자 3층 석탑 등
		• 승탑(부도): 선종 영향, 신라 하대, 팔각원당형 기본
		  - 쌍봉사 철감선사 승탑(전남 화순)

	불상	• 중대: 석굴암 본존불·보살상 → 불국토의 구체적 실현 • 하대: 철조 비로자나불상 → 석가의 진신 형상화
	서예	• 김생: 독자적 서체(질박하면서 굳셈)
	공예	• 성덕왕: 법주사 쌍사자 석등, 상원사 동종(현존 최고) 등 • 경덕왕 :성덕대왕 신종(에밀레종, 비천상) • 이차돈 순교비(헌덕왕, 백률사 석등)
	향가	• 향가집, 『삼대목』(888년, 진성여왕): 대구 화상 + 위홍
발해	건축	• 당 영향: 상경성, 주작대로, 내·외성 건축 구조 • 고구려 영향: 상경 궁궐 내 온돌 장치
	탑	• 영광탑(5층 벽돌탑) : 당 영향
	불상	• 이불 병좌상(고구려 영향)
	공예	• 벽돌·기와 무늬: 고구려 영향 • 돌사자상: 정혜공주 묘에서 출토
	한문학	• 정혜·정효공주 묘에서 출토된 묘지(4·6 변려체) • 양태사: 다듬이 소리

50 고대의 건축·예술

3 삼국 시대 문화 전파(to 일본)

(1) 개관
  ① 야마토 조정의 수립(6세기)에 영향
  ② 아스카 문화 형성(7세기, 나라 지방)에 기여

(2) 고구려
  ① 담징: 영양왕代, 먹·종이 제조법 전래, 호류사 금당 벽화
  ② 혜자: 영양왕代, 쇼토쿠 태자의 스승
  ③ 혜관: 영류왕代, 일본에 삼론종 전파
  ④ 강서 수산리 고분 벽화 → 다카마쓰 고분 벽화에 영향

(3) 백제
  ① 아직기: 근초고왕代, 日 태자에게 유교 경전을 가르침
  ② 왕인: 근초고왕代, 천자문·논어 전수
  ③ 단양이·고안무: 무령왕代 유교 경전 전파
  ④ 노리사치계: 성왕代, 불교 처음 전래, 불상 및 불경 전달
  ⑤ 아좌태자(위덕왕의 아들): 위덕왕代, 쇼토쿠 태자의 스승, 그림 전파
  ⑥ 도래인의 활약: 5경박사·의박사·역박사·천문박사, 채약사, 화가 및 공예 기술자
  ⑦ 백제 가람 건축 양식, 고류사 미륵보살 반가사유상, 호류사 백제 관음상

(4) 신라
  ① 조선술: 선박 건조 기술 전파
  ② 축제술: 제방 쌓는 기술 전파 → 한인 연못

(5) 가야
  ① 고분군에서 출토된 철제 유물 유사성
  ② 토기 제작 기술 → 日 스에키 토기

4 통일 신라 시대 문화 전파(to 일본)

(1) 개관
  ① 하쿠호 문화 형성에 기여
    cf 다이카 개신(645) 이후 외국 문화 영향에서 벗어나려는 경향

(2) 전파 사례
  ① 불교·유교 문화: 원효·강수·설총 등의 영향
  ② 심상의 활약: 의상의 제자 / 의상의 화엄 사상 전파

> **참고자료**
>
> | [시대별 한국 문화의 일본 영향]
한국 문화 | | 일본 문화 | 시기 |
> |---|---|---|---|
> | 신석기 문화 | ⇒ | 조몬 문화 | B.C. 14,000년 ~ |
> | 청동기·철기, 벼농사 문화 | | 야요이 문화 | B.C 3C 경 ~ |
> | 삼국 문화 | | 아스카 문화 | 7C 전반 ~ |
> | 통일 신라 문화 | | 하쿠호 문화 | 7C 후반 ~ 8C |
> | 조선 전기 문화 | | 무로마치 막부 | 14C ~ 16C |

MEMO

50 고대의 건축 · 예술

구분	삼국시대			남북국 시대	
	고구려	백제	신라	통일신라	발해
건축	• 졸본(오녀산성, 주몽) → 국내성(유리왕) → 평양성(장수왕)	**한성**: • 풍납토성·몽촌토성 **웅진 (공주)**: • 공산성 • 송산리 고분 **사비 (부여)**: • 부소산성 • 능산리 고분 • 금동대향로 • 정림사지 5층 석탑 └ 평제탑 **익산**: 미륵사지 모목 석탑 • 현존 **最古** • 금제 사리봉안기 (사택왕후가 미륵사 시주) └ 좌평 사택적덕의 딸 └ 세계문화유산 백제 역사유적지구	• 황룡사(진흥왕) **선덕여왕** • 첨성대 └ 동양 **最古** • 영묘사 • 분황사 • 황룡사 9층 목탑 └ 백제 장인 아비지 • 분황사 모전 석탑 └ 석재를 벽돌모양으로	• 불국사·석굴암(경덕왕) └ 김대성 설화 **석탑 (이중기단, 3층)** • 감은사지 3층 석탑(신문왕) • 불국사 3층 석탑[석가탑] └ 다라니경 (현존 **最古** 목판) • 진전사지 3층 석탑(신라하대) └ 기단·탑신 부조 불상	• 상경성의 주작대로(당) • 온돌장치(고구려) • 발해 영광탑(벽돌탑, 당)
탑					
불상	• 연가 7연명 금동여래 입상	• 서산 마애 삼존불(백제의 미소) 금동 미륵보살 반가 사유상		• 법주사 쌍사자 석등(보은) • 석굴암 본존불	• 이불병좌상(고구려)

51 고려와 조선의 불교

1 고려의 불교 정책

태조	• 유교(정치 이념) + 불교(신앙) 상호 보완 • 전통문화 함께 존중 • 훈요 10조: 불교 숭상, 연등회·팔관회 개최 당부 • 승록사 설치 → 불교 정책 수행
광종	• 승과 제도: 합격자에게 승계 수여, 승려 지위 보장 • 국사·왕사 제도: 불교 권위가 상징적으로 왕권 위에 존재 • 법안종 중심 선종 통합 시도 by 혜거 • 균여: 화엄종 중심 교종 통합 시도

2 고려 불교의 시기별 특징과 승려

초기	특징	• 선종 + 교종 함께 성행 • 현화사(현종, 부모의 명복을 빎)
	균여	• 광종 대 귀법사 주지 • 화엄 사상 정비, 보살의 실천행 강조 • 성상융회사상, 『보현십원가』 저술
중기	특징	• 왕실·귀족 지원으로 교종 발달 • 화엄종·법상종 중심 / 흥왕사(문종)

	의천	• 문종 子, 송 유학 이후 대각국사에 오름
		• 교종 중심 통합(화엄종 중심, 흥왕사 근거지)
		• 교종 중심의 선종 통합 → 국청사 창건 → 천태종 창시
		• 사상: 교관겸수·내외겸전 → 이론 연마와 실천 강조
		• 교단 통합 노력 → 사후 교단 분열
		• 주전도감 설치 건의 → 은병, 해동통보
		• 저술: 『원종문류』, 『석원사림』, 『천태사교의주』
		• 교장
		  - 의천이 고려·송·요·일본 대장경 주석서 모아 간행
		  - 교장도감(흥왕사에 설치)에서 간행, 주석서 목록인 『신편제종교장총록』 편찬

무신 집권기	특징	• 선종 후원
	지눌	• 최충헌 때 보조국사에 오름 • 명리에 집착하는 당시 불교계 타락상 비판 • 승려 본연의 자세 강조 → 독경·선수행 노동 강조
	지눌	• 정혜결사 → 수선사 결사 운동(송광사, 순천) • 선교 일치 사상 완성: 선종 중심 교종 통합 → 조계종 창시 • 사상: 돈오점수(깨달은 후에도 수행하자)·정혜쌍수(지혜와 참선을 동시에) 강조
무신 집권기	혜심	• 최우 때 진각국사에 오름 / 지눌의 제자 • 유불일치설 → 성리학 수용 토대
	요세	• 최충헌 때 원묘국사에 오름 • 참회(법화) 신앙 → 백련 결사 운동(만덕사, 강진) • 천태종 승려, 원효의 정토 사상 적극 수용 • 백성들의 신앙적 욕구 충족 → 하층민 지지 多
원 간섭기	• 불교 타락 → 사원 수공업 발달(이윤 추구), 권문세족과 결탁	
고려 말	• 보우(공민왕의 왕사) - 원 임제종 도입 / 9산 선문 통합 노력	

3 조선의 불교

(1) 억불 정책 → 불교 산간화
  • 도첩제: 승려 신분증 발급(태조) → 성종 때 도첩제 폐지
  • 사원 정리: 전국 242개 절로 정리(태종) → 선·교 양종 36개 절만 인정(세종)
  • 사원 토지·노비 몰수(태종), 간경도감 폐지(성종) 등

(2) 불교 진흥(임시)
  • 왕실 중심: 내불당 건립(세종), 간경도감 설치(세조), 승과 부활·보우 중용(명종, 문정왕후)
  • 불교 문화유산: 『석보상절』·『월인천강지곡』(세종), 원각사지 10층 석탑(세조)

4 대장경 간행

초조 대장경	• 현종 때 거란 2·3차 침입 퇴치 염원 • 대구 부인사 보관 → 몽골 2차 침입 때 소실, 인쇄본 일부 현존
재조 대장경	• 팔만대장경, 고종 때 몽골 침입 극복 기원 • 강화도에 대장도감, 진주에 분사대장도감 설치 • 세계 기록 유산, 현 합천 해인사 보관(세계 문화유산)

51 고려와 조선의 불교

구분	고려 초기 (호족)	고려 중기 (문벌귀족)	무신집권기 (무신)	원간섭기·고려 말기 (권문세족·신진사대부)	조선시대 (관학파)

구간 기준: 1046(문종 즉위) / 1170(무신정변) / 1270(개경환도) / 1392(조선 건국)

불교

고려 초기

광종의 불교정비
- 승과(교종시·선종시), 왕사·국사
  - 탄문·혜거

균여
- 화엄종 중심의 교종통합시도
- 귀법사주지
- 보현십원가
- 보살의 실천행

- 법안종 중심의 선종통합시도
- 천태종을 바탕으로 교종과 선종통합

고려 중기·무신집권기

교종·선종 통합(의천·지눌)

의천(대각국사)
- 신편제종교장총록 → 교장간행
  - 교장에 수록한 문서목록   by 교장도감
- 교관겸수, 내외겸전
- 해동천태종(국청사, 교선 통합)
  - 교종 중심, 교단통합

지눌(보조국사)
- 돈오점수, 정혜쌍수
  - 깨달음 후 점진적 수행
- 조계종(송광사, 교선통합)
  - 선종중심,
  - 교리통합(선교일치)

무신집권기 신앙결사운동

지눌의 수선사 결사(정혜결사)
- 순천 송광사
- 불교 세속화 비판, 독경·참선·노동
  - 승려 본연의 자세
- 지방민·개혁적 승려 호응

요세의 백련사 결사
- 강진 만덕사
- 참회(법화신앙)
  - 보현도량
- 하층민의 호응

혜심
- 유불일치설
- 성리학 수용 토대

원효의 사상 계승

의천(대각국사)	요세(원묘국사)
불교 통합(천태종) 주장	극락왕생(염불) 주장
원효의 화쟁사상 계승	원효의 정토사상 계승
천태종 승려	

원간섭기·고려 말기

원간섭기 불교 부패
- 권문세족 결탁
- 사원수공업

↓

보우
- 임제종 도입
- 9산선문 통합

조선시대

불교 억제
- 도첩제(태조 실시, 성종 폐지)
- 교단 정리(교18·선18, 세종)

↕

불교 허용
- 내불당(세종)
- 간경도감·원각사(세조)
- 보우 중용(명종)

대장경

초조대장경(현종)
- 경·율·논
- 거란 격퇴 염원
- 대구 부인사 보관(몽골 침입 소실)

재조대장경[팔만대장경](고종)
- 몽골 격퇴 염원(1236~1251 간행)
- 세계 기록유산
- 대장도감(최우, 강화도)

해인사 장경판전(세조)
- 팔만대장경 보관
- 세계 문화유산

52. 고려의 유학 · 역사서

1 유학의 발달과 교육 기관

(1) 유학의 발달

초기	• 특징: 자주적·주체적 유학 • 태조: 6두품 유학자 활약(최언위·최지몽 등) • 광종: 과거 제도 실시 • 성종 　① 유교주의 정치 확립, 국자감 정비 　② 시무 28조(최승로, 자주적·주체적), 봉사 2조(김심언)
중기	• 특징: 보수적 유학 • 문종: 최충(해동공자) → 9재 학당(문헌공도) 설립, 훈고학에 철학적 기능 부여 • 인종: 김부식 → 보수적·현실적 성격의 유학(『삼국사기』)
무신 집권기	• 유학 쇠퇴, 서방 출신 유학자 활동(이규보·이인로 등)
후기	• 성리학 도입 　① 성격: 인간 심성·우주 원리 문제를 철학적(이기론) 규명하려는 신유학 　② 경과 　　- 충렬왕: 안향 소개 　　- 충선왕: 이제현·백이정 등과 함께 원에서 만권당 설치 　　- 이색: 정주 성리학 정립 　　- 정몽주·권근·정도전 등 신진 사대부 형성 　　※ 정주 성리학: 정호·정이 형제 + 주자 　③ 특징 　　- 개혁적·실천적 유학 → 『소학』·『주자가례』 중시 　　- 권문세족·불교 폐단 비판

(2) 교육 기관

관학	국자감 (중앙)	• 성종 설치 • 구성 　① 유학부 　　- 7품 이상의 관리 자제 입학, 9년 수학 　　- 국자학(3품 이상): 유교 경전 학습 　　- 태학(5품 이상): 역사, 정치 학습 　　- 사문학(7품 이상): 문학(시 + 문) 학습 　② 기술학부 　　- 8품 이하 관리·서민 자제 입학, 6년 수학 　　- 율(법학)·서(글씨, 그림)·산(계산)학 학습 　※ 그 외 기술 교육은 해당 관청 실시 ¶ 의학 → 태의감
	향교 (지방)	• 성종 설치 → 인종대 규칙 정비 • 지방 관리·서민 자제 입학
사학		• 고려 중기 → 사학 12도 융성 → 관학 위축 　- 최충 문헌공도: 9경(유교 경전) + 3사(역사서) 교육
관학 진흥책	숙종	• 서적포(서적 간행) 설치 in 국자감
	예종	• 7재(전문 강좌) 설치 in 국자감 유학부 + 무술 교육 • 양현고(장학 재단), 청연각·보문각(연구소) 설치
	인종	• 경사 6학·향교 정비
	충렬왕	• 국자감 → 국학 개칭, 문묘(공자 사당) 건립 • 안향 건의 → 양현고 보충 → 섬학전(장학 재단) 설치 • 경전·역사 강조: 경사교수도감 신설
	충선왕	• 국학을 성균감, 성균관으로 개칭
	공민왕	• 성균관을 순수 유교 교육 기관으로 개편, 유교 교육 강화

52 고려의 유학 · 역사서

2 역사서 편찬

(1) 편찬 방식

서술 방식		• 기전체: 본기(왕) · 세가(제후) · (잡)지(기타) · 연표 · 열전 구성 • 편년체: 연월일 순(시간순) 기록 • 기사본말체: 사건별 기록 • 강목체: 강 · 목 분류 → 정통 · 비정통 구분(명분 강조)
저술	중국	• 『사기』(사마천): 기전체 • 『자치통감』(사마광): 편년체 / 『자치통감강목』(주자): 강목체
	우리나라	• 『삼국사기』(김부식): 기전체 • 『고려왕조실록』(정사, 현재 소실): 편년체 • 『삼국유사』(일연): 기사본말체

(2) 역사서

초기	• 『고려왕조실록』: 현존하지 않음 • 『7대실록』(임진왜란 때 소실): 현종~덕종 완성, 태조 ~ 목종 기록

중기	• 『속편년통재』(홍관): 삼국 시대 역사 기록
	• 『삼국사기』(총 50권)
	  - 저술: 김부식(인종, 1145) → 관찬 역사서(11명 공동 저술)
	  - 현존하는 가장 오래된 역사서, 『구삼국사』(현존 X) 참고
	  - 기전체(신라본기 우선), 발해사 · 고조선 기록 X
	  - 사관: 유교적 합리주의
	    ① 근거 불확실 민담 · 전설 X, 불교 관련 거의 X
	    ② 신이(神異)한 내용 기록 X → 단군 신화 기록 X
	• 『편년통록』(김관의): 현존 X, 왕건의 6대조 칭송

무신 집권기	• 몽골 침략 → 민족적 자주 의식, 민족 고유 전통문화 이해 도모
	• 『동명왕편』(이규보)
	  - 『동국이상국집』에 수록, 고구려 계승 의식
	  - 고구려 동명왕 업적 칭송, 영웅 서사시 성격, 고구려 전통 강조
	• 『해동고승전』(각훈)
	  - 삼국 ~ 고려의 우리나라 승려 기록 (삼국시대 기록만 있음) → 중국 불교와 대등
	  - 교종 중심 불교 역사 정리

원 간섭기 (충렬왕)	• 『삼국유사』(일연) ※ 기사본말체 구성 cf 삼국사기: 기전체
	  - 불교사 + 야사 · 전래 기록 · 민간 설화 · 전설 등 기록
	  - 구성: 왕력 - 기이 - 흥법 - 탑상 등
	  - 신이(神異) · 자주적 사관
	    ① 단군 신화 최초 기록(고조선 중심)
	    ② 민담 · 설화 · 향가(14수) 기록
	    ③ 가야 역사 정리: 『가락국기』 내용 발췌
	• 『제왕운기』(이승휴)
	  - 자주적 사관: 단군 신화 수록, 발해사 최초 기록(우리 역사로 파악)
	  - 3조선설 기록: 단군 - 기자 - 위만 조선
	  - 상권: 중국 역사 / 하권: 우리나라 역사 → 대등한 관계 강조

고려말 (공민왕)	• 『사략』(이제현): 성리학적 유교 사관 → 정통 · 대의명분 강조

> **★ 참고자료**
>
> ★ [김부식의 삼국사기 저술 이유]
>
> 중국의 일만을 자세히 기록하고 외국의 일은 간략히 하여 갖추어 싣지 않았습니다. 또한 그 고기(古記)라는 것은 글이 거칠고 졸렬하며 사적이 누락되어 있어서 임금된 이의 선함과 악함, 신하된 이의 충성과 사특함, 나라의 평안과 위기, 백성들의 다스려짐과 혼란스러움 등을 모두 드러내어 경계로 삼도록 하지 못하였습니다.
>
> — 『진삼국사기표』 —

MEMO

52 고려의 유학 · 역사서

구분	고려 초기 (호족)	고려 중기 (문벌귀족) 1046 (문종 즉위)		무신집권기 (무신) 1170 (무신정변)	원간섭기 (권문세족) 1270 (개경환도)	고려 말기 (신진사대부) 1351 (공민왕 즉위)

유학	**광종**
	• 과거(쌍기 건의)
	
	성종
	• 박사파견(12목)
	└경학·의학박사
	• 국자감·향교
	└중앙 └지방
		사학의 융성
		
		문종
		• 최충의 9재학당(문헌공도)
		  ⓐ 해동공자
		  ⓑ 훈고학적 유학에 철학적 경향 부여
		• 사학 12도(9경·3사)
			vs	**[전기] 관학 진흥책**
				국자감 정비
				• 서적포(서적간행, 숙종)
				• 양현고(장학재단, 예종)
				국학 7재(예종)
				• 7재의 전문강좌를 두어 국자감 교육 강화
				경사 6학(인종)
				• 국자감의 교육제도
				• 유학+기술학 (율학·서학·산학)
					최우
					• 서방(문신우대)
						[후기] 관학 진흥책
						
						충렬왕
						• 안향(성리학 도입)
						  └공자·주자의 화상 도입
						• 섬학전(양현고 보충)
						  └안향 건의
						• 문묘(공자사당) 설치
						• 국자감 → 국학
						
						충선왕
						• 이제현(만권당)
						• 국학 → 성균감 → 성균관
							공민왕
							• 성균관 순수 유교 교육기관화
							• 이색을 성균관 대사성
							• 정도전·정몽주 수학
							  └동방이학의 祖

역사서		**삼국사기(인종)**
		• 구삼국사를 참조
		• 김부식, 현존 최고(最古)
		• 기전체(본기), 유교적 합리주의
		• 신라 계승
				민족·자주의식
				
				동명왕편
				• 이규보
				• 고구려 계승
				• "환이 아니라 성이며, 귀가 아니라 신이다."
				
				해동고승전
				• 각훈
				• 우리나라 고승에 관한 이야기
					삼국유사(충렬왕)
					• 고조선 ~ 후삼국
					• 일연, 불교사·신이사관
					• 최초 단군신화 기록
					
					제왕운기(충렬왕)
					• 고조선 ~충렬왕
					  └본조
					• 이승휴, 중국사와 대등
					  중국역사 (제), 우리역사 (왕)
					• 최초로 발해를 우리 역사
					• 단군신화 기록
						사략(공민왕)
						• 이제현
						• 성리학적 유교사관
						  └대의명분, 사대적

IX 고대·고려·조선·근현대 문화사

53 고려의 문학·예술·건축

1 고려의 문학

(1) **전기**: 『보현십원가』(균여), 『균여전』(혁련정)
(2) **중기**: 한문학 유행, 『수이전』(박인량) → 최초의 수필 문학
(3) **후기**: 다양한 문학 형태 등장

경기체가	• 신진 사대부 문학(향가 계승) • 한림별곡, 관동별곡, 죽계별곡 등
고려가요	• 속요, 장가 • 청산별곡, 가시리, 쌍화점 등
수필(패관) 문학	• 『파한집』(이인로): 최초의 시화집 • 『역옹패설』(이제현) / 『동국이상국집』·『백운소설』(이규보)
가전체 문학	• 사물을 의인화하여 교훈적 내용을 강조 • 임춘: 『국순전』(술), 『공방전』(돈) • 이규보: 『국선생전』(술) / 이곡: 『죽부인전』(대나무) 등

2 고려의 예술

(1) 서예
　① 전기: 구양순체(유신)·왕희지체(탄연) → 후기: 송설체(=조맹부체, 이암 등)
(2) 그림
　① 전기: 예성강도(이령·이광필 현존 X) → 후기: 문인화 유행, 천산대렵도(공민왕)
　② 불화: 양류관음도(= 관음보살도, 혜허 일에 현존), 사경화(경전 표지에 그림)
(3) **벽화**: 영주 부석사 조사당 벽화, 수덕사 대웅전 벽화(모란·들국화 등)
(4) 음악
　① 아악: 대성악(송) → 궁중 음악 발전
　② 향악(속악): 우리나라 고유 + 당악 영향, 민중 속요와 함께 제작, 연회에서 연주

3 고려의 건축·탑·불상

건축	• 개성 만월대 궁궐(세계문화유산): 계단식 배치 • 주심포 양식·배흘림 기둥(전기) → 다포 양식(후기) 변화 　- 주심포 양식: 기둥 위에만 공포 배치 　　예 안동 봉정사 극락전(현존 최고 목조건축물, 13세기) 　　영주 부석사 무량수전(팔작지붕), 예산 수덕사 대웅전 등 　- 다포 양식: 기둥 사이에도 공포 배치 　　예 황해도 사리원 성불사 응진전, 안변 석왕사 응진전 등
석탑	• 특징: 다각다층 cf 신라에 비해 안정감 부족 • 전기: 현회사 7층 석탑(고려 독창), 월정사 8각 9층 석탑(송 영향) • 후기: 경천사지 10층 석탑(원 영향) • 말기: 보현사 8각 13층 석탑
승탑	• 팔각원당형(통일 신라 양식 계승): 고달사지 승탑 • 평면사각형: 법천사지 지광국사 현묘탑 • 원구형: 정토사지 홍법국사 탑
불상	• 대형 철불: 하남 하사창동 철조 석가여래좌상 • 거대한 불상: 관촉사 석조 미륵보살 입상, 이천동 마애여래 입상 • 신라 양식 계승: 영주 부석사 소조 아미타여래좌상

53 고려의 문학·예술·건축

구분	고려 전기	고려 후기			
문학		**가전체 문학** • 사물 의인화, 교훈적 • 술 ┌ 이규보 『국선생전』 └ 임춘 『국순전』	**패관문학** • 『역옹패설』(이제현) • 『백운소설』(이규보)	**고려가요** • 서민생활, 자유로운 형식	**경기체가** • 신진사대부
회화		• 『천산대렵도』(공민왕) └ 원대 북화의 영향		• 불화(양류관음도, 사경화) 혜허 ⓑ에 현존 └ 경전 표지에 그림으로 내용 설명	
서예	• 구양순체(탄연) • 신품 4현(김생, 유신, 탄연, 최우) └ 통일신라	• 송설체(이암)			
음악	• 아악(ⓐ 대성악 영향, 궁중) └ 제례음악	• 향악(고유음악, 민간)			

건축 & 조각

불상

철조불	• 하남 하사창동 철불	거대 불상
석조불	• 논산 관촉사 석불 └ 은진미륵 • 안동 이천동 석불	호족적 성향
소조불 └ 진흙	• 영주 부석사 소조 아미타여래 좌상 └ 신라 양식 계승	

사원 건축

구분	주심포 양식	다포 양식

특징	• 고려전기 유행
	  └ 현존 건축물 X, 고려후기만 현존
	• 기둥 위에만 공포 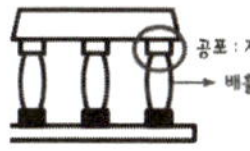
	공포 : 지붕의 무게를 기둥에 전달
	배흘림 기둥
		• 고려후기 등장
		  └ 조선시기로 계승
		• 기둥 위 + 기둥 사이 공포(화려) 

맞배지붕	• 안동 봉정사 극락전(현존 **最古** 목조 건축물) • 예산 수덕사 대웅전(백제 사찰 양식 계승)	• 황해도 사리원 성불사 응진전
팔작지붕	• 영주 부석사 무량수전	

탑

승탑

통일신라	• 쌍봉사 철감선사 승탑	팔각원당형
고려전기	• 고달사지 승탑	

석탑

고려 전기	고려 후기	조선 전기
• 오대산 월정사 8각 9층 석탑 ⓐ 다각다층 + 받침대 보편화 ⓑ 송영향	• 경천사지 10층 석탑 ⓐ 원 영향 ⓑ 국립중앙박물관	• 원각사지 10층 석탑 ⓐ 경천사지 10층 석탑 계승 ⓑ 탑골공원
		대리석탑

54 조선 전기 성리학의 발달

1 성리학의 정착(15세기)

관학파	• 실용적 학문 보급에 관심, 타 학문에 대해 수용적 입장 • 『주례』를 통치 이념으로 수용(정도전) • 『주자가례』・『소학』 보급: 초등・민간에 성리학 윤리 보급
사학파 (사림파)	• 왕도 정치: 성리학적 명분론 강조, 형벌 < 교화 초점 • 『주자가례』・『소학』 강조 → 이론적 이해 심화

2 성리학의 융성(16세기)

(1) 16세기 사림: 도덕성・수신 중시, 인간 심성에 대한 깊은 관심

(2) 이기론 연구

서경덕	• 주기론의 선구자, 불교・노장 사상 개방적 태도 • '기' 일원론 주장 → 유기 철학 수립
조식	• 노장사상에 개방적인 태도 • 학문의 실천성 강조 → '(공)경'과 '의(리)' 강조 • 왜란기 후학들 의병장 배출, 서리망국론 주장
이언적	• 주리론의 선구자, 중종에게 '일강십목소' 바침, 이황에게 영향

3 학파의 형성과 예학의 발달

(1) 학파의 형성: 16세기 중반 ~ 학설・지역 차이, 서원 중심 형성

동인	• 초기 학파: 서경덕・이황・조식 학파 • 분열 계기: 정여립 모반 사건(1589), 정철 건저 사건(1591) 등 • 학파의 분화: 북인(서경덕・조식 학파), 남인(이황 학파)
서인	• 이이 학파(→ 노론)・성혼 학파(→ 소론)
북인	• 광해군대 중립 외교 → 인조반정(1623) → 북인 몰락 → 서경덕・조식 사상, 양명학・노장 사상 배척
서인과 남인	• 현종대 예송 → 서인(송시열・송준길) vs 남인(윤휴・윤선도・허적・허목)

(2) 예학의 발달

① 16세기 중엽 『주자가례』 중심

② 17세기 예학의 시대(김장생・정구): 전례 논쟁 발생

(3) 이황 vs 이이

이황 (퇴계)	• 도산서원(안동), 영남학파 예 김성일・유성룡 → 위정척사에 영향 • 주리론: 이언적 사상 계승 → 일본 성리학에 영향 • 붕당: 동인 → 영남 남인 • 인간 심성 중시, 근본・이상주의적 성격 **强** • '이'는 존귀 / '기'는 비천(주리론) 　- 이기이원론 　- 이기호발설(理氣互發說) • 4단 7정 논쟁(기대승), 경(敬) 실천 중시 • 저서: 『주자서절요』, 『전습록변』(양명학 비판), 『성학십도』(10개의 그림, 군주의 수행・면학 강조)
이이 (율곡)	• 자운서원(파주), 강릉 오죽헌 → 경기도 파주 고향 → 기호학파 　※ 오죽헌: 모친 신사임당 친정, 이이의 외가 • 붕당: 서인 → 노론 　예 조헌・김장생(가례집람 저술) → 송시열・송준길 → 한원진 • 구도장원공 별명: 13세 소과, 23세 장원 급제 • 수미법, 사회경장론, 십만양병설 등 개혁적・실천적 경향 • 이황에 비해 상대적으로 '기' 강조 → 일원론적 이기이원론 • '이'는 보편적, '기'는 특수한 것: 이통기국론 • 『성학집요』 　- 어진 신하가 군주를 가르쳐야 한다. 　- 구성: 통설 - 수기 - 위정 - 성현도통 　- 내용: 왕도정치의 규범 체계화 • 저서: 『동호문답』(대공수미법), 『만언봉사』(십만양병설), 『격몽요결』(청소년 윤리서), 『기자실기』 등

54 조선 전기 성리학의 발달

성리학 전래 → 성리학 발전 → 예학의 시대
(고려 말) (16C) (17C)

실천적 성리학(소학, 주자가례) / 이기론 발전 / 김장생
  └ 가례집람

서경덕
- 理<氣
  └ 기는 영원불멸
- 불교·노장사상에 개방적
→ 북인

조식(남명)
- '경'과 '의' 강조
- 학문의 실천성 강조
  → 의병장 배출(정인홍, 곽재우)
- 서리망국론
→ 북인

이황(퇴계)
- 주리론, 이상주의적
  └ 이는 존귀, 기는 비천
- 예안향약, 도산서원(안동), 영남학파
- 일본 성리학에 영향 : 동방의 주자
- 4단 7정 논쟁
  └ 이황 VS 기대승
- 『성학십도』, 『주자서절요』, 『전습록변』
  ⓐ 군주 역할 강조   └ 양명학 비판
  ⓑ 10개의 그림
→ 남인

이이(율곡)
- 주기론, 현실개혁적(사회경장론)
  └ 이는 통하고 기는 국한
- 9도장원공
- 해주향약, 자운서원(파주), 기호학파
- 동·서 붕당 양자 모두 비판
- 『성학집요』, 『격몽요결』, 『기자실기』, 『만언봉사』, 『동호문답』
  ⓐ 신하 역할 강조   └ 십만양병설 └ 수미법
  ⓑ 『대학연의』 보완
→ 노론

성혼 → 소론

『기자실기』 서문

물론 단군께서 제일 먼저 나시기는 하였으나 문헌으로 상고할 수 없다. 삼가 생각하건대 기자께서 우리 조선에 들어와서 그 백성을 후하게 양육하고 힘써 가르쳐주어 머리를 틀어 얹는 오랑캐의 풍속을 변화시켜, 제나라와 노나라 같은 나라로 만들어 주셨다.

55. 조선 후기 사상의 분화

1 성리학의 변화

절대화	• 서인 중심, 송시열 → 주자 절대화
상대화	• 고전 유학(6경·제자백가)에서 사상적 기반 탐색 • 윤휴: 유교 경전 독자적 해석, 「독자기」·「중용주해」 저술 • 박세당: 유교 경전에 대한 독자적 해석 - 「사변록」 → 윤휴·박세당: 서인(송시열)에 의해 사문난적으로 매도
이기 논쟁	• 이황 학파(영남 남인) vs 이이 학파(서인, 노론)
호락 논쟁	• 18세기 노론 내부에서의 심성론 논쟁 • 호론: 충청 노론, 인물성이론 - 인=조선, 물=오랑캐·청 → 북벌론·화이론·위정척사 영향 - 기존 신분제·지주제 옹호 • 낙론: 서울·경기 노론, 인물성동론 - 북학론 바탕 → 개화사상 영향
소론	• 성혼 사상 계승 → 성리학 이해 탄력성(노장·양명학 수용)

> **＊참고자료**
>
> ★ [성리학의 절대화와 사문난적]
>
> 우리 주 부자(주자)가 … 집주와 장구를 확정하고 저술하여 만세에 교훈을 남겨 놓았으니, 이는 바로 천지의 떳떳한 법이고 고금의 공통된 의리입니다. 불행히도 지난날에 난적(亂賊) 윤휴가 선현을 가볍게 보고서 《중용》의 장구를 멋대로 고쳤었으니, … 박세당의 《사변록》이 또한 뒤따라 일어나게 되고, 이번에는 최석정이 또한 그가 만든 《예기유편》이란 것으로 신엄을 간범하고 있습니다. 성명한 세상에 어찌 이처럼 괴이한 말이 자주 일어나는 것이겠습니까? - 숙종실록 47권, 숙종 35년 2월 16일 -

2 양명학의 수용 ※양명학: 명의 왕양명(왕수인) 정비

(1) 양명학의 내용
  ① 양지(良知): 태어날 때부터 알고 있는 바른 앎 → 치양지설(지행합일) 강조
  ② 친민설, 심즉리설(인간의 마음이 곧 리理)

(2) 양명학의 도입
  ① 소개: 16세기 중종대 서경덕 학파 → 퇴계 이황에 의해 배척 『전습록변』
  ② 본격적 연구
    • 18세기 초 정제두의 강화학파 → 이후 가학(家學) 형태로 계승
    • 정제두 저서: 『하곡집』, 『존언』, 『만물일체설』
  ③ 특징: 양반 신분 제도 폐지 주장, 일반민을 도덕 실천의 주체로 상정

55 조선 후기 사상의 분화

```
                    ┌─────────────────────────────────────┐
                    │      성리학적 사회질서 붕괴          │
                    ├─────────────────────────────────────┤
                    │ • 명·청 교체  • 상품 경제 발달  • 신분제 동요 │
                    └─────────────────────────────────────┘
                                     ↓
                              ┌──────────┐
                              │ 사상의 분화 │
                              └──────────┘
```

17C~18C

19代 숙종

- **서인** — 송시열
  - 주자성리학 절대화
  - **노론**
    - **서울노론**
      - 낙론(인물성동론)
      - 북학론 — 주리론
    - **충청노론**
      - 호론(인물성이론)
      - 북벌론 — 주기론
      - 한원진·윤봉구
    - VS 호락논쟁(노론 내부 이기논쟁)
  - **소론** — 박세당
    - 『사변록』
    - 사문난적으로 몰림

- VS 예송 환국

- **남인** — 윤휴
  - 유교경전 독자해석 — 『중용주해』
  - 사문난적으로 몰림
  - 영남 남인
  - 경기 남인

중상실학 → **개화사상**

양명학
- 전래(16C, 서경덕 학파)
- 비판(이황, 『전습록변』) → 가학으로 전래
- 치양지설 — 참다운 앎

강화학파
- 소론 정제두가 창시 — 『하곡집』
- 일반민을 도덕주체로 설정(신분제 부정)
- 계승(이광사→이긍익→박은식『유교구신론』)

서학
- 전래(16C, 이수광『지봉유설』)
  마테오리치『천주실의』
- 수용(17C 학문적 → 18C 종교적)
  연행사(청 사신) — 남인
- 비판(안정복『천학문답』)

19C

동학

최제우(1대)
- 교리(유·불·선 + 민간 신앙) — 주문·부적
- 사상(인내천, 후천개벽)
- 탄압(혹세무민 이유 처형, 1864)

최시형(2대)
- 교단 정비(포접제)
- 『동경대전』『용담유사』
  한문   한글

천주교 박해

정조 — 신해사옥(1791)
- 진산 사건
- 윤지충 모친상 신주소각

순조 — 신유사옥(1801)
- 유배(정약용·정약전)
  강진   흑산도
- 처형(이승훈) — 최초 영세(1784)
- 황사영 백서사건의 계기

헌종
- 기해사옥(1839)
  - 오가작통법 악용
  - 정하상 희생 — 『상재상서』
- 병오사옥(1846)
  - 처형(김대건) — 최초신부

56. 조선 후기 실학의 발달

1 실학의 등장

(1) **배경**: 서학·고증학(청) 소개 → 사회 모순 비판, 실용적 과학 기술 도입

(2) **성격**: 실사구시(實事求是) → 실용적·개혁적 ※ 정책에는 미반영

(3) **실학의 선구**

① 이수광 『지봉유설』(광해군대)
- 최초의 문화백과사전: 서구 문명 최초 소개, 천주교·교황 기술
- 실용·실리추구와 실증정신·민본정신 등 역설

② 한백겸 『동국지리지』: 우리 역사 지리 고증, 고대 지명의 새로운 고증

③ 김육: 시헌력 채택, 대동법 확대 실시, 화폐 유통 주장

2 실학의 발전

(1) **중농학파(경세치용학파)**: 경기 남인, 토지 제도 개혁 → 자영농 육성(분배 강조)

유형원 (반계)	• 17세기 후반, 중농학파의 선구자 • 균전론: 신분 따라 차등 있게 토지 재분배 주장 • 공전제: 토지 국가 소유제 주장 • 양반 문벌·과거·노비 제도 모순 비판 ※ 신분제는 인정 • 노비 세습제 폐지, 병농일치제, 결부제 폐지·경무법 실시 주장 • 저서: 『반계수록』, 『동국여지지』
이익 (성호)	• 18세기 전반, 중농학파의 계승·발전 • 한전론(限田論): 영업전 매매 금지(하한선), 그 외 토지 매매 허용 • 천주교 연구 → 비판(배척) • 6좀 비판: 노비·과거·양반 문벌·사치와 미신·승려·게으름 • 폐전론: 화폐 경제에 부정적 • 붕당론: 양반 수·특권 제한 주장, 성호학파 형성 • 저서: 『성호사설』 → 천지·만물·경사·인사·시문 5개 분야 기술 『곽우록』 → 국가 제도 전반 개혁 제시, 한전론 기록
정약용 (여유당, 다산)	• 18세기 후반, 실학 집대성 • 과학 기술·상공업 발전 관심, 상품 작물 재배 강조 • 여전론: 마을 단위 공동 노동·공동 경작 → 노동에 따른 차등 분배(이상적) → 정전론 주장 • 저서: 『여유당전서』 → 1934년 조선학운동, 정인보 간행 『목민심서』 → 지방관의 도리, 『경세유표』 → 중앙 정치 개혁 『흠흠신서』 → 형옥 관련 법률서적, 『전론』 → 여전론 주장 『탕론』 → 민본적 왕도 정치, 『원목』 → 지방관은 백성 위해 존재 『기예론』 → 기술의 중요성, 기예 도입의 필요성 강조 『마과회통』 → 마진(홍역) 관련 의학서, 종두법 소개

(2) **중상학파(이용후생학파·북학파)**: 일부 경기 노론

① 토지 제도 개혁 → 토지 생산성 강조

② 상공업 육성(성장·효율성 강조)

유수원 (농암)	• 18세기 전반, 상공업 진흥·기술 혁신 강조 • 사농공상 직업적 평등화·전문화 주장 • 저서: 『우서』 → 토지 개혁 < 농업의 상업적 경영·기술 혁신
홍대용 (담헌)	• 기술 혁신·문벌 제도 철폐, 성리학 극복 → 부국강병의 근본 • 『임하경륜』: 균전제(성인 남성 토지 2결 지급 → 죽으면 반납) • 『의산문답』: 무한 우주론·지전(지동)설 → 중국 중심 세계관 비판 • 저서: 『임하경륜』, 『의산문답』, 『주해수용』(기하학 원리), 『연기』(청 견문록)
박지원 (연암)	• 한전제(『한민명전의』에 기록): 토지 소유 상한선 제한, 농업 생산력 증대 관심 • 수레·선박 이용, 용전론: 화폐 유통 필요성 강조 • 저서: 『열하일기』, 『방경각외전』 → 양반 제도 비생산성 비판, 『과농소초』
박제가 (초정)	• 청과의 통상 강화, 상공업 발달, 수레·선박 이용 주장 • 무역선 파견 국제 무역 참여, 절약 < 소비 (생산과 소비를 우물에 비유) • 저서: 『북학의』, 『종두방서』 → 정약용과 함께 종두법 연구

56. 조선 후기 실학의 발달

고증학 + 서양 과학
↓
실학(實學)

경기 남인 — 분배 → 중농학파
서울 노론 — 성장 → 중상학파

중농학파

유형원(반계, 17C)
- 균전론(신분에 따른 토지 차등지급)
- 결포론(토지 면적 단위 군포 징수)
- 비판(양반문벌·과거·노비)
- 『반계수록』(개혁론)

이익(성호)
- 한전론(영업전 지급, 토지 하한 설정)
  └ 생계유지(매매금지)
- 폐전론(화폐 부정)
- 비판(여섯 가지 좀, 천주교)
  └ 양반문벌, 과거, 노비, 승려, 기교(사치·미신), 게으름
- 『곽우록』, 『성호사설』(백과사전)
  └ 당면 문제의 해결책 제시

정약용(다산)
- 여전론(공동 소유·공동 경작 후 노동량에 따른 분배)
  ⇒ 정전론(조세제도 개혁 통해 정전제 이념 구현)

여유당전서(정약용의 저술정리)
- 『흠흠신서』(형옥제도)
- 『목민심서』(지방관도리)
- 『경세유표』(중앙 행정)
- 『기예론』(기술문화 장려)
  └ 주교·거중기(화성 건설)
- 『탕론』(혁명사상)
  └ 권력은 '민'으로부터
- 『마과회통』(홍역)

중상학파

유수원
- 사농공상 직업적 평등·전문화
- 『우서』(사·농·공·상을 분별하지 못하는 것이 빈궁의 원인)

홍대용(담헌)

『담헌서』(문집)
- 문벌타파(사·농·공·상 관계없이 모두 노동)
- 『임하경륜』(균전론 주장)
  └ 성인 남성 토지 2결 지급
- 『의산문답』(지전설·무한우주론)
  └ 실옹과 허자의 대화(중화사상 비판)
- 『연기』(⑭견문록)
- 『주해수용』(수학)

박지원(연암)
- 한전론(토지 상한 설정)
  └ 남한의 농지개혁
- 용전론(화폐 긍정), 상공업 진흥(수레·선박 사용)
  └ 박제가도 동일
- 양반제 비판
  └ 『호질』·『양반전』(자유로운 문체) ↔ 문체 반정
- 『과농소초』(농서), 『열하일기』(⑭견문록)

박제가
- 규장각 검서관(서얼 출신)
- 『북학의』
  ⓐ 청과 통상(무역선 파견)   ⓑ 소비 강조(우물 비유)
- 『종두방서』(종두법 연구)
  └ 정약용 『마과회통』 부록

57. 조선의 역사서

1. 조선 전기의 역사서

(1) 건국 초기: 왕조 정통성·성리학적 통치 규범 보급

① 『고려국사』(정도전)·『동국사략』(태종, 권근): 고려 역사 정리 → 조선 건국 정당성

② 『조선왕조실록』

제작	• 태조 ~ 철종, 편년체, 춘추관의 실록청 편찬 → 3년마다 포쇄
사료	• 사초(예문관)·시정기(춘추관, 관청 업무일지 모음) • 『승정원일기』, 『의정부등록』, 『비변사등록』 등 기초로 작성
보관	• 4대 사고(춘추관·충주·성주·전주)에 보관 • 왜란 때 전주 사고 실록 제외 모두 소실 　→ 선조·광해 때 5대 사고 정비 • 5대 사고: 춘추관, 오대산, 태백산, 묘향산, 마니산 사고 　※ 묘향산 → 적상산 사고 이동, 마니산 → 정족산 사고 이동
수정실록	• 선조 수정 실록: 인조반정 후 수정 • 현종 개수 실록: 숙종 때 경신환국 후 수정 • 숙종 실록보궐정오: 영조 4년 소론 주도하에 수정 • 경종 수정 실록: 정조 때 영조실록을 편찬하면서 수정

(2) 15세기 역사서의 편찬

『고려사』 (김종서· 정인지)	• 문종 때 완성 • 정도전 『고려국사』 모델, 기전체 / 문종 때 편찬 • 명분론 반영(세가 - 지 - 연표 - 열전) / 고려 역사 자주적 정리
『고려사절요』	• 문종 때 완성 • 고려 역사 자주적 정리, 편년체
『삼국사절요』 (서거정· 노사신)	• 성종 때 완성 • 『삼국사기』 + 『삼국유사』 모델 • 단군 조선 ~ 삼국 멸망까지 기록, 편년체 / 성종 때 편찬
『동국통감』 (서거정)	• 성종 때 완성 • 최초의 편년체 통사, 단군 조선 ~ 고려 말, 『자치통감』 모델 • 외기(단군 조선 ~ 삼한) - 삼국기 - 신라기 - 고려기

(3) 16세기: 존화주의 사관 → 『동국사략』(박상), 『기자실기』(이이)

2. 조선 후기의 역사서 ※ 국학 연구 확대와 연관

『성호사설』 (이익)	• 도덕 중심 사관 비판 → 실증적·비판적 역사 서술 제시 • 중국 중심 역사관 탈피 → 우리 역사 체계화, 민족의 자각 고취
『동사강목』 (안정복)	• 강목체 형식 편년체, 명분·정통성 중시(성리학적 유교 사관) • 이익의 역사의식(삼한정통론) 계승, 고조선 ~ 고려 말 통사 　- 단군 조선 → 기자 조선 → 마한 → 통일 신라 → 고려 　- 무통 시대 = 삼국 시대, 『삼국사기』 비판, 고구려 강조 • 고증 사학 토대 마련, 발해 서술(한계: 말갈 역사로 봄) • 『열조통기』: 태조 ~ 영조 역사 왕별로 편찬
『해동역사』 (한치윤)	• 500여 종의 중국·일본 자료 참고 → 역사 인식 폭 확대 • 기전체, 고조선 ~ 고려 말까지의 통사
『연려실기술』 (이긍익)	• 조선 정치·문화를 실증·객관적으로 정리한 야사 총서 • 기사본말체 특징
『동사(東史)』 (이종휘)	• 고조선 ~ 고려 말까지의 통사, 기전체, 발해의 고구려계승 강조 • 고대사 연구 시야를 만주까지 확대 → 반도적 사관 극복 • 최초로 단군 본기 기록, 단군 → 부여 → 고구려 흐름 중점
『발해고』 (유득공)	• 최초로 "남북국시대" 표현, 고대사 연구 시야 만주 확대
『금석과안록』 (김정희)	• 금석문 1인자, 북한산비·황초령비 진흥왕 순수비임을 고증

57 조선의 역사서

구분	조선 전기			조선 후기	
	15C		16C	18C	19C
	태조	문종	성종	정조	순조

역사서

태조 - 고려국사
- 정도전
- 조선건국 정당화

문종
고려사
- 기전체

고려사절요
- 편년체
- 고려사 보완

「고려사」 서문
「본기」라 하지 않고 「세가」라 한 것은 대의명분의 중요함을 보이기 위한 것입니다. 신우, 신창을 「세가」에 넣지 않고 「열전」에 내려놓은 것은 왕위를 도적질한 것을 엄히 밝히려 한 것입니다.

성종 - 동국통감
- 서거정
- 최초 편년체 통사 (고조선 ~ 고려)

정조
동사강목
- 안정복
- 고조선 ~ 고려
- 편년체·강목체
- 삼한(마한)정통론
  └ 삼국(무통)

열조통기
- 안정복
- 조선왕조역사

연려실기술
- 이긍익
- 기사본말체(야사체)
- ㉜ 정치·문화

반도사관 극복

동사(東史)
- 이종휘
- 고구려사 강조
- ㉑ 허목의「동사」(東事, 현종)
  └ 독자적 풍속·인심헤아려 순응하는 정치

발해고
- 유득공
- 남북국 최초사용

순조
해동역사
- 한치윤, 기전체
- 중국·일본자료(500여종)
- 민족사 인식폭 확대

안정복의「동사강목」
고구려의 강대하고 현저함은 백제에 비할 바가 아니며, 신라가 차지한 땅은 남쪽의 일부에 불과할 뿐이다.
※ 단군-마한-삼국(무통)-통일신라-고려

중인의 역사

연조귀감	규사	호산외기
정조	철종	헌종
향리 역사	서얼 역사	중인 전기집

조선왕조실록

- 태조 ~ 철종 / 편년체, 실록청에서 제작
- 세계기록문화유산
- 왕은 열람 X
  cf) 국조보감 (왕 열람 O)
  └ 조선 역대 국왕 치적 정리

작성 과정

| 국왕 승하 | 실록청 설치 | 3단계 수정 (초초→중초→정초) | 세초 (참고자료 파기) |

↑
사초, 승정원일기, 비변사등록, 일성록, 시정기 참고
- by 예문관
- 현존 최대분량(세종)
- 왕의일기(정조)
- 관청업무일지(by 춘추관)

사고
	세종	임진왜란	광해군	이괄의 난 이후
	춘추관 → X		춘추관 → X
	충주 → X		오대산
	성주 → X		태백산
	전주		마니산 → 정족산
			묘향산 → 적상산

58. 조선의 지도·지리서, 백과사전

1 조선 전기의 지도·지리서

(1) 목적: 중앙 집권과 국방 강화

(2) 지도
  ① 혼일강리역대국도지도(태종)
   - 동양에서 가장 오래된 세계 지도, 일본에 현존/중화사상(중국을 가장 크게 그림)
   - 이슬람 영향 받은 원나라 세계 지도(혼일강리도)에 한반도·일본 지도를 추가
   - 유럽·아프리카 대륙 ○ but 아메리카 대륙 X
  ② 팔도도(태종~세종): 전국 지도
  ③ 동국지도(세조대 양성지): 실측 지도, 현존 X cf 영조대 정상기 동국지도 구분
  ④ 조선방역지도(명종): 만주·대마도를 우리 영토로 표시

(3) 지리지
  ① 신찬팔도지리지(세종) → 수정: 세종실록지리지(단종) → 팔도지리지(세조~성종)
   - 세종실록지리지에 "우산(독도)·무릉(울릉도) 두 섬이 강원 울진현 동쪽에 있다" 기록
  ② 동국여지승람(성종): 군현 연혁·지세·인물·풍속·교통 등 상세 수록, 현존 X
   → 신증동국여지승람(중종): 최초로 울릉도·독도가 표기된 지도인 팔도총도 수록

(4) 기타: 표해록(성종, 최부) → 제주에서 풍랑을 만나 중국에 도착 후 겪은 경험 기록

2 조선 후기의 지도·지리서

(1) 조선 후기의 지도
  ① 동국지도(정상기): 18세기 영조대 제작, 최초로 100리 척 사용
  ② 대동여지도(김정호): 순조대 제작한 청구도(김정호) 수정
   - 19세기 철종대 제작, 10리마다 눈금 표시
   - 산맥·하천·포구·도로망 표시 정밀
   - 22첩의 분첩 절첩식, 목판 인쇄 → 지도와 판목 현존

(2) 역사 지리서의 편찬
  ① 동국지리지(한백겸)
   - 17세기초, 고대 지명 새롭게 고증
   - 고구려 발상지가 만주 지방임을 최초 고증
  ② 아방강역고(정약용)
   - 백제의 도읍지가 한성, 발해 중심지가 백두산 동쪽임을 최초로 고증
   - 장지연의 대한강역고(1903)로 계승

(3) 인문 지리서의 편찬
  ① 동국여지지(유형원): 조세 수취 자료를 수집하기 위해 각 지역의 특산물과 지형 등을 조사
  ② 택리지(이중환)
   - 영조 27년(1751), 사찬 인문 지리지
   - 사민총론: 사농공상의 유래·사대부의 사명, 이를 위한 생업과 가거지 마련 중요성
   - 팔도총론: 우리나라 산세와 위치, 8도의 위치와 역사적 배경 요약
   - 복거총론: 절반 분량, 주거지 선호 기준 제시[지리(풍수), 생리(경제), 산수(경치), 인심]

3 조선 후기의 백과 사전

(1) 편찬 배경: 실학 발달, 문화 인식의 폭 확대

지봉유설 (이수광)	• 17세기 초, 최초의 백과사전 • 『천주실의』(마테오 리치) 소개, 서구 문명 최초 소개
성호사설 (이익)	• 천지, 만물, 경사, 인사, 시문 등 5개 부문 기술 • 우리나라·중국 문화의 백과사전식 소개
동국문헌비고 (홍봉한)	• 영조의 명으로 우리나라의 각 영역을 체계적으로 정리 • 한국학 관찬 백과사전(18세기)
청장관전서 (이덕무)	• 중국의 역사와 풍속·제도 등 소개(18세기) ※ 이덕무: 규장각 검서관 출신
임원경제지 (서유구)	• 농촌 생활 백과사전 ※ 둔전론: 지주제 인정 • 동물학·식물학·광물학·지질학 등 기록(19세기)
오주연문장전산고 (이규경)	• 중국과 우리나라의 고금의 사물 실증적으로 정리 ※ 이규경: 이덕무 손자
자산어보 (정약전)	• 흑산도 유배 중 저술한 어류 백과사전

58 조선의 지도·지리서, 백과사전

지도

구분	조선 전기(정치적·군사적)			조선 후기(경제적·문화적)		
	15C		16C	17C	18C	19C
	태종	세조	명종	선조	영조	철종
지도	**혼일강리도** • 동양 最古 세계지도 • 중국 중심 세계관 • 아프리카 O, 아메리카 X	**동국지도** • 최초 실측지도(전국) └ 인지의·규형 성종 **견문록** • 해동제국기, 표해록 └ 신숙주	**조선방역지도** • 조선영토(만주·대마도)	**곤여만국전도** • 세계지도(마테오리치) • 비판(중국 중심 세계관)	**동국지도** • 정상기 • 최초 축척지도 • 100리마다 눈금	**대동여지도** • 김정호 • 10리마다 눈금 • 대중화(목판, 22첩 분첩식)

지리서

	15C		16C	17C	18C	19C
	세종	성종	중종	광해군	영조	순조
지리서	**신찬팔도지리지** 단종 **세종실록지리지** └ 단군신화	**동국여지승람** • 군현의 지세·인물·풍속 └ 백과사전식 • 현존 X	**신증동국여지승람** • 팔도총도 수록 └ 최초 울릉도·독도 표기 • 현존 O	**동국지리지** • 한백겸 • 고구려 발상지(만주) 고증	**택리지** • 이중환 • "가거지" 표현	**아방강역고** • 정약용 • 백제 도읍(한성) 고증

└ 역사지리서

백과사전(유서)

구분	조선 전기	조선 후기			
	16C	17C	18C		19C
	선조	광해군	영조	정조	순조
백과사전 유서	**대동운부군옥** • 사전형식으로 나온 최초 책	**지봉유설** • 이수광 • 조선후기 최초	**성호사설** • 이익 • 5개 부문 소개 └ 천지, 만물, 인사 등	**동국문헌비고** • 관찬 백과사전 정조 **청장관전서** • 이덕무(서얼)	**자산어보** • 정약전 • 흑산도 동식물 헌종 **오주연문장전산고** • 이규경 • (辨)證 고금의 사물 **임원경제지** • 서유구 • 농촌 생활

59 조선의 법전, 윤리·의례서

1 조선의 법전

(1) **목적**: 유교적 통치 규범 성문화

(2) **정비**
  ① 『조선경국전』(정도전): 주례 6전 체제 모범 → 조선 현실에 맞게 조정
  ② 『경제육전』(조준, 하륜 등)
    • 조선 최초의 성문법전, 조준 ~ 황희까지 6전 체제 강목 나누어 편찬
  ③ 『경국대전』
    • 세조: 호전·형전 완성
    • 성종: 수정 보완을 거쳐 6전 체제(이·호·예·병·형·공전) 완성(1485)
  ④ 『속대전』(영조) → 『대전통편』(정조) → 『대전회통』·『육전조례』(흥선 대원군)
    『대전회통』에서 『경국대전』은 원(原), 『속대전』은 속(續), 『대전통편』은 증(增), 『대전회통』은 보(補)로 표기

2 윤리·의례서의 편찬

(1) **조선 전기의 윤리서 편찬**
  ① 15세기
    • 『삼강행실도』(세종)
      - 충신·효자·열녀 등 행적
      - 한글 창제 이전, 그림 + 설명을 붙인 윤리서
  ② 16세기
    • 『이륜행실도』(김안국): 연장자와 연소자·친구 사이에 지켜야 할 윤리
    • 『동몽수지』(주자) 보급: 어린이 실천 윤리
    • 『동몽선습』(박세무): 아동용 한자 학습서
    • 『격몽요결』(이이): 본인이 해주에서 학생들을 가르친 경험 바탕 기초교육 정리

(2) **조선 후기의 윤리서 편찬**
  ① 17세기
    • 『동국신속삼강행실도』(광해군): 충신·효자·열녀(임진왜란 시기)
  ② 18세기
    • 『오륜행실도』(정조): 삼강행실도 + 이륜행실도

(3) **조선 전기의 의례서 편찬**
  ① 『오례』(세종) 규정: 길례·흉례·군례·빈례·가례 수록
  ② 『국조오례의』(성종)
    • 군례(군사)·빈례(사신 접대)·길례(제사)·가례(관례·혼례)·흉례(장례)
    • 상복 규정 미비 → 예송논쟁의 원인

(4) **조선 후기의 의례서 편찬**: 『속오례의』(영조) → 국조오례의 보완

3 조선 왕실 의궤

(1) **제작**: 국초부터 제작, 전기 기록 소실(임진왜란)
(2) **내용**: 국가·왕실 행사의 과정, 비용, 인원 등 정리(세계기록유산)
  ① 선조, 『의인왕후산릉도감의궤』: 의인왕후 왕릉 조성 과정 기록, 현존 最古
  ② 정조, 『화성성역의궤』: 수원 화성 건설 과정 기록
  ③ 가례도감의궤(반차도): 왕실 혼례 행렬
(3) **병인양요(1866) 당시 외규장각 의궤 약탈 → 2011년 반환**

  cf 직지심체요절 반환 X (파리도서관 소장)

59. 조선의 법전, 윤리·의례서

구분		조선 전기			조선 후기		
		15C			18C		19C
		태조	세조	성종	영조	정조	고종

법전	관찬(官撰)	**경제육전**
		• 조준
		• 최초 성문법
			경국대전
			(편찬시작)
			• 호전·형전 완성
				경국대전
				(완성·반포)
				• 6전 체계 완성
				└ 이·호·예·병·형·공전
					속대전
					• 경국대전 보완
						대전통편 (통)
						• 경국대전·속대전 통합
						  └(원)└(속)
						• 판례집 : 탁지지, 추관지
						  └호조 └형조
							대전회통 (보)
							• 대전통편 보완
							• 판례집 : 육전조례

	15C		16C	17C
	세종	중종	선조	광해군

윤리서	**삼강행실도**
	• 충신, 효자, 열녀
		이륜행실도
		• 장유유서, 붕우유신
			아동 학습서
			• 동몽선습(박세무)
			• 동몽수지
			• 훈몽자회
			  └한자교재
			• 격몽요결(이이)
				동국신속 삼강행실도
				• 충신, 효자, 열녀
				  └임진왜란 시기

	15C		18C
	세종	성종	영조
의례서	**오례** └길례·흉례·군례·빈례·가례	**국조오례의** └상복규정 미비 → 예송논쟁	**속오례의** └국조오례의 보완

조선 왕실의궤

• 국가·왕실 행사 내용 정리(세계기록문화유산)
  ex) 선조,『의인왕후산릉도감의궤』: 의인왕후 왕릉 조성과정 기록, 현존 **最古**
      정조,『화성성역의궤』: 수원화성 건설과정 기록

• 국초부터 제작, 전기 기록 소실(임진왜란)
• 병인양요(1866) 때 외규장각의궤 약탈(2011년 반환)
  cf) 직지심체요절 반환 X (파리 도서관 소장)
      └현존 **最古** 금속활자본

60. 조선의 농서·의서·병서, 언어·한글 연구·교육기관

1 조선의 농서

(1) 조선 전기의 농서

① 15세기
- 농사직설(세종 때 정초·변효문):『농상집요』참고 → 우리나라의 풍토에 맞는 최초의 독자적 농법 정리
- 양화소록(세조 때 강희안): 원예 방법 + 꽃·나무의 의미 및 상징성 정리
- 금양잡록(성종 때 강희맹): 저자가 직접 농사를 지은 경험을 기술

② 16세기: 구황촬요(명종 때 진휼청) → 영양실조 대응 구급법·도토리·나무껍질 가공법 정리

(2) 조선 후기의 농서

① 17세기
- 농가집성(효종 때 신속): 중국 강남 농법 소개, 이앙법·견종법 등 New 농법 보급
- 색경(숙종 때 박세당): 토질에 따른 재배 품종 + 양잠법 정리
- 산림경제(숙종 때 홍만선): 복거(주택 터+공사)·섭생(건강 관리)·치농(특용작물) 소개

② 19세기: 임원경제지(숙종 때 서유구) → 농업 위주 백과전서, 농업 개량 정리 실학서

> **참고자료**
> ★ [서유구, 임원경제지]
> … 밭을 가는 방법 가운데 대전(代田)보다 좋은 것은 없다. … 만전에서는 곡식을 두둑에 심기 때문에 이슬이 햇볕에 말라 큰 가뭄을 한 번 만나면 씨앗이 번번이 살지 못한다. … 대전의 김매는 법에서는 자루가 긴 호미를 들고 선 채로 두둑의 흙을 갈라 좌우로 나누어 밀쳐놓으면 잡초는 쓰러지거나 뿌리가 뽑혀 저절로 곡물의 뿌리에 북주기 때문에 장정의 하루 노동력으로 십수 묘를 작업할 수 있다. … 대전에서는 치수에 규칙이 있고 줄과 열이 바르고 곧아 통풍이 고르게 되어 곡물이 고르게 익는다. … 대전에서는 고랑에 똥거름을 줄 때 거름을 뿌리에 집중적으로 줄 수 있다. … 대전에서는 뿌리를 도탑게 북주기하여 뿌리가 깊기 때문에 바람과 가뭄에 잘 견딘다. - 서유구,『임원경제지』-

2 고려·조선의 의서

(1) 고려의 의학

① 태의감: 의학 교육 및 의과 주관

② 향약구급방: 우리 실정에 맞는 자주적 의서, 대장도감에서 편찬, 현존 最古 의서

(2) 조선 전기의 의서

① 향약채취월령(세종): 일반 대중 향약 채취·활용 위해 간행

② 향약집성방(세종)
- 제생원 간행 정종 때 간행한『향약제생집성방』참조 → 우리 풍토에 맞는 치료법 소개

③ 의방유취(세종): 의학 백과사전 성격

(3) 조선 후기의 의서

① 17세기
- 동의보감(광해군 때 허준): 의방유취 요약 + 전통 한의학 체계적 정리, 세계기록문화유산
- 침구경험방(인조 때 허임): 침구의 경락 공혈을 정리, 침구 보사법 독자적 체계 정리

② 18세기: 마과회통(정조 때 정약용) → 홍역(마진) 연구, 부록 종두방서(박제가와 함께 종두법 최초 소개)

③ 19세기: 방약합편(황도연, 한글로 약재 소개), 동의수세보원(이제마, 사상의학)

3 조선의 병서

(1) 조선 전기

① 진법서(태조): 요동정벌 위해 정도전이 부대 편성 방법 제시

② 총통등록(세종): 화포 주조법·화약 사용법 기록, 그림으로 표시

③ 역대병요(세종): 우리나라 지세에 맞는 전술 개발

④ 동국병감(문종): 고조선 ~ 고려 말까지의 다른 민족과의 전쟁·전란사 정리

⑤ 진법(성종): 오위제 기초 군사훈련 방법, 진(陣)을 치는 방법 등 정리

(2) 조선 후기

① 병장도설(영조): 진법(성종)을 책명을 바꾸어 복간

② 무예도보통지(정조): 이덕무·박제가 등 저술, 무예 훈련 교본

60. 조선의 농서·의서·병서, 언어·한글 연구·교육기관

4 언어·한글 연구

(1) 한글 창제

① 민족 문화의 발달 배경: 15세기 관학파의 지원 → 성리학 이외 사상에 관대

② 훈민정음 반포(1446)

- 배경: 지배층의 안정, 원활한 양반 중심 사회 유지 목적 cf 최만리·양반 반대 多
- 보급

『용비어천가』	세종, 왕실 조상의 덕을 찬양
『월인천강지곡』	세종, 부처님의 공덕 찬양
『석보상절』	세종대 수양대군, 부처의 일대기 편찬
	서리 채용 시 훈민정음 시험 치름

(2) 한글 연구

16세기	• 훈몽자회(최세진): 한자 학습서, 한글로 음·뜻 표기
18세기	• 훈민정음운해(신경준): 음운 연구서 • 고금석림(이의봉): 해외 언어와 우리나라 방언 연구서
19세기	• 언문지(유희): 한글 연구서 • 아언각비(정약용): 한국어 속어 중 모호한 것 고증

> **★ [유희, 언문지서(序)]**
> … 자네는 언문이 부녀자의 학문이라 하여 경홀히 하지 말라" 하였으며, 또 탄식하기를, "기우(奇耦)가 나누어진 것은 광운(廣韻)이 나오기 이전이었고 청탁(淸濁)이 혼돈된 것은 통석(通釋)이 나온 뒤였으나, 내가 어찌 통석이 나온 뒤의 사람과 함께 광운이 나오기 이전의 글자를 논하겠는가" 하셨다. 먼저 초성, 중성, 종성에 대하여 전서(前書)의 연혁을 열거하였고 논단을 붙였으며, 끝에는 온전한 글자를 나열하여 1만 250자를 가지고 종횡으로 행을 만들었다. …
> - 유희, 『언문지』 序 -

5 교육기관

(1) 성균관(국립)

① 유학 최고 교육 기관, 생원·진사 입학 가능

② 권당·공관: 성균관 유생의 식사 거부 or 교육 철수 → 유생 주도 공론 형성

③ 구성: 상재생(소과 합격) + 기재생(승보시 합격 & 고위 관료 子)

④ 구조: 명륜당(강의실) + 문묘·대성전(성현 제사) + 동·서재(기숙사) + 존경각(도서관)

⑤ 양현고: 성균관 학생들의 식량·물품 담당 ※ 반촌: 성균관 사역인 집단 거주 마을

(2) 사부 학당(국립): 수도 중등 교육 담당, 양인 이상 입학 – 생원·진사시 준비

(3) 향교(국립)

① 지방 초·중등 교육 담당, 성현 제사, 지방민 교화 목적

② 전국 부·목·군·현에 각각 하나씩 설치 → 중앙에서 교수·훈도 파견

(4) 서원(사립)

① 지방 사족 중심 건립, 우리나라의 선현 제사, 향음주례·향사례 주관

② 구조: 사당(제사) + 강당(강의실) + 동·서재(기숙사)

③ 가람(사원) 배치 양식 + 주택 양식 조화

④ 지방 사족의 향촌 영향력 행사 → 향약 주관, 풍속 교화 등

(5) 서당(사립): 초등 교육 담당

> **★ [서당 교육의 중요성]**
> 지난해 조정의 분부에 따라 지방 향촌이 각기 서당을 세우고 훈장을 두어 가르치니 그 효과가 없지 않았는데, 근래에 다시 없어지고 사라지게 되니 진실로 한스럽다. 그러므로 지금 마땅히 전날의 사목에 따라 타일러 경계하고 시행하되, 그 훈장을 고을로 하여금 공론에 따라 뽑아 임명하고 관청에 고하기를 태학의 장의의 예와 같이 하고 각 마을에 나눠 정해서 취학에 편리하게 한다. 관가에서도 편리에 따라 충분히 지원해 주고 수령은 공무 여가에 때때로 직접 찾아가 살피고 그 학도들을 고강한다.
> - 『효종실록』 권21, 10년 2월 16일 -

MEMO

60. 조선의 농서·의서·병서, 언어·한글 연구·교육기관

구분	조선 전기		조선 후기		
	15C	16C	17C		18C

농서

15C 세종 - 농사직설
- 지방 권농관의 지침서
- 독자적 우리 농법
  └ 늙은 농부의 경험 참고
- 이앙법 소개

세조 - 양화소록
- 강희안
- 화초재배법

성종 - 금양잡록
- 강희맹
- 최초 사찬농서
  └ 경기 시흥지방 농법

16C 명종 - 구황촬요
- 도토리·나무껍질 가공법

17C 효종 - 농가집성
- 신속

17C 숙종 - 색경
- 박세당
- 최초 실학농서

산림경제
- 홍만선

18C 정조 - 과농소초
- 박지원

해동농서
- 서호수

의서

15C 세종 - 향약채취월령
- 국산약재 소개

향약집성방
- 우리 풍토에 맞는 치료법
  └ 『향약구급방』(최초)

의방유취
- 의학백과사전

17C 광해군 - 동의보감
- 향약 명 한글 기재
  └ 한의학의 대중화
- 세계기록문화유산

17C 인조 - 침구경험방
- 허임
- 침구술 집대성

18C 정조 - 마과회통
- 정약용
- 종두법 연구
  └ with 박제가

19C 고종 - 동의수세보원
- 이제마
- 사상의학
  └ 태양인·태음인

병서

15C 세종 - 총통등록
- 무기제작·사용법

15C 문종 - 동국병감
- 고조선~고려 전쟁사

18C 정조 - 무예도보통지

언어·한글연구

18C 영조 - 훈민정음 운해
- 신경준
- 훈민정음 음운분석

18C 정조 - 고금석림
- 이의봉
- 방언, 해외언어

19C 순조 - 언문지
- 유희

61 조선의 문학·건축

1 조선의 건축

(1) 15세기
① 국가 주도 도시 건축 중심 / 궁궐·관아·성곽·학교 건축
② 신분에 따른 크기·장식에 일정 제약 예 안동 임청각(양반, 100칸 제한)
③ 궁궐 건축: 숭례문, 창경궁 명정전, 창덕궁 돈화문
④ 개성 남대문, 평양 보통문: 안정감·건물 강도↑
⑤ 해인사 장경판전(합천): 조선 전기 과학 기술 집약, 現 세계 문화유산
⑥ 강진 무위사 극락전: 검박하고 단정함
⑦ 원각사지 10층 석탑: 고려 문화 영향 → 경천사지 10층 석탑과 유사

(2) 16세기: 서원 건축 중심 예 옥산 서원(경주), 도산 서원(안동)

(3) 17세기
① 양반·지주층 불교 건축 지원 → 거대 규모·다층 구조 / 내부는 통함
② 금산사 미륵전, 화엄사 각황전, 법주사 팔상전(조선시대 유일한 5층 목탑)

(4) 18세기
① 부농·상인의 지원: 장식성이 강함 → 논산 쌍계사, 부안 개암사, 안성 석남사
② 수원 화성 → 축조 방법 『화성성역의궤』 기록: 세계 문화유산

(5) 19세기: 경복궁 근정전·경회루 → 고종(흥선 대원군) 왕권 과시 목적

2 조선의 문학

(1) 조선 전기의 문학
① 15세기
- 관학파 중심, 시 + 문학(사장학) 중시
- 『동문선』(성종대 서거정): 역대 시문 133편 엄선 모음집
- 설화 문학: 금오신화(김시습), 필원잡기(서거정), 용재총화(성현) 등

② 16세기
- 사림파 집권 → 경학 중시(문학 쇠퇴)
- 가사 문학 유행: 관동별곡·사미인곡·속미인곡(정철) 등
- 설화 문학: 『패관잡기』(어숙권) → 양반 문벌·적서 차별 폐단 지적

③ 17세기 설화 문학: 『어우야담』(유몽인) - 인륜·종교·학예·사회·만물 등 6항목

(2) 조선 후기의 문학
① 시사: 중인층 시 모임, 이항(위항) 문학
② 한문학: 정약용 한시, 박지원 한문 소설 등 유행 – 사회 현실 비판·풍자

3 서민 문학의 발달

(1) 배경: 상공업 발달, 농업 생산력 증대, 서당 교육 보급, 서민 지위 향상
(2) 특징: 양반 위선 모습 비판, 사회 부정·비리 풍자
(3) 종류
① 판소리(서민 문화 중심), 탈놀이(마을굿), 산대놀이(가면극)
② 한글 소설: 최초 – 허균 홍길동전 / 춘향전 / 별주부전 / 장화홍련전
③ 사설 시조: 격식에 구애 없는 남녀 간의 애정 표현·현실 비판

61 조선의 문학·건축

구분	조선 전기	조선 후기
문학	**가사문학(16C)**: 「관동별곡」·「사미인곡」(정철) **설화문학** - 15C: 「필원잡기」(서거정), 「금오신화」(김시습) └ 최초 한문소설 - 16C: 「패관잡기」(어숙권, 서얼) └ 적서 차별의 폐단 - 17C: 어우야담(유몽인)	**한문학**: 사회현실 비판 (애절양·양반전·허생전) └ 정약용 └ 박지원 **한글소설**: 홍길동전(최초), 춘향전 / 세책점 └ 책 대여 **사설시조**: 형식 파괴, 감정 표현
건축 (유교&불교)	**15C — 국가 주도 건축** - 신분에 따라 건물 제한 - 성문, 궁궐, 성곽 └ 개성 남대문, 평양 보통문 **16C — 서원 건축** - 가람(사원)배치 + 주택 양식 - 도산서원(이황), 자운서원(이이)	**사원 건축** - 15C: 합천 해인사 장경판전(세계문화유산), 강진 무위사 극락전(검박·단정) - 17C: 양반 지주층 지원 / 거대규모, 다층구조 / 금산사 미륵전, 화엄사 각황전, 법주사 팔상전(다층목탑) - 18C: 부농·상인세력 지원 / 강한 장식성 / 부안 개암사, 논산 쌍계사, 안성 석남사 - 불교의 사회적 지위 향상

62 조선의 예술

1 조선의 회화

(1) 15세기
　① 몽유도원도(안견)
　　• 안평대군의 꿈을 화폭에 옮김, 현실 + 이상 세계 조화
　　• 일 무로마치 막부 시대 미술에 영향
　② 고사관수도(강희안): 문인화, 선비들의 현실과의 거리감·자연과의 동화 추구

(2) 16세기
　① 산수화·사군자 유행
　② 초충도(신사임당), 풍죽도(묵죽도), 월매도(매화), 송하보월도(이상좌 - 노비 출신) 등

(3) 조선 후기
　① 진경산수화
　　• 중국 남·북종 화법의 영향 → 우리 풍속에 맞는 새로운 화법 시도
　　• 인왕제색도·금강전도(정선), 인왕산도(강희언), 송도기행명승도첩(강세황) 등
　② 풍속화
　　• 서민 or 양반·부녀자의 생활에 대한 감각·해학적 묘사
　　• 정조 화성 행차 병풍 행렬도·의궤 등 궁중 풍속화(김홍도), 미인도(신윤복) 등
　③ 민화: 민중 기복적 염원·미적 감각 표현
　④ 19세기: 풍속화·진경산수화 비판 → 문인화 부활

2 조선의 서예

(1) 조선 전기
　① 서예: 안평대군(15C), 한호(석봉체, 16C), 양사언(초서체, 16C)

(2) 조선 후기
　① 김정희(추사체): 고금의 필법을 연구한 굳은 서체
　② 이광사(동국진체): 우리 민족의 단아한 정서

3 조선의 음악

(1) 15세기
　① 아악(↔민간 음악) 발달: 제례악·궁중 연례악·정악·문묘 제례악 등
　② 세종: 악기 제작 → 장악원 설치, 박연 활동 / 여민락(악곡)·정간보 제작
　③ 성종: 『악학궤범』(성현) 편찬 → 음악 백과사전 성격

(2) 16세기
　① 민간 음악(속악) 발달 ※ 속악 = 당악(외래음악) + 향악(한국 전래음악)

(3) 조선 후기
　① 양반층: 시조, 가곡
　② 서민층: 민요
　③ 광대·기생: 판소리, 산조, 잡가 등

62 조선의 예술

구분		조선 전기		조선 후기
		15C(관학파)	16C(사림파)	
그림		**문인화** • 『고사관수도』(강희안) **도화서** • 『몽유도원도』(안견) └ 안평대군의 꿈, ⓗ에 현존 • ⓗ 무로마치 미술에 영향	**사군자** • 『묵죽도』(대나무) • 『월매도』(매화) **다양한 그림** • 『송하보월도』(이상좌, 도화서, 노비 출신) • 『초충도』(신사임당)　• 『포도도』(황집중)	**진경산수화** • 우리 자연·인물 소재 • ⓗ 남종·북종화법 수용 • 『인왕제색도』·『금강전도』(정선)　　**풍속화** 　　　김홍도 · 서민생활, 산수화·기록화 　　　신윤복 · 양반·부녀자 생활, 남녀 애정 　　　　　└ 단오풍정, 미인도 **민화**　　　　　　　　**서양화** • 서민들의 무병장수　　• 강세황(영통골 입구도) 　　　　　　　　　　　└ 원근법
서예			**석봉체** • 한호	**동국진체**　　　　**추사체** • 이광사　　　　　• 김정희 • 우리민족의 단아한 정서　• 고금의 필법 연구
음악·무용				**판소리** • 신재효(판소리 6마당 정리) **가면극** • 탈놀이, 산대놀이 • 사회비판

63 고려와 조선의 과학 기술

1 고려와 조선의 인쇄술

(1) 목판 인쇄술 발달(전기 ~): 대량 생산, 대장경 간행

(2) 활판 인쇄술 발달(후기 ~): 소량 생산
   ① 상정고금예문(1234, 최우): 동국이상국집(이규보)에 인쇄 기록, 현존하지 않음
   ② 직지심체요절(1377, 우왕)
      • 청주 흥덕사에서 간행, 백운화상이 저술
      • 현존 最古, 프랑스 국립 도서관에 보관

(3) 인쇄술 및 제지술
   ① 주자소: 계미자(태종) → 경자자·갑인자(세종, 밀랍 대신 식자판 조립) 제작
   ② 조지소: 종이 생산, 태종 대에 처음 설치(1415) → 조지서(1466, 세조)

2 고려와 조선의 천문학과 역법

(1) 조선 전기
   ① 천문·역법 담당 관청: 사천대(현종) → 서운관(충렬왕) → 관상감(조선 세조)
   ② 첨성대에서 관측: 일식, 혜성, 태양 흑점 등 관측 기록
   ③ 역법: (당)선명력(신라 ~ 고려 전기) → (원)수시력(충선왕 ~) → (명)대통력(공민왕 ~) → 칠정산 내·외편(세종 대 이순지, 한양 중심) → 시헌력(효종) → 태양력
   ④ 천상열차분야지도(태조, 고구려천문도 바탕)

(2) 조선 후기
   ① 지전설: 김석문(최초 주장), 홍대용(혼천의 제작) → 성리학적 세계관 동요
   ② 최한기: 명남루총서(뉴턴의 만유인력설), 지구전요(지전설)
   ③ 역법: 시헌력(아담 샬 제작) 도입(효종 때 김육이 건의) → 태양력(을미개혁)

3 공예 및 자기

(1) 고려
   ① 순청자(전기): 송의 영향, 고려도경(서긍)에서 비색을 극찬
   ② 상감청자(무신 집권기 ~): 상감 기법, 강진·부안 가마터, 원 간섭기 이후 퇴조
   ③ 분청사기(원 간섭기 ~ 조선 초기)
      • 청자에 백토로 분칠, 원의 영향(북방 가마)
      • 소박하고 천진스러운 무늬의 조화
   ④ 청동 은입사 기법, 나전 칠기

(2) 조선
   ① 백자: 민간에서도 널리 제작(달항아리 백자), 청화백자 유행
      ※ 청화백자: 14세기 중국에서 전래, 초기 명의 청화백자 영향 → 15세기 후반 독자적
   ② 서민: 주로 옹기(질그릇·오지그릇) 사용
   ③ 목공예: 장롱, 책상, 문갑, 소반, 의자, 필통 등 제작(양반 사대부 서재)

4 과학 기술

(1) 고려의 무기체계
   ① 화포 개발: 화통도감(1377), 진포 대첩(최무선, 1380, 우왕)에서 화포 사용
   ② 조선술의 발전: 대형 범선 제작, 왜구 격퇴하기 위해 누전선 제작

(2) 조선의 측량 기술
   ① 자격루(자동 시보 장치), 앙부일구(해시계)
   ② 토지 측량 기구: 인지의·규형(세조)
   ③ 혼의·간의(세종, 천체 관측), 측우기(세종, 강수량)

(3) 서양 문물 전래
   ① 17C 사신들이 전래: 세계지도(선조, 이광정), 화포·천리경·자명종(인조, 정두원)
   ② 벨테브레(인조): 훈련도감 소속, 서양식 대포 제조·사용법 교육, 귀화(박연)
   ③ 하멜(효종): 훈련도감 소속, 탈출하여 하멜표류기 지음
   ④ 곤여만국전도(마테오 리치) 전래: 서구 중심 과학적 지도, 세계관 확대
   ⑤ 기예론(정약용): 배다리 설계, 거중기 제작(기기도설 참고)

(4) 수학: 기하원본 도입(유클리드 기하학 일부, 마테오 리치 번역), 주해수용(홍대용)

63. 고려와 조선의 과학 기술

구분	고려 전기	고려 후기	조선 전기	조선 후기
천문학		**천문기관** 　　　　고려　　　조선 관청　사천대→서운관　관상감 장소　첨성대　　　　간의대	**태조** • 천상열차분야지도 └ 고구려 천문도 계승 **세종** • 혼천의, 간의	**홍대용** • 지전설, 무한우주론 　└ 김석문 최초 • 혼천의 **최한기** • 북학과 개화의 가교 역할 • 『지구전요』, 『명남루총서』 　　└ 지전설　└ 만유인력
역법	선명력(당)	수시력(원, 충선왕)　　대통력(명, 공민왕)	칠정산(세종, 독자적) └ 內편 수시력, 外편 회회력 참고	시헌력(청, 효종)　　태양력(을미개혁) └ 김육 건의, 태음+태양력
자기	**순수청자** • 고려 중기 • 송(宋) 자기기술 영향 • 『고려도경』에서 극찬 　└ 비취색(독자적)	**상감청자** • 무신집권기 • 상감법 개발 　└ ㈜수공업(강진·부안) • 원간섭기 이후 퇴조　→	**분청사기** • 원간섭기·조선 초기 • 원의 영향(북방 가마) • 청자에 백토로 분칠 　└ 소박하고 천진스러운 무늬	**순백자** • 16C 유행 • 선비들이 애호 　(깨끗, 순백) • 민간 널리 사용 • 달항아리 백자	**청화백자** • 백자에 청색 　안료로 그림
기타	**은입사 기법** • 청동공예 　└ 청동 은입사 포류수금무늬정병 ─ 상감청자에 영향 • 나전칠기 공예			

64 유네스코 지정 세계문화 · 세계기록문화유산

1 유네스코 세계 문화 유산(등재연도 순, 14개, 자연유산 제외)

해인사 장경판전	15세기 건립 추정, 대장경 보관 목적 건물(온도·습도 조절) 건물 아래 숯 매장, 위·아래에 뚫려 있는 독특한 창호
종묘	조선 왕과 왕비의 역대 신위를 봉안한 사당, 정전·영녕전
석굴암과 불국사	경덕왕 대 김대성이 건립 / 경주 동남쪽 토함산에 위치
창덕궁	건축과 조경이 잘 조화된 종합 환경 디자인 사례
수원 화성	읍성과 산성을 합한 성곽 계획도시 / 채제공·정약용 활약
강화·화순·고창 고인돌 유적	한 지역에 수백 기 이상 집중 분포 다양성·밀집도 면에서 세계적으로 유래가 없음
경주 역사 유적 지구	남산 지구(포석정·나정·배리 석조여래삼존입상), 월성 지구(첨성대·계림), 대릉원 지구(천마총), 황룡사 지구(분황사), 산성 지구(명활산성)
조선 왕릉	44기 중 40기 등재(광해군·연산군 제외)
한국의 역사 마을	안동 하회 마을, 경주 양동 마을
남한산성	병자호란 때, 임시 수도 역할을 위해 행궁 건설
백제 역사 유적 지구	공주(공산성·송산리 고분군), 부여(관북리 유적·부소산성·능산리 고분군·정림사지), 익산(왕궁리 유적·미륵사지)
한국의 산사 (7곳)	양산 통도사, 영주 부석사, 안동 봉정사, 보은 법주사, 공주 마곡사, 순천 선암사, 해남 대흥사
한국의 서원 (9곳)	소수서원, 남계서원, 옥산서원, 도산서원, 필암서원, 도동서원, 병산서원, 무성서원, 돈암서원
가야 고분군 (7곳)	김해 대성동, 함안 말이산, 합천 옥천, 고령 지산동, 고성 송학동, 남원 유곡리와 두락리, 창녕 교동과 송현동

2 유네스코 세계 기록 유산(18개)

- 훈민정음해례본: 간송 미술관 소장
- 조선왕조실록: 태조 ~ 철종
- 직지심체요절: 청주 흥덕사에서 간행(1377), 프랑스 파리 국립 도서관에 보관
- 승정원일기: 세계 최대의 연대 기록물, 기네스북 등재, 임진왜란 때 소실, 현존하는 것은 인조 ~ 고종(1623 ~ 1894)대의 것
- 조선 왕조 의궤: 왕실·국가 주요 행사 기록, 임진왜란 이후 것만 현존, 2011년 프랑스가 약탈해 간 외규장각 의궤 반환(영구 임내)
- 고려대장경판 및 제경판 / 동의보감
- 일성록: 정조가 세손 시절 쓴 존현각일기부터 1910년까지 기록한 국왕 일기 / 5·18 광주 민주화 운동 기록물
- 난중일기 / 새마을 운동 기록물 / 한국의 유교 책판 / KBS 특별 생방송 '이산가족을 찾습니다' 기록물
- 조선왕실 어보와 어책 / 국채 보상 운동 기록물 / 조선 통신사 기록물
- 동학농민혁명 기록물 / 4·19 혁명 기록물

3 세계 무형 문화 유산(22개)

- 종묘 제례 및 종묘 제례악, 판소리(신재효), 강릉 단오제, 강강술래, 남사당놀이, 영산재, 제주 칠머리당 영등굿, 처용무
- 가곡, 대목장, 매사냥(다국가 공동 등재), 줄타기, 택견, 한산 모시짜기, 아리랑, 김장 문화, 농악
- 줄다리기(공동 등재), 제주 해녀 문화, 씨름(남북 공동 등재)
- 연등회 - 한국의 등 축제
- 한국의 탈춤

64. 유네스코 지정 세계문화·세계기록문화유산

세계문화유산

암기법		불경 백여 종 왕창 사서 잔고 화남!	
해석		세계문화유산에 등재된 값비싼 불경을 백여 종이나 왕창 사버렸더니, 남은 통장 잔고를 보고 화가 난다.	
불	불국사, 석굴암		경주 유적
경	경주 역사 유적지구 (남산, 월성, 황룡사, 대릉원, 산성 지구)		신라·백제·조선 유적지구
백	백제 역사 유적지구 (공주, 부여, 익산)		
여	역사마을 (안동 하회, 경주 양동)		
종	종묘		조선시대 유적
왕	조선왕릉		
창	창덕궁		
사	사찰 (통도사, 봉정사, 부석사, 선암사, 대흥사, 법주사, 마곡사 등 7곳) ※ 삼보사찰(통도사, 해인사, 송광사) └사리 └불경 └스님		불교, 유교 유적
서	서원 (소수서원, 남계서원, 도산서원, 옥산서원, 필암서원, 도동서원, 병산서원, 돈암서원, 무성서원 등 9곳)		
잔	장경판전 (합천 해인사)		
고	고인돌 유적(고창, 화순, 강화)		석조 건축
화	화성(수원)		
남	남한산성(경기도 광주)		

세계기록문화유산

암기법	오승훈이 대동세일 실직 통곡 유난 문의
해석	오승훈(인물)이 세계기록유산을 취급하는 대동세일이라는 회사에 다니다가 실직한 후, 통곡하면서 이유가 무엇인지 문의하다.
오	5·18 민주화운동 기록물
승	승정원일기
훈	훈민정음
이	이산가족 찾습니다 기록물
대	대장경판
동	동의보감
세	새마을 운동 기록물
일	일성록
실	조선왕조실록
직	직지심체요절
통	조선통신사 기록물
곡	국채보상운동 기록물
유	한국의 유교책판
난	난중일기
문	문정왕후 어보·어책
의	조선왕실 의궤

65 근대 문물의 수용

1 신식 문물 수용(교통·통신·의료)

1883	박문국(한성순보), 전환국(당오전, 1904년 폐지), 기기창(무기)
1884	우정총국(홍영식) cf 우정사 설치(1882, 근대적 통신 제도 마련)
1885	전신 개통(한성 전보 총국), 광혜원(2주 뒤 → 제중원, 알렌)
1887	전등 가설(경복궁)
1897	정동 교회 예배당 봉헌식(현존 最古 교회 건물)
1898	전화 개통(경운궁), 한성 전기회사 설립(미국인 콜브란, 황실 지원), 명동 성당(고딕 양식)
1899	전차(서대문 ~ 청량리), 경인선 개통 내부병원(최초 국립) → 광제원(1900) → 대한의원(1907, 관립의학교)
1901	덕수궁 중명전(러시아인 사바틴 설계, 을사늑약 체결 장소)
1905	경부선 개통
1906	경의선 개통 cf 경원선·호남선은 1914년 개통
1908	원각사(최초 서양식 극장, 이인직, 은세계·치악산 등 신극 공연)
1909	자혜의원(지방 관립 병원)
1910	덕수궁 석조전(영국인 하딩·로벨 설계, 르네상스 양식)

2 근대 신문

한성순보(1883)	박문국 발행, 관보(개화 정책 홍보), 최초 신문, 순한문, 갑신정변 때 폐간 → 한성주보(86, 최초 상업 광고, 국한문 혼용)
독립신문(1896)	서재필, 최초 민간 신문(정부 지원), 순한글과 영문판
매일신문(1898)	최초 일간 신문, 협성회 회보(배재학당)가 발전, 이승만
제국신문(1898)	순한글 일간지, 부녀자 대상, 이종일·이승만
황성신문(1898)	국한문 혼용, 보수 유림 대상, 남궁억·장지연(시일야방성대곡)
대한매일신보 (1904~1910)	베델·양기탁, 순한글·영문판·국한문 혼용, 신민회 기관지, 고종이 을사조약을 비판하는 친서를 게재
만세보 (1906~1907)	천도교 기관지, 혈의 누(이인직) 게재, 손병희·오세창
경향신문 (1906~1910)	순한글 천주교 기관지, 프랑스 신부가 발행
해외	해조신문(연해주) → 대동공보, 권업신문(연해주, 권업회), 신한민보(미국, 대한인국민회)
친일	국민신보(일진회), 대한신문(이완용 내각), 매일신보(총독부)

3 근대 교육

(1) 여러 학교 설립

원산학사 (1883)	최초 근대 사립학교, 덕원 부사 정현석과 주민들 문과(50명) + 무과(200명, 무술), 외국어 및 근대 학문
육영공원 (1886)	최초 근대 공립학교, 외국인 교사 초빙(헐버트·길모어) 좌원(관료)과 우원(상류 자제)으로 구성, 외국어 및 근대 학문 cf 동문학(83): 묄렌도르프, 통역관 양성
연무공원 (1888)	사관 양성 학교, 미국인 군사 교관 초빙
선교사 설립 학교	경신학교(85, 언더우드), 배재학당(85, 아펜젤러), 이화학당(86, 스크랜턴), 정신여학교(87, 엘레스), 숭실학교(97, 베어드)
민족주의 사립 학교	보성전문(05, 이용익, 고려대 전신), 양정의숙(05, 엄주익), 휘문의숙(06, 민영휘), 숙명여학교(06, 엄귀비), 흥화학교(98, 민영환), 순성여학교(98, 찬양회), 점진학교(99, 안창호, 최초 남녀공학), 신민회 - 오산학교(07, 이승훈), 대성학교(08, 안창호)
해외	서전서숙(06, 이상설), 명동학교(08, 김약연)

(2) 정부의 교육 진흥
① 학무아문 설치 및 교육입국 조서 반포(1895) 후 각종 근대 학교 법규 제정
② 한성사범학교(95), 소학교(95), 한성 외국어학교, 상공학교(99), 한성중학교(00)

4 국학·문화·종교계의 동향

역사	계몽 사학(영웅 전기, 외국흥망사) 유행 신채호: 전기(을지문덕전·이순신전), 독사신론(08, 민족을 역사 주체로) 조선광문회(10, 민족 고전 정리): 박은식(안중근전·천개소문전)·최남선
국문	유길준의 서유견문(1895, 최초 국한문 혼용) 국문연구소(07): 주시경(국어문법·말모이·말의 소리), 지석영(신정국문)
문학	신소설(이인직 - 혈의 누·은세계, 안국선 - 금수회의록, 이해조 - 자유종) 신체시(최남선 - 해에게서 소년에게)
종교	천도교(손병희, 만세보), 불교(한용운), 유교(박은식, 유교구신론), 대종교(나철·오기호, 중광단), 천주교(경향신문, 의민단), 개신교(평양 대부흥회)

65 근대 문물의 수용

```
                    ┌─────────── 자주적 근대화 ───────────┐
     동도서기 개화      │  갑오개혁기 개화  │  광무개혁기 개화      │  애국계몽 운동기 개화
    1882        1884              1894          1897              1905
```

```
                                동학농민운동
   임오군란 ─── 갑신정변 ─── 청일전쟁 ─── 광무개혁 ─────────── 을사조약
                                갑오개혁
```

개화기구 신식문물

- 우정국(84)
- 박문국
- 전환국(당오전)
- 기기창

- 전신(85) → 한성전보총국
- 광혜원(→ 제중원, 85, 알렌)
- 열등(87, 경복궁)

- 전화(98), 전차(99, 서대문 ~ 청량리), 경인선(99) ── 경부선(05) · 경의선(06)
  └ 한성전기회사(황실 합작)
- 광제원(00)
- 원구단(97), 명동성당(98), 덕수궁 중명전(01) ── 덕수궁 석조전(10)
  └ 을사조약   └ 미 · 소공동위원회

신문

한성순보(83~84)
- 최초의 신문
- 순한문

한성주보(86~88)
- 최초 상업광고
- 최초 국한문

독립신문(96~99)
- 최초 민간신문
- 한글, 영문
- 정부 지원

제국신문(98~10)
- 일간지(이종일)
- 순한글
- 부녀자 대상

황성신문(98~10)
- 일간지(남궁억)
- 국한문 혼용
- 시일야방성대곡 (장지연, 을사늑약)

대한매일신보(04)
- 양기탁, 베델 · 신민회 기관지
- '고종 을사조약 비판 친서' 게재

기관지(06)
만세보	천도교
국민신보	일진회
경향신문	천주교

해외
- 해조신문(연해주)
- 신한민보(미국)

신문지법(1907)
보안법(1907)

사립학교

원산학사(83)
- 최초 근대식 사립학교
- 무술교육

기독교 학교
- 배재학당(85)
- 경신학교(85)
- 이화학당(86)

교육입국조서(1895) 지·덕·체 함양

- 순성여학교(98, 찬양회)
  └ 최초의 여학교

국내
- 보성학교 · 양정학교
  신민회
  - 대성학교(평양)
  - 오산학교(정주)

국외
- 서전서숙 (06, 이상설)
- 명동학교

공립학교

동문학(83)
- 통역관 양성소

육영공원(86~94)
- 최초 근대식 공립학교
- 외국인 교사(헐버트)
  └ 양반자제
- 좌원 · 우원 두반운영
  └ 현직 관료 자제

연무공원(88)
- 최초 근대식 사관학교

관립학교
- 한성사범학교
- 한성외국어학교
- 소학교
- 상공학교(99)
- 한성중학교(00)
- 무관학교

→ 서유견문 (95, 유길준, 국한문)

사립학교령(1908)
출판법(1909)

66 민족 문화 수호운동의 전개

1 국어 연구

(1) **조선어 연구회(1921)**: 가갸날(한글날 시초) 제정(26), 잡지 『한글』 창간(27), 조선어 강습회 개최

(2) **조선어 학회(1931)**
 ① 한글 맞춤법 통일안 제정(33), 잡지 『한글』 간행, 우리말 큰사전 편찬 시작 but 실패
 ② 조선어 학회 사건(1942): 일제 탄압, 치안 유지법 적용 → 독립운동 단체로 간주, 회원 체포 및 강제 해산(이윤재, 최현배, 이극로, 이희승, 안재홍 등)

2 국사 연구

(1) **식민 사관의 등장**
 ① 식민 통치 정당화 → 한국사 왜곡, 조선사 편수회(25), 청구학회(33)
 ② 타율성론, 정체성론, 당파성론 → 한국사의 주체적·발전적 측면 부정

(2) **자주적 역사학의 발전**
 ① 민족주의 사학: 한국사의 독자성, 주체성, 민족정신 강조
  • 박은식: 국혼 강조(나라는 형체이고 역사는 정신이다), 『한국통사』, 『한국독립운동지혈사』
  • 신채호: 『조선 상고사』 - 역사는 아와 비아의 투쟁, 『조선사 연구초』 - 묘청 강조 『조선상고문화사』, 낭가 사상(화랑도 사상 강조)
 ② 조선학 운동: 1930년대 전반, 『여유당 전서』 간행 및 실학 연구
  • 정인보: 『조선사 연구』, 『5천 년간 조선의 얼』, 광개토 대왕릉비문 연구
  • 안재홍: 『조선상고사감』
  • 문일평: 조선심 강조, 『조선사화』, 『대미관계 50년사』
 ③ 사회 경제 사학: 마르크스 유물 사관, 세계사의 보편적 발전 법칙
  • 백남운: 『조선 사회 경제사』, 『조선 봉건 사회 경제사』 → 정체성론 부정
 ④ 실증 사학: 문헌 고증, 객관적 서술
  • 진단학회(1934): 이병도, 손진태(조선 민족사 개론) 등, 『진단학보』 발행

3 종교·교육 운동

(1) **종교 운동**

대종교	국권 피탈 후 만주 이동, 중광단 조직(항일 무장) → 북로 군정서
천도교	잡지 『개벽』·『신여성』·『어린이』 간행, 청년·여성·소년 운동 전개
불교	조선 불교 유신회(1921, 한용운) → 사찰령(1911) 폐지 운동
원불교	박중빈 창시(1916), 새생활 운동(허례허식 폐지·남녀평등, 민족 자립)
개신교	교육·문화 사업 주력, 세브란스 병원 등 의료 사업, 신사 참배 거부
천주교	고아원·양로원 등 사회사업, 경향신문 창간(1906), 의민단 조직(만주)

(2) **조선 교육령**

제1차 (1911)	교육 기회 축소, 실업·기술 교육 치중, 보통학교 수업 연한 단축 사립학교 규칙(1911, 1915), 서당 규칙(1918)으로 학교 탄압
제2차 (1922)	수업 연한 연장(보통학교 4년 → 6년), 3면 1교 → 1면 1교 주의 대학 설립 가능 규정
제3차 (1938)	조선어 수의(선택) 과목화, 한일 교육 체제 일원화 보통 → 소학교, 고등보통 → 중학교, 여자고등보통 → 고등여학교
제4차 (1943)	수업 연한 축소(중학교, 고등 여학교 4년으로 축소) 조선어·조선사 교육 금지 cf 국민학교령(1941)

(3) **교육 운동**: 조선 교육회(1920, 이상재, 민립 대학 설립 운동 전개), 야학 - 심훈의 『상록수』(1935), 이광수의 『흙』(1932)

4 문학·예술계의 동향

(1) **1910년대 문학**: 계몽 문학(최남선 - 해에게서 소년에게, 이광수 - 무정)

(2) **1920년대 초반**: 동인지 문학 - 『창조』, 『폐허』, 『백조』, 김동인·현진건·염상섭

(3) **1920년대 중반**
 ① 좌파: 신경향파 문학(현실 참여, 실천성), KAPF 결성(1925) - 계급 노선 강조
 ② 우파: 국민 문학 운동(김소월의 진달래꽃, 한용운의 님의 침묵)

(4) **1930년대**: 순수(김영랑, 정지용), 친일(최남선, 서정주), 저항(이육사, 윤동주) 문학

(5) **예술·체육**: 음악(안익태의 애국가 - 1936), 미술(이중섭 - 서양화, 안중식 - 동양화), 체육(베를린 올림픽 마라톤 손기정 우승 - 1936, 동아일보 일장기 삭제 사건), 연극(극예술 협회 - 1920, 토월회 - 1923, 극예술 연구회 - 1931), 영화(나운규의 아리랑 - 1926, 조선 영화령 - 1940)

66. 민족 문화 수호운동의 전개

	국권피탈기(04~10)	1920년대	1930~40년대

문학	**계몽문학(신체시·신소설)**
	• 해에게서 소년에게(08, 최남선)
	  └ 최초 신체시(「소년」)
	• 혈의 누(06)
	  └ 최초 신소설(「만세보」)
	• 무정(이광수, 17)
	  └ 최초 근대소설(「매일신보」)
		• 동인지문학(사실주의·낭만주의·퇴폐주의)
		  └ 「백조」 └ 「폐허」
		• 계급문학(사회주의)
		  └ KAPF
			• 순수문학(「문장」)
			  └ 중일전쟁 이후
			• 친일문학

연극 영화	• 원각사(08~14) └ 최초 극장(「은세계·치악산」)	• 「아리랑」(26, 나운규)	• 조선영화령(40)

국어	국문연구소(07) / 주시경, 지석영
	  └ 「국어문법」(10)
	조선광문회(10) / 최남선·박은식,
	민족고전 정리
		조선어연구회(21)
		• 가갸날 제정
		• 한글창간
			사회
			• 토막촌(도시빈민)
			• 노동자 주택부족 문제 → 영단주택
			  └ 하층민
			• 모던걸·모던보이
				조선어학회(31)
				• 우리말 큰사전 편찬시도
				  └ 우리말 큰사전 완간(57)
				• 한글 맞춤법 통일안 제정(33)
				• 조선어학회 사건(42) → 해산
				  └ 치안유지법 적용

역사	**계몽사학**
	• 위인전(신채호, 박은식)
	  └ 안중근, 연개소문
	• 외국흥망사
	  └ 「월남망국사」
	cf) 「독사신론」(08, 신채호, 대한매일신보)
	  └ 민족주의 사학 방향 제시
		식민사관
		• 조선사편수회(25), 청구학회(30)
		• 타율성, 당파성, 정체성
		vs
		민족주의 사학
		
		| 구분 | 사상 | 저서 | 기타 |
		|---|---|---|---|
		| 신채호 | 낭가 | 「조선상고사」
		└ 我와 非我의 투쟁
		「조선사연구초」
		└ 묘청 긍정 | 「조선혁명선언」(23)
		└ 민중 + 폭력 |
		| 박은식 | 혼 | 「한국통사」(15)
		└ 나라는 '형체' 역사는 '정신'
		「한국독립운동지혈사」(20) | • 대동보국단(상하이)
		• 노인동맹단 |
		| 정인보 | 얼 | 「조선사연구」 | 광개토대왕비문 연구 |
		| 문일평 | 조선심 | 「대미관계 50년사」 | 민중, 한글 |
			실증주의 사학
			• 이병도, 손진태(「조선민족사 개론」)
			  └ 신민족주의 사학(좌우합작)
			• 진단학회·진단학보(34)
			
			사회경제 사학
			• 유물사관(정체성론 극복)
			• 역사발전의 보편성 지향
			• 백남운(「조선사회경제사」, 33)
			
			조선학운동(34)
			• 정인보, 문일평, 안재홍(「조선상고사감」)
			• 실학연구, 「여유당전서」 간행

종교	• 천도교(05, 손병희, 동학) • 대종교(09, 나철, 단군) • 대동교(09, 박은식) vs 대동학회(친일유림) • 유교구신론(09, 박은식, 양명학) • 불교유신론(10, 한용운) • 원불교(16, 박중빈, 새생활 운동)		

MEMO

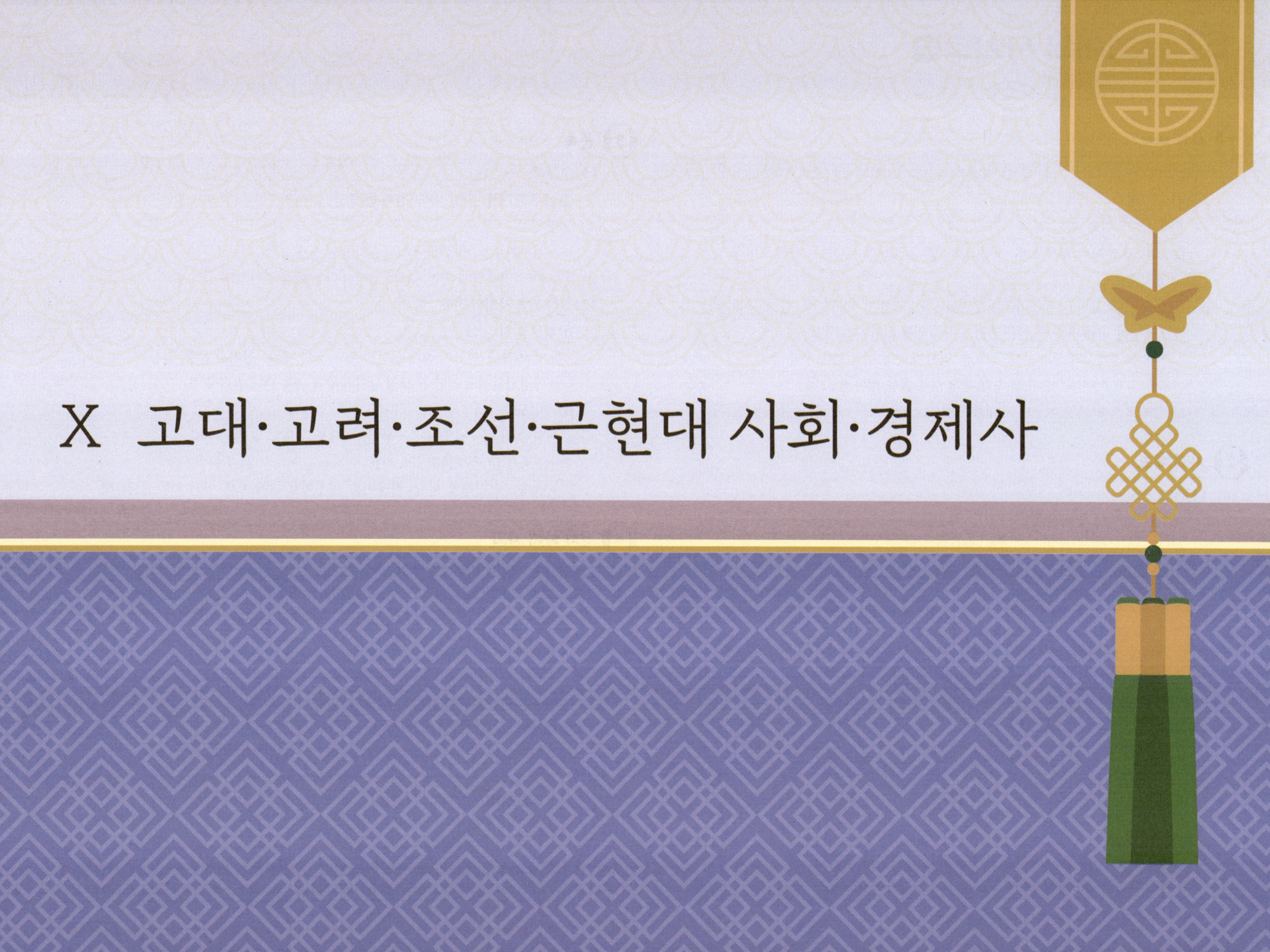
X 고대·고려·조선·근현대 사회·경제사

67 고대의 사회모습

1 신분 제도

(1) 초기 국가(부여·고구려·동예): 지배층(가·대가) + 피지배층(호민·하호·노비)

(2) 삼국 시대
- ① 3신분제: 귀족·평민·노비
- ② 노비: 전쟁 노비, 부채 노비 → 연좌제 / cf 통일 신라 시대에는 전쟁 노비 無

(3) 고대 지배층
- ① 삼국 시대: 고씨 + 5부(고구려), 부여씨 + 8성 귀족(백제), 박·석·김→김씨(신라)
  - 고구려: 고분 벽화 → 신분 귀천에 따라 인물 크기 다르게 묘사
  - 백제: 지배층의 성격 → 중국 고전·역사에 능통, 한문 능숙 구사
    투호·바둑·장기 등 즐김, 관청 실무 밝음, 상무적
- ② 남북국 시대: 무열계(중대)→내물계(하대, 신라), 대씨 + 고씨·말갈 귀족(발해)

2 사회 제도

(1) 형벌 제도
- ① 반역죄: 화형 후 목을 벰(고구려), 사형(백제) → 2국 모두 가족은 노비
- ② 절도죄: 12배 배상(고구려), 2배 배상+귀양(백제)

(2) 기타 제도
- ① 고구려: 진대법(고국천왕)
- ② 백제
  - 뇌물 → 3배 배상 + 종신 금고형
  - 간음한 자는 남자 집 노비로 삼음(여자만 처벌, 남자는 처벌 X)

(3) 골품제(신라)
- 중앙집권화 과정에서 탄생
- 관등 승진의 상한선 규정, 일상생활 규제(가옥의 규모·복색·수레)
- 관리 공복은 관등이 결정
- 진골: 중앙·지방 장관 독점 + 왕위 계승 독점(하대), 금입택 거주, 섬·전장소유
- 6두품(득난)
- 대족장 출신, 6관등(아찬)까지만 승진 가능 → 중위제 적용
- 중대(국왕의 정치적 조언자) → 하대(호족과 결탁, 반신라화)
- 1~3두품: 하급 귀족 → 평민화(중대 이후)

3 풍속

(1) 고구려
- ① 상무적 기풍, 투호·바둑·장기 등 즐김
- ② 혼인
  - 형사취수제, 서옥제 → 지배층의 혼인 풍습
  - 평민: 자유연애 혼인 / 남자 집에서 다른 예물 주지 않음

(2) 신라 씨족 사회의 전통
- ① 화백 회의
  - 임시 기구 → 국가 중대사(선전 포고, 국왕 폐위 - 진지왕 음탕) 결정
  - 만장일치제로 집단 간 부정 방지 국왕과 귀족 간의 권력 조절
- ② 화랑도
  - 화랑(귀족) + 낭도(귀족 ~ 평민) → 계층 간 대립 및 갈등 완화
  - 진흥왕 대 국가 조직으로 개편
  - 세속 5계(진평왕, 원광): 사군이충·사친이효·교우이신·임전무퇴·살생유택

4 신라 하대 사회

(1) 전제 왕권의 약화와 사회 혼란
- ① 농장 확대 및 권력 다툼으로 지방 통제력 약화 → 농민 몰락
- ② 농민 반란 빈번: 원종·애노의 난(889), 적고적의 난(896) 등
- ③ 호족의 등장
  - 지방 독자 세력화: 세금 징수, 군사력 보유
  - 사상: 풍수지리설(금성 쇠퇴, 송악 길지), 선종 후원
- ④ 6두품의 동향: 호족과 결탁하여 반신라적 경향 보이기도 함
- ⑤ 도당유학생(숙위학생): 빈공과에 응시하여 발해인과 수석을 다툼

> **참고자료**
> - ★ **[백제 형벌]**: 관리로서 뇌물을 받거나 도적질한 자는 그 세 배를 배상하고 평생 벼슬길에 나가지 못하게 하였다.
> - ★ **[화랑도]**: 미모의 남자를 선발하여 곱게 꾸미고 화랑이라 이름하고 받들었는데, 무리들이 구름같이 몰려들었다. 혹은 도의(道義)로써 서로 연마하고 혹은 노래와 음악으로써 서로 즐겨서 산천을 찾아 노닐며 멀리까지 이르지 않은 곳이 없었다.

67 고대의 사회모습

구분	삼국시대			남북국시대	
	고구려	백제	신라	통일신라	발해
지배층	• 고씨(왕족) + 5부(귀족)	• 부여씨(왕족) + 8성(귀족)	• 3성(박·석·김) → 김씨 └이사금 └마립간	• 무열(김) → 내물(김) └중대 └하대	• 대씨(왕족) + 귀족(고씨 + 말갈)

제도·풍속

구분	고구려	백제
반역	• 화형	• 사형
		가족은 노비
절도	• 12배 배상	• 2배 배상 + 귀양
기타	• 진대법(고국천왕)	• 뇌물(3배 배상 + 종신금고형) • 간음(여자만 처벌) └남자집 노비
풍속	• 언어·의복 유사 • 상무적 기풍 • 투호, 바둑, 장기	

골품제

- 중앙집권화 과정에서 발생
  └6두품 불만 → 중위제
- 관등승진의 상한선 규정   • 일상생활 규제
  └공복 규정(자·비·청·황)   └의복·가옥 규정

구분	상대	중대	하대
진골	• 중앙·지방장관 독점	• 중앙·지방장관 + 왕위 계승 독점 • 금입택 거주, 사치품(당·아라비아) • 섬, 전장소유	
6두품(득난)	• 대족장(아찬), 중위제 적용	• 정치적 조언자	• 도당유학생(숙위학생) • 호족과 결탁 → 반신라
1~3두품	• 하급귀족	• 평민화	

신라 씨족사회의 전통

① 화백회의(만장일치제, 집단의 부정방지)

② 화랑도
  • 화랑(귀족) + 낭도(귀족 + 평민)
    └계층 간 갈등 완화┘
  • 국가조직(진흥왕)
  • 임신서기석(진흥왕), 세속 5계(원광)
  • 미륵신앙

관 등		골 품				공복
등급	관등명	진골	6두품	5두품	4두품	
①	이벌찬					자색
2	이 찬					
3	잡 찬					
4	파진찬					
5	대아찬					
⑥	아 찬					비색
7	일길찬					
8	사 찬					
9	급벌찬					
⑩	대나마					청색
11	나 마					
⑫	대 사					황색
13	사 지					
14	길 사					
15	대 오					
16	소 오					
17	조 위					

진골만 입을 수 있다.

68 고려의 사회모습

1 신분 제도

(1) 지배층

귀족	• 특징: 왕족, 공신, 5품 이상 고위 관료 • 음서·공음전 혜택, 과거 독식, 개경 거주, 유죄 시 귀향 형벌 • 변화: 문벌 귀족(왕실과 혼인 가능) → 무신 → 권문세족 → 신진 사대부 • 신분 변동 가능 　① 중류층 → 과거 합격을 통해 중앙 귀족화 　② 중앙 귀족 낙향 → 향리로 격하
중류층	• 특징: 6품 이하의 하급 관료, 직역 세습 → 상응하는 토지를 국가에서 받음 • 구성: 잡류(중앙 관청 말단 서리), 남반(궁중 실무 관리) 　향리(지방 행정 실무, 호장), 군반(하급 장교) 　역리(지방의 역 관리), 서리(중앙 하급 관리), 기술관 • 상층 향리: 호족 출신, 호장(향리의 우두머리)·부호장 배출, 지방 실질적 지배층

(2) 피지배층

양민	• 백정(조세·공납·역 부담, 직역 없는 농민), 상인, 수공업자 • 특수 집단민 　① 향·부곡·소: 차별(세금 多, 거주 이전 X, 과거 응시 X, 승려 X, 국자감 X) 　② 역 주민(육로 교통), 진 주민(수로 교통) • 신량역천 　① 생선간(어업), 염간(염전), 목자간(목축), 봉화간(봉수군) 　② 화척(수척, 도살업 종사, 여진족 귀화인) 진척(뱃사공), 재인(광대) 　　→ 호적 등재 X, 가장 천시
천민	• 구성: 공노비(입역·외거노비), 사노비(솔거·외거노비) • 노비 지위 　① 재산으로 간주 → 매매·증여·상속 대상 　② 일천즉천: 신분 개념, 부모 중 한쪽이 노비면 자식도 노비

2 사회 생활

(1) 사회 조직: 향도(香徒)
　① 구성: 지도자 - 호장 / 사천매향비(내세 행운·국태민안 기원)
　② 기원: 바닷가(갯벌)에서 매향하는 무리 → 불교 신앙 조직
　　※ 뿌리는 삼국 시대 신라 김유신의 용화향도
　③ 활동: 불상, 석탑, 절 건축 등 불교 건축 동원 → 농민 공동체 조직 변모
　④ 조선 후기: 상장례 치르는 상두꾼으로 변모

(2) 제도 및 풍습

사회 제도	• 의창(성종, 춘대추납 ≒ 진대법), 상평창(성종, 물가 조절, 개경·서경·12목) • 동·서 대비원(문종, 개경, 환자 진료, 빈민 구휼), 혜민국(예종, 개경, 의약) • 제위보(광종, 기금 마련 후 이자로 구휼) • only 고려: 구제도감·구급도감(재해 구제) / 제위보(기금 마련 구휼)
법률	• 당률 참작 71개조 기본법 + 관습법 중시, 반역·불효 엄벌 • 형벌 5종류(태·장·도·유·사형) → 실형 주의 원칙 • 상황에 따른 정상참작: 부모상, 노부모 봉양 가족 없을시
풍속	• 장례·제사 의례 → 국가는 유교식 but 민간에서는 불교와 도교 의식 따름
혼인	• 일부일처제 일반적, 여자 18세·남자 20세 전후
여성 지위	• 자녀 균등 상속, 여성 재가 허용, 호적에 연령순 기재 • 여성 호주 가능, 처가살이(남귀여가혼), 사위·외손자도 음서 혜택

3 고려 후기 사회 변동

(1) 무신 집권기: 대규모 농민 봉기 → 공주 명학소(충순현 승격)
(2) 대몽항쟁기: 백성들의 항전 → 충주 다인철소, 처인부곡에서의 저항
(3) 원 간섭기
　① 전공 or 몽골 귀족과 혼인, 몽골어 능숙 역관 출세
　② 몽골풍 유행: 변발, 몽골식 복장(발립·철릭), 몽골어, 수라상, 족두리, 소주 등
　　↔ 고려양: 고려의 의복, 그릇, 풍습이 원에 전해짐
　③ 결혼도감 설치: 원의 공녀 요구에 따라 설치 → 조혼(예서제) 성행

68. 고려의 사회모습

신분제도

귀족
- 특권 계급
  - 5품 이상 관료
- 개경·서경 거주
  - 범죄자 귀향형, 본관제
- 폐쇄적 통혼
- 양반(문반, 무반)

전기:
- 호족
  - 세력 大 → 문벌귀족: 과거 + 음서, 공음전
  - 세력 小 → 향리: ㊧호장·부호장, ㊦하급실무, 과거, 통혼, 외역전(세습)
- 1170 → 무신 ← 서방

후기:
- 권문세족: 음서, 대농장(공음전 X), 재상지종 15가문
  - 충선왕 복위교서
- vs 신진사대부: 과거, 성리학 → 조선 건국

중류층
- 정호(丁戶): 특정한 역을 담당한 사람
- 직역 세습(토지 지급)

잡류	중앙관청 실무
서리	
남반	궁궐 실무(내료직)
향리	지방 실무
군반	직업군인

양민
① 백정(조세·공납·역)
  - 농업, 수공업
② 향·부곡·소(조세부담 大)
  - 可 신분이동
  - 不 거주이전, 과거, 국자감, 승려
③ 화척(도살)·진척(뱃사공)·재인(광대)
  - 신량역천, 호적 등재 X

천민
- 천자수모법, 일천즉천
- 노비(매매·상속·증여 대상)

잡류	공노비	사노비
內거주	입역노비 (60↑ 역면제)	솔거노비
外거주	외거노비 · 신공 납부 (관청이나 주인에게 제공하는 노동력 or 물품)	외거노비

백성들의 생활모습

향도
전기:
- 신앙조직(불사 동원)
  - 절·불상
- 매향의식(향나무, 미륵신앙)
- 기원(김유신의 용화향도)

후기:
- 마을 공동체 조직(상장제례)
- 사천매향비(국태민안, 우왕)
- 조선: 음사(금지) → 상두꾼·향도계
  - 전기, 후기

사회제도

구휼제도

흑창	태조	춘대 추납
의창	성종	
제위보	광종	빈민 구제
상평창 (개·서·12목)	성종	물가조절

의료

	고려		조선		
동서대비원(개경)	문종	치료·구휼	동서활인서	세조 (명칭변경)	유랑민
혜민국(개경)	예종	의약	혜민서		의약
구제도감	예종	위급 시	제생원	태조~세조	지방민
구급도감	고종				

농민안정
- 재면법
- 개간지 면세
- 잡역 동원 금지
  - 농번기

풍속

법률·의례
- 관습법 우세
  ⓐ 귀양형 부모상 7일 휴가
  ⓑ 노부모(70세) 봉양 형집행 보류
- 당률 + 71개조(고려 실정)
- 태장도유사(실형제 중심) + 속동제(배상제)
  - 동 납부, 처벌 면제 — 조선시대 지속
- 장례: 유교(국가), 불교·도교(민중)

불교행사
- 연등회: 1월 15일(전국)
  - 국제교류의 장
- 팔관회: 10월 15일(서경), 11월 15일(개경)

원간섭기 변화
- 몽고풍·고려양
- 조혼(결혼도감), 변발, 몽골의복
  - 공녀

69 조선의 신분제도

1. 조선의 신분 제도

(1) 양천제(법제적)
① 양인: 자유민 → 과거 응시 가능, 조세·국역 담당
② 천민: 비자유민, 노비는 유일한 법적 천민 → 매매·상속·증여 대상

(2) 반상제(실제적)

지배층	양반	• 15세기: 문반 + 무반 관료(직업적) • 16세기 이후: 관료 + 후손으로 확대(가업·가문) • 지주(경제적) + 관료(정치적) 성격, 국역 면제

	중인	• 의미: 기술관(협의) / 양반·상민의 중간 계층(광의)
		• 전문 기술·행정 실무 담당
		• 구성
		  - 기술관, 서리, 향리, 직역 세습, 대부분 신분 내 혼인
		  - 서얼(중서): 중인과 같은 대우, 문과 응시 X
		  - 역리(역에서 근무), 군교(하급 장교)

피지배층	상민	• 농민: 조세·공납·부역 의무 / 수공업자·상인 구분
		• 신량역천 → 과거 응시 제한
		  - 수군, 조례(중앙 관청 잡역), 일수(지방 고을 잡역)
		  - 나장(형사 업무), 봉수군(봉수 업무), 역졸(역에서 잡역)
		  - 조졸(조운 업무)

	천민	• 노비(법적 천민) + 백정·무당·광대·창기·의녀·악공 등 • 백정(도살업) cf 고려 백정 → 일반 농민 - 화척을 백정화 → 양민화 정책 실패 → 천시

2. 조선의 사회 생활

(1) 사회 제도

곡식
대여
	• 환곡 제도(국가 주도): 의창, 상평창
	  ① 의창: 진제(무상 분급) + 진대(이자 없이 식량·종자 대여)
	  ② 상평창: 빈민 구휼 + 물가 조절 기구
	• 사창(향촌): 정부 지원하에 지방 자치적 실시

구호 제도	• 동·서 대비원 → 동·서 활인서: (세조)유랑자 수용 + 구휼 • 혜민국: 수도권 서민 환자 구제 + 약재 판매 → 혜민서(세조) • 제생원: 지방민 구호 + 진료

(2) 법률 제도

형법	• 민간인 사이의 형법·민법에 관한 사항 → 대명률 바탕 + 『경국대전』 형전 참고 • 반역·강상죄 엄벌 + 연좌제, 태·장·도·유·사 5형
민법	• 지방관(관찰사·수령 등)이 관습법 기준으로 처리 • 초기에는 노비 소송이 주류였지만 16C 이후 산송문제가 주류
상속	• 종법 - 적장자 상속 원칙, 17세기 이후 일반화
재심	• 재판에 이의가 있을 시, 신문고·징 등으로 임금에게 호소 • 일반적으로는 거의 시행 X

사법
기관
	• 중앙
	  ① 사헌부·의금부·형조: 관리 비리, 중대 사건 담당
	  ② 한성부: 수도 치안 담당 / 장례원: 노비 소송
	• 지방: 관찰사·수령 담당

69 조선의 신분제도

3 신분제의 동요와 신분 상승 운동

(1) 배경
① 붕당 정치 변질 → 양반층의 분화: 권반(권세가), 잔반(몰락), 향반(향촌)
② 양란, 재정 위기, 농민층의 분화 → 양반 수 증가

(2) 서얼의 신분 상승 운동
① 집단 상소: 관직 진출(청요직) 제한 철폐 요구
② 정조 代 차별 완화
 • 정유절목(1777): 서얼 허통 절목
 • 규장각 검서관 설치(1779, 박제가, 유득공, 이덕무, 서이수 등용)
③ 신해허통(1851, 철종): 청요직 진출 허용(완전 허통)

(3) 중인(기술직)의 신분 상승 운동
① 대규모 소청 운동(철종 代) → 실패
② 전문직으로 경제력 축적 → 사회적 위상↑(시사 조직, 위항문학)
③ 역관의 활약: 외래문화 수용 선도

(4) 노비 해방
① 군공·납속, 도망
② 정부의 방침 변화(재정 문제, '노비 → 양인' 허용 추세)
 • 입역 노비 → 납공 노비 전환
 • 노비종모법(1731, 영조)
 • 공노비 해방(1801, 순조): 중앙 관청 노비 6만 6천여 명 해방
 • 노비 세습제 폐지(1886, 고종)
③ 노비제 폐지(1894, 갑오개혁)

4 향촌 질서의 재편과 향전

(1) 향촌 질서의 재편
① 재지 사족의 향권 장악 노력
 • 향안(향회 운영 명부), 청금록(성균관·향교·서원 명부) 작성
 • 가문 중심 사우·서원 건립
 • 집성촌(동성) 형성, 동계·동약(촌락 단위) 장악
② 부농층(신향)의 도전: 향안 등재, 향임직 진출, 향회 장악 시도

(2) 향전의 발생과 수령권 강화
① 향전: 구향(기존 사족) vs 신향(부농층)
② 수령권 강화
 • 신향 지원, 구향 견제 → 관 주도의 향촌 지배 체제
 • 향청 장악 및 향약 주관
③ 향회 권한 약화
 • 수령 견제 기능 상실 및 부세 자문 기구로 전락
 • 19세기 수령과 향리의 농민 수탈 심화 배경

MEMO

69 조선의 신분제도

구분	전기			후기	
양반	• 문무반(15C) → 가족·가문(16C)			• 분화(권반, 향반, 잔반) └ 구향	
중인 (양반·상민 중간계층, └넓은의미 기술관) └좁은의미	서얼	**태종** • 문과 제한 • 중인과 같은 처우	**성종** • 경국대전에 차별을 법제화	**정유절목(정조)** • 문과 허용 • 규장각 검서관 (유득공, 이덕무, 박제가)	**신해허통(철종)** • 청요직(3사) 진출 허용
	기술관 서리 향리	• 직역세습 • 같은 직업 ㉣ • 향리(수령보좌하는 아전직)		**기술직 중인** • 대규모 소청 운동(철종, 실패) • 역관(외래 문화 수용 선도) • 위항문학(시사 조직)	
상민	• 농민(대다수, 높은 대우) • 수공업·상인 • 신량역천(양인,천역) ⓐ 조졸, 역졸, 봉수군 ⓑ 나장, 수군 ⓒ 조례·일수 └조운 └역 └봉수 └포졸 └심부름꾼			• 농민층 분화(임노동자, 부농) └신향 **재정확보** • 입역노비 → 납공노비 • 노비종모법(영조) • 공노비 해방(순조) └내노비, 시노비	**향전** **관권의 강화** • 관권과 부농층의 결탁 └수령+향리 └향임직 O, 향촌 장악 실패 • 수령의 향청 장악, 향약 주관 → 향회가 부세 자문기구화
천민	• 노비 └매매·상속·증여 대상 / 일천즉천 / 외거노비(재산소유) • 백정·무당·광대(사회적 천민) └도살업				**양반 기득권 유지 노력** | 전기 | 후기 | | 반촌 | 동성촌 | | 향약(군현단위) | 동계·동약(촌락단위) | | 서원(성현제사) | 사우(조상제사) | | 족보 | 부계 족보 ·가부장적 가족질서 |

임진왜란 (1592)

신분제 동요 (납속·공명첩)

70. 조선의 향촌사회

1 향촌 사회

(1) **향촌** ※ 향: 군현의 단위, 촌: 촌락·마을
  ① 유향소: 수령 보좌, 향리 감찰, 풍속 교정
  ② 경재소: 중앙 – 지방 연락 담당, 17세기 초 폐지(선조)

(2) **촌락**
  ① 농민 통제 정책
   - 면리제: 자연촌 단위 리(里) 여러 개 → 면(面) 조직
   - 오가작통제: 5집 → 1통 편제, 통주가 관장
  ② 반촌(양반)과 민촌(평민·천민) 구분

(3) **향촌 공동체**
  ① 양반: 동계(동약) 조직 → 왜란 이후 평민도 참여
  ② 농민: 두레(노동 공동체), 향도, 향도계·동린계 등 조직

2 성리학적 질서 강화 ※16세기 사림 집권후(명분론)

예학	• 종법: 적장자 상속 원칙 • 『소학』 보급, 가묘·사당 건립
보학	• 족보 편찬 → 가문 내력 기록(내부 결속 + 외부에 대한 우월) • 붕당 정치 전개 당시 붕당 구별 근거로 활용 ※ 현존 최고(最古) 족보: '안동 권씨 성화보'(15세기 말, 성종)

서원	• 기능: 선현 제사, 후학 양성, 성리학 연구
	• 백운동 서원(주세붕, 중종): 최초의 서원
	  → 소수 서원 개칭(명종대 이황 건의, 최초의 사액 서원)
	  예 도산 서원(이황), 자운 서원(이이), 덕천 서원(조식), 화곡 서원(서경덕)

향약	• 의미: 향촌 내의 사람들이 맺은 약속
	  → 양반 ~ 농민·노비, 여자 모두 포함
	• 전통적 상부상조 계 조직 + 삼강오륜 유교 원리 결합 규약
	• 구성: (도)약정·부약정·직월·유사 구성
	  → 향청의 좌수·별감이 겸직하기도 함
	• 4덕목: 덕업상권, 과실상규, 예속상교, 환난상휼
	• 기능: 조선 사회 풍속 교화 + 질서 유지 + 치안 담당
	• 종류: 조광조(여씨향약), 이황(예안향약), 이이(서원향약) 등

3 가족 제도의 변화

고려 말 ~ 조선 전기	조선 후기(종법 질서의 강화)
• 남귀여가혼 → 처가살이 多 • 남녀 균분 상속, 윤회봉사 • 여성 호주 可 • 연령순 기재(호적·족보)	• 시집살이 (친영 제도) • 선남후녀로 기재(부계족보) • 장자(상속, 제사) • 양자 일반화

> **※참고자료**
> ★ [유향소와 경재소]
> … 과거 유향소의 사람들이 향중에서 그 권위를 남용하여 불의를 저질렀으므로 그 폐단이 많았습니다. 그래서 선왕께서 폐지시켰던 것입니다. 간사한 아전을 견제하고 풍속을 바로잡는 것은 수령이 해야 할 일인데, 만약 모두 유향소에다 맡긴다면 수령은 할 일이 없지 않습니까? …… 토성 출신 가운데 서울에 살면서 벼슬하는 자들의 모임을 경재소라고 합니다. 경재소에서는 그 고향에 살고 있는 토성 중에서 강직하고 명석한 벼슬아치를 선택하여 유향소에 두고 유사 또는 간사한 관리의 범법 행위를 서로 조사하고 살펴서 풍속을 유지시켰는데, …
> – 『성종실록』 권137, 13년 1월 22일 –

70 조선의 향촌사회

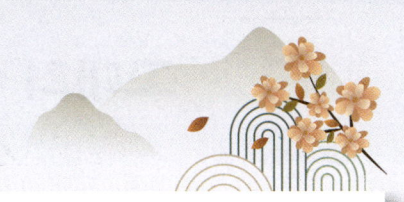

ⓜ에 대한 통치

관권

관아 (기반)

- 수령(국왕의 대리인), 향리(6방)

수령 7사

- 농상성(농업진흥)
- 간활식(치안확보)
- 부역균(부역균등)
- 호구증(호구증가)
- 군정수(군사정비)
- 학교흥(교육진흥)
- 사송간(재판공정)

향교 (교육)

- 성현(공자)제사, 지방 중등교육
  - 중앙에서 교수·훈도 파견
- 군현의 인구비례로 정원 배정
- 성적우수자 소과 초시면제
  - 성균관 대과 초시면제
- 성적 미달시 군역 동원

경국대전, 대명률 (규율)

- 민·형사 모두 규율
- 신분에 관계없이 소송 가능
- 신분에 따라 달리 처벌
- 반역죄·강상죄(연좌제 적용)
- 형벌(태·장·도·유·사)
- 노비 소송(15C) → 산송 문제(16C~)
  - 묘지 선정 분쟁

환곡 (구휼)

구분	이자
의창	무이자
상평창	1/10

vs

향권

유향소 (기반)

- 사족, 좌수·별감(임원)
- 수령보좌, 향리감찰, 풍속교정
- 향안, 향회, 향규
  - 명부 / 총회 / 규칙

서원 (교육)

- 선현제사, 교육
- 향음주례, 향사례
  - 음주예법 / 활쏘기
- 대표 서원

구분	제사	비고
백운동서원(중종)	안향	최초 설립 (주세붕)
소수서원(명종)	안향	최초 사액 (이황 건의)
도산서원	이황	-
자운서원	이이	-

(백운동서원 → 소수서원)

향약 (규율)

- 전통적 공동조직 + 유교윤리
- 약정·부약정(임원)
- 질서 유지, 치안 담당
- 대상(양반 ~ 노비)
- 대표 향약
  - ⓐ 여씨 향약(조광조, 최초)
  - ⓑ 예안 향약(이황), 해주 향약(이이)

사창 (구휼)

- 정부 지원 하 향촌 자치적 실시
- 세종 O → 성종 X → 고종 O
  - 면민이 공동출자

유향소 · 서원 · 향약 → **향촌자치 (풍속교화)**

가족 제도의 변화

고려 말 ~ 조선 전기

- 처가살이 可(남귀여가혼)
- 여성호주 可, 연령순 기재(호적·족보)
- 남여 균분 상속, 윤회봉사
  - 장자 1/5추가 / 돌아가며 제사

조선후기

- 시집살이(친영 제도)
- 부계위주 족보
- 장자(상속, 제사)
- 양자 일반화

호적 vs 족보

구분	목적	작성 시기	대상	노비	작성내용
호적(호패법 보완)	세금 징수 (3년마다 작성) – 양안(20년)	• 고려부터 작성 • 민정문서 → (호적·양안)	호주, 처, 자녀, 4조 (부·조부·증조·외조부)	노비 O	• 주소·신분·관직 • 토지 기록 X (양안에 기록) 양반: 관직O – 품계 / 관직X – 유학; 평민 – 군역
족보	혼인·붕당 구별	• 고려부터 작성 (조선 성종) cf) 현존 최고(안동권씨성화보)	부계·모계, 자녀 (전기) → 부계, 아들 (후기)	노비 X	가문 내력·위인

71. 고대의 수취 · 토지제도

1 삼국 시대

(1) 수취 제도
① 조세: 재산 정도(3등급 구분)에 따라 곡물·포 차등 징수
② 공물: 특산물 징수
③ 역: 15세 이상 성인 남성 동원(왕궁·성·저수지 축조)

(2) 토지 제도
① 지주전호제: 전호 → 지주에게 지대 납부(생산량의 1/2)
② 전주전객제: 전객 → 전주에게 조세 납부(생산량의 1/10)
※ 토지의 소유권자(지주)는 토지의 조세 납부자(전객) → 공존 가능
③ 토지 측량 단위

| 전세 기준 | • 고구려: 경무법, 밭이랑 기준(토지 면적 기준)
• 백제: 두락제, 파종량 기준(토지 면적 기준)
• 신라: 결부법, 수확량 기준(1결당) → 생산량 기준, 후대 왕조 계승 |

2 통일 이후

(1) 수취 제도
① 조세: 곡물 생산량의 1/10
② 공물: 특산물(촌락 단위로 징수)
③ 역: 16~60세 성인 남성(군역, 요역)

(2) 신라 민정 문서 (발견: 일본 도다이사 정창원)
① 국가 재정 확보: 조세 징수·노동력 징발
② 서원경 주변 4개 촌락 조사(사해점촌·살하지촌)
③ 촌주가 매년 조사, 3년마다 작성
④ 조사 대상: 촌락 크기, 토지 결수, 가축의 수, 유실수, 인구, 노비 수 등
⑤ 분류: 인구 6등급(남녀, 연령), 호구 9등급(인정의 많고 적음)
⑥ 토지의 종류
  • 촌주위답: 촌주의 토지(사전), 조세 면제
  • 내시령답: 중앙 장관 및 지방관에게 지급(관료전으로 추정)
  • 관모답: 관청 운영 경비 목적
  • 연수유답(민전): 개인(농민) 사유지, 민정 문서의 대부분을 차지
  • 마전(麻田): 주민 공동 경작 토지(麻 → 삼베)

3 신라의 토지 제도

(1) **식읍(호)**: 왕족·공신 지급, 노동력 징발 가능, 수조권 지급, 조선 세조대 폐지
(2) **녹읍(결)**: 관리에게 지급, 노동력 징발 가능, 수조권 지급, 고려 태조대 폐지
(3) **관료전**: 관리에게 지급, 노동력 징발 불가능, 수조권 지급, 고려 태조대 폐지
(4) **정전**: 백성에게 지급, 경작권 인정, 수취 제도 편입
(5) **변천**
① 신문왕: 관료전 지급(687) 후 녹읍 폐지(689)
② 성덕왕: 정전 지급(722)
③ 경덕왕: 녹읍 부활(757)

> **참고자료**
>
> ★ **[촌락 문서]**
> (사해점촌은) 둘레가 5,725보이고, 호수는 전체 11호이다. 중하(中下)가 4호, 하상(下上)이 2호, 하하(下下)가 5호이다. …… 여자의 경우 정녀 42명, 조녀자 11명, 추녀자 9명, 소녀자 8명, 제모 2명, 노모 1명이다. …… 3년 전부터 살아온 사람과 지난 3년 사이에 태어난 사람을 합하면 145명이다. …… 말은 모두 25마리인데 이전부터 있었던 것이 22마리이고 지난 3년 사이에 늘어난 말이 3마리이다. …… 논은 모두 102결이다. …… 뽕나무는 1,004그루인데 지난 3년 사이에 더 심은 것이 90 그루이고, 이전부터 있던 것이 914그루이다. -「신라 촌락 문서」-

71 고대의 수취·토지제도

구분		삼국시대	통일신라
수취제도	조세	• 곡물+포목(인두세) — 왕토사상 3등급(by 재산) • 특산물 • 15세 남	• 곡물(1/10) • 특산물 • 16~60세(군역, 요역)
	공물		
	역		

삼국시대 토지제도

룡룡 →(지대 생산량 1/2)→ 랄라 →(조세 생산량 1/10)→ 관리

지주전호제 / 전주전객제

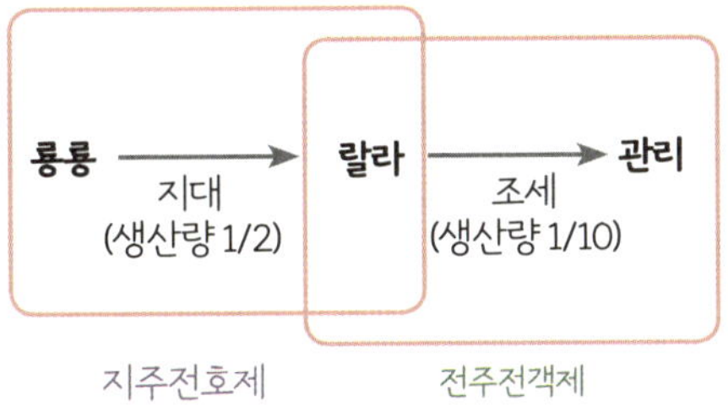

랄라는 (지주)이자 동시에 (전객)!

랄라 : 토지A의 소유권자(지주)
　　　토지A의 조세납부자(전객)
관리 : 토지A의 수조권자(전주)
룡룡 : 토지A의 소작농(전호)

신라의 토지제도

구분	지급대상	성격	
식읍 ⓗ	왕족·공신	노동력징발 O	수조권 O
녹읍 ⓖ	관리		
관료전	관리	노동력징발 X	
정전	백성	경작권 인정, 수취제도 편입	

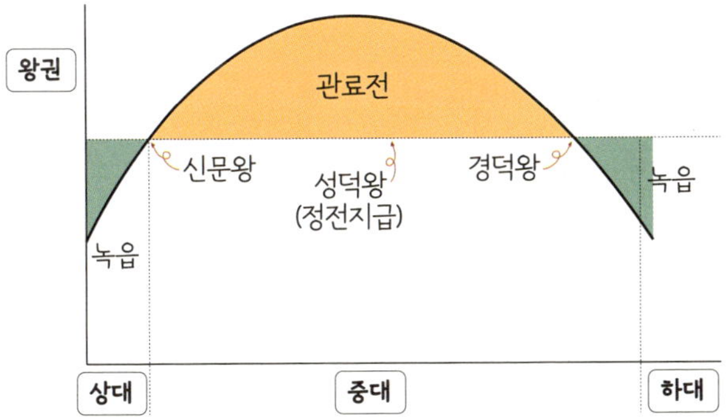

왕권 그래프: 녹읍(상대) → 신문왕 → 성덕왕(정전지급) → 경덕왕 → 녹읍(하대), 관료전(중대)

민정문서

• ⓑ도다이사 정창원 발견
• 서원경 주변 4개 촌락 조사 — 청주
　　조세·노동력 징수 목적
• 촌주가 작성(매년 조사, 3년마다 작성)
　　지방관 X
• 조사대상
　ⓐ 촌락크기, 토지결수(토지의 증감 X)
　ⓑ 소·말의 수, 유실수(잣·호두나무)
　ⓒ 인구, 노비수
• 분류
　ⓐ 인구 6등급(남녀, 연령)
　　노인~소아
　ⓑ 호구 9등급(인정의 많고 적음)
• 토지 종류

촌주위답	촌주
내시령답	관리
관모답	관청
연수유답 — 개인사유지(민전)	백성

72 고대의 농업 · 수공업 · 상업 · 대외교류

1 농업: 생산력 낮음(시비법 X, 휴경지 많음)

(1) **농민 구휼**: 진대법(고국천왕) → 을파소 건의, 춘대추납, 왕권·재정 확보
(2) **생산력 증대**: 철제 농기구 일반화, 우경·순장 폐지(지증왕), 황무지 개간
(3) **발해**
　① 밭농사 중심(일부 벼농사), 철제 농기구 사용, 수리시설 확충
　② 목축(솔빈부의 말은 주요 수출품), 수렵(모피·녹용·사향) 발달

2 수공업: 노비 수공업 → 관영 수공업 확대

3 상업

(1) **통일 이전**: 수도에 시장 설치(소지왕), 동시·동시전(감독 관청) 설치(지증왕)
(2) **신라 중대**: 서시·남시 설치(효소왕)
(3) **신라 하대**: 장보고의 활약
　① 청해진(완도, 흥덕왕) 설치 → 당과 일본에 교역사절단(견당매물사, 회역사 등)
　② 법화원(산둥 반도)건립, 엔닌(『입당구법순례기』: 당나라 여행기) 지원

4 신분별 경제생활

(1) **귀족**
　① 녹읍·식읍을 통한 수취 및 농민 지배
　② 소유 경제: 토지, 노비, 목장(심지어 섬 단위), 호화 별장(금입택, 사절유택) 소유
　③ 사치품: 비단, 양탄자, 유리그릇, 귀금속 등(당·아라비아에서 수입한 물품)
(2) **농민**
　① 시비법 미발달 및 척박한 토지 소유 → 생산성 높지 않음
　② 전세(곡물 생산량의 1/10) 외에도 공물 및 역을 부담
　③ 향·부곡민은 일반 농민보다 공물 부담 가중
(3) **노비**
　① 왕실, 관청, 귀족, 절 등에 소속
　② 주인의 땅 경작 / 일용 잡무 및 각종 수공업품 제작

5 대외 교류

(1) **통일 이전**: 국제 무역 → 4C 이후 크게 발달(공무역 형태)
- 고구려: 중국 남북조·북방 민족(금·은·모피류 수출), 왜(해표피·모피류 수출)
- 백제: 중국 남조(인삼·직물류 수출), 왜(곡물·직물류 수출)
- 신라: 고구려·백제 통해 중국과 교역 → 한강 진출 후 당항성을 통해 중국과 직접 교역(진흥왕), 왜(곡물·비단) 무역

(2) **통일 이후 신라**: 최대 무역항 - 울산항

당(唐)	• 공무역·사무역 발달 • 무역로: [남로]전남 영암 → 상하이, [북로] 경기 남양만 → 산둥 • 산둥반도·양쯔강 하류 → 신라방·신라촌·신라소·신라관·신라원 　　　　　　　　　　　(신라인 거주지)　(관청)　(여관)　(절) • 수출품: 금·은 세공품, 인삼, 모피류 • 수입품: 비단·서적 등 귀족 사치품류
일본	• 처음에는 무역 제한 → 8C 이르러 활발
기타	• 이슬람 상인 울산항 내항

(3) **발해**

당(唐)	• 산둥반도 덩저우에 발해관(숙소) 설치 • 서경 압록부 중심, 압록도(조공도)
일본	• 동경 용원부(일본도)
신라	• 남경 남해부(신라도), 거란도(거란과의 교역) + 영주도(당과의 교역)
교역품	• 수출품: 모피, 인삼, 불상, 말, 우황, 자기(삼채: 청·녹·황) • 수입품: 비단, 책 • 기타 특산물: 태백산 토끼, 책성부 된장, 남해부 곤포(다시마) 등

72 고대의 농업·수공업·상업·대외교류

구분	삼국시대	통일신라	
농업	• 농업생산성↓ (시비법 X, 휴경지 多) 　ⓐ 농민 구휼(진대법) 　　└ⓖ 고국천왕　　└신 지증왕 　ⓑ 생산력 증대(철제 농기구 일반화, 우경, 순장 X) 　　　　　　└6C		
수공업	• 노비 수공업 → 관영 수공업		
		신라 중대	신라 하대
상업	• 시장 형성(소지 마립간) 　└only 도시 • 동시·동시전(지증왕)	• 서시·남시(효소왕)	**장보고** • 청해진(완도, 흥덕왕)　• 교역사절단　　『입당구법순례행기』(엔닌) • 법화원[적산원]　　ⓐ 견당매물사(당)　└장보고 도움 당 여행 　└산동 반도　　ⓑ 회역사(일본)　• 장보고의 난(문성왕)
대외 교류	**삼국의 대외교류** 고구려 • 남북조, 북방민족 백제 • 남조 　ⓐ 동진(4C, 불교 수용) 　ⓑ 양(6C, 양직공도, 무령왕릉) • 왜 신라 • 중국 　ⓐ 통일 이전(간접교역) 　　└ⓖ 전진, 백 양 　ⓑ 한강 진출 이후(직접교역) 　　　　　　└당항성	**통일신라의 대외교류** • 울산항(국제무역항, 아라비아 상인) • 신라-당 교류(산동반도, 양쯔강 하류) 　└당항성　└전남 영암 　ⓐ 신라방·신라촌(신라인의 거주지) 　ⓑ 신라소(자치기구) 　ⓒ 신라관(여관) 　ⓓ 신라원(사찰)	**발해의 대외교류** • 발해관(당, 산동반도, 발해 사신 접대) • 모피, 말(솔빈부), 불상, 자기 수출 • 발해 5도 　ⓐ 일본도(일본, 무왕)　ⓑ 신라도(신라, 문왕) 　　└동경 용원부　　　└남경 남해부 　ⓒ 조공도(당)　　　ⓓ 영주도(당) 　　└서경 압록부(해로)　└산해관 경유(육로) 　ⓔ 거란도(거란)　*말갈도·돌궐도 X

73 고려의 토지 · 수취제도

1 고려의 토지 제도

(1) 전시과 제도

① 의미: 관리에게 전지(토지) + 시지(임야, 땔감) 지급 → 지배층의 경제 기반
- 전지 + 시지: 18등급 구분 지급
- 문반 > 무반, 현직 > 산직(은퇴한 관리 등 직임 없는 관리)

② 특징
- 수조권만 지급(소유권 X), 세습 불가, 양계 제외 전국 5도 토지 대상
- 죽거나 반역 · 퇴직 시 반납, 급전도감(전시과 업무 담당) 설치

③ 전시과의 종류

과전	일반(모든) 문 · 무 관리 지급
공음전	5품 이상 관리 지급(세습) ※ 공신전: 세습, 공신에게 지급
구분전	하급 관료와 군인 유가족에게 지급
한인전	6품 이하 하급 관리 자제로 관직에 오르지 못한 사람 or 관리가 되었으나 보직을 얻지 못한 사람에게 지급 → 관인 신분 세습 목적
외역전	지방 향리에게 지급 (세습)
군인전	군역의 대가로 지급 (세습)
내장전	왕실 경비 충당
공해전	중앙 · 지방 관청 경비 충당
사원전	사원에 지급
별사전	승직 · 지리업 종사자에게 지급
기타	무산계 전시: 귀화한 여진 추장과 탐라 왕족에게 지급

④ 민전(사유지): 매매 · 상속 · 기증 · 임대 가능 사유지 → 1/10 조세 납부

⑤ 전시과의 변천

역분전	• 태조(940) 정비, 개국 공신에게 공로 기준(논공행상)에 따라 수조권 지급
시정 전시과	• 경종(976) 정비, 관등(4색 공복 기준) · 인품(충성도) 기준 • 직관(현직 관료) + 산관(퇴직 관료) 모두 지급 → 죽으면 반납
개정 전시과	• 목종(998) 정비 • 관등(인품 X) 기준, 18품 전시과, 군인전 지급 • 직관 + 산관 모두 지급 → 죽으면 반납
경정 전시과	• 문종(1076) 정비 • 현직 관리에게만 지급(산관 X), 공음전 신설 • 무신 차별 완화, 한외과 소멸, 별사전 지급, 지급액 감소

변천	• 무신 정변 후: 전시과 악화 ∵ 무신 개인 농장 확대
	• 녹과전: 원종(1271) 정비, 경기 8현 토지 수조권 지급
	• 원 간섭기
	  ① 전시과 붕괴, 권문세족의 토지 겸병 → 대토지 소유
	  ② 사패전: 왕실 종친 · 왕비 겁령구 등 지급 토지 → 농장 확대
	• 위화도 회군(1388) 이후 신진사대부 토지 제도 개혁

과전법	• 공양왕(1391) 정비 by 신진 사대부 • 경기 지역 토지 수조권 재분배, 경작권 법적 보장 • 신진 사대부의 경제 기반 마련

※ 각 전시과별 제1과 지급량
① 시정 전시과: 전지 110결, 시지 110결
② 개정 전시과: 전지 100결, 시지 70결
③ 경정 전시과: 전지 100결, 시지 50결

73 고려의 토지·수취제도

2 고려의 경제 정책

(1) 재정 운영
① 대상: 토지·호구 조사 → 양안(토지대장)·호적(호구 대장) 분리 작성
② 재정의 관리
- 호부: 인구·토지를 파악하여 조세의 부과 기준 마련
- 삼사: 재정 수입 관련, 화폐·곡식 출납
- 실제 조세 수취와 집행은 각 관청에서 담당

(2) 수취 제도

조세	• 논·밭 구분, 토지 비옥도에 따라 3등급 구분, 생산량 1/10 징수 • 운송: 각 군현 농민 동원 조창까지 운반 → 조운 통해 2~5월까지 개경 운반 후 경창에 보관 • 경창: 광흥창(좌창) → 관리 녹봉 지급용, 풍저창(우창) → 국가 행사용 • 양계 지역: 조세 개경 운송 X, 현지 자체 소비
공납	• 집집마다 토산물 징수(9등호제, 인정 기준) • 조세보다 부담 大
역	• 16세에서 59(60)세까지의 정남 → 60세 면역

(3) 수취 제도의 특징

소작농	• 조세 X, 지대(소작료) 징수, 국유지 1/4 징수, 사유지 1/2 징수
수조지 세율	• 1/10 징수: 과전(과전은 민전에 설정) • 1/4 징수: 내장전, 공해전, 둔전 • 1/2 징수: 공신전, 공음전

3 고려의 경제 생활

(1) 귀족
① 음서·공음전 혜택, 과전(1/10), 녹봉(1년에 두 번, 곡식·비단 지급)
  ※ 녹봉: 문종대(1076) 정비, 47등급(1등급 400석 …… 47등급 10석)
② 외거 노비에게 신공으로 매년 베·곡식 수급, 화려·사치, 지방 별장 소유

(2) 농민
① 민전 경작 or 국·공유지나 다른 사람의 소유지 경작
② 진전(황폐한 경작지)·황무지 개간 시 → 국가에서 일정 기간 소작료·조세 감면
③ 농번기 잡역 동원 금지, 재해시 세금 감면(재면법, 성종대 실시, 문종대 법제화)
④ 12세기 이후 연해안 저습지·간척지 개간 → 경작지 확대

> **참고자료**
>
> ★ [전시과의 시행]
> - 태조 23년(940)에 처음으로 역분전(役分田) 제도를 설정하였는데, 삼한을 통합할 때 조정의 관료와 군사에게 그 관계(官階)의 높고 낮음을 논하지 않고 그 사람의 성품과 행동의 착하고 악함과 공로가 크고 작은가를 참작하여 차등 있게 주었다.
> - 경종 원년 11월에 비로소 직관(職官)·산관(散官)의 각 품(品)의 전시과를 제정하였는데 관품(官品)의 높고 낮은 것은 논하지 않고 다만 인품(人品)만 가지고 전시과의 등급을 결정하였다. ……(中略)…… 이하(以下) 잡직 관리(雜吏)에게도 각각 인품에 따라서 차이를 두고 나누어 주었다. 그리고 이 해(경종 1년) 전시과 등급에 들지 못한 자는 모두 전지 15결을 주었다.
> - 목종 원년 3월 각 군현의 안일호장(安逸戶長)에게 직전(職田)의 절반을 주었다. 12월 문무 양반 및 군인들의 전시과를 개정하였다.
> - 문종 30년에 양반 전시과를 다시 개정하였다.
>
> - 『고려사』 -

MEMO

73 고려의 토지 · 수취제도

구분		고려 전기						고려 후기	
토지제도	변천 과정	태조	경종	목종	문종		무신 집권기	원종	공양왕
		역분전	시정 전시과	개정 전시과	공음전	경정 전시과		녹과전	과전법
		공신	전직(산관) + 현직(직관)		5품 ↑	현직		신진관료	신진사대부
		공로 + 인품	관등 + 인품	18관등		18관등		경기 8현	경기 지역
		• 관등 고려 X	• 관등은 4색공복 기준 └ 자단비녹, 광종	• 군인전 • 한외과 └ 18품 미만	• 문벌귀족경제기반	• 지급량 축소 • 한외과 소멸 • 무반대우 개선 └ but 숭문천무	전시과 붕괴	• 녹봉 대신 토지 지급	• 전지만 지급 • 신진사대부 경제기반

- 전시과 제도 하의 토지

전 시 과
└논밭 └임야 └18등급

토지의 종류	양반전 └과전	문·무반 관료	공음전	5품 이상 귀족	군인전	중앙군(2군 6위)	한인전	하급관료 자제(관직 복무 X) └ 6품 ↓	내장전	왕실 경비	사원전	사원 경비
			공신전	공신	외역전	향리	구분전	하급관료·군인 유가족	공해전	관청 경비 (중앙·지방)	별사전	승직·지리업 종사자
			세습(특권 세습)		세습(직역 세습)			관인신분 세습 목적				

- 민전(사유지)
  └ 매매·상속·기증·임대 가능

수취제도	조세	• 논·밭 구분, 수확량 1/10 • 3등급(토지 비옥도) • 조창(지방) → 경창(개경) └ 양계는 자체 소비
	공물	• 조세보다 부담 大 • 국가 → 주현 → 속현, 향·소·부곡 └ 주현에서 할당 • 상공(매년), 별공(수시)
	역	• 16~60세 男 └ 삼국시대 15세 ↑ • 요역·군역 동원 └ 무상동원

재정

호부(상서성)
- 조세부과 기준문서

양안	토지대장(전세)
호적	인구대장(공납·역)

삼사
- 재정 수입 관련, 화폐·곡식 출납

74. 고려의 농업·수공업·상업·무역

1 고려의 농업

(1) **농사 기술 발달**
　① 소를 이용한 심경법 일반화, 호미·보습 등 농기구와 종자 개량
　② 밭농사: 2년 3작 윤작법 / 논농사: 고려말 남부 일부 이앙법 보급
　③ 시비법 발달 → 휴경지 감소 but 여전히 일역전(2년 1작)·재역전(3년 1작) 多

(2) **목화 전래**: 공민왕대 문익점이 원나라에서 수입, 정천익 재배 성공

(3) **농서**: 『농상집요』(충정왕, 이암 著) → 원나라 농법(화북 지방) 소개

2 고려의 수공업

(1) **전기**: 관청 수공업 → 기술자 공장안 등재, 소 수공업
(2) **후기**: 민간 수공업(가내 수공업 중심), 사원 수공업

3 고려의 상업

(1) **도시의 상업**
　① 시전(개경·서경, 관청과 귀족 주로 이용) 설치, 경시서(상행위 감독) 설치
　② 관영상점: 3경 등 대도시에서 서적점·약점·주점·다(茶)점

(2) **지방의 상업**: 관아 근처, 행상 활동, 사원 상행위 활발(장생고 → 사원금융기구)

(3) **고려 후기**: 벽란도와 같은 항구 발달, 원(국립 여관) 발달, 소금 전매제(충선왕)

(4) **화폐 유통**: 대부분 화폐 거래 부진, 자급자족

성종	• 건원중보(동전·철전)
숙종	• 주전도감 설치(1097) • 활구(은병)·삼한통보·삼한중보·해동통보·해동중보·동국통보
고려말	• 쇄은(충렬왕) → 지원보초(원화폐) → 소은병(충혜왕) • 저화(공양왕, 지폐) 발행 → 유통 X, 고려 멸망으로 회수

4 고려의 무역

(1) **특징**: 공무역 중심, 벽란도 국제 무역항 번성

(2) **대송 무역(조공 무역)**
　① 수출품: 금·은·나전칠기·인삼·먹 / 수입품: 비단·약재·서적·자기
　② 무역로: 북로(벽란도 → 덩저우)보다 남로(벽란도 → 밍저우)가 더 활발

(3) **대일 무역**: 11세기 후반부터 내왕, 정식 국교 X, 유황·수은 수입

(4) **거란·여진**: 무역 위해 의주 지역에 각장 설치, 은·모피·말 수입

(5) **아라비아 상인(대식국인)**: 수은·향료·산호 수입, "Coree" 시방 세계에 알려짐

(6) **원 간섭기**: 공·사무역 활발, 금·은·소·말 등 지나치게 유출로 사회 문제화

> **＊참고자료**
>
> ★ **[목화의 전래]**
> 문익점(文益漸, 1329~1398)은 진주 강성현 사람이다. 공민왕 때 과거에 급제하여 벼슬이 정언이 되었다. 원나라에 사신으로 갔다가 머물며 덕흥군 편에 붙었다가 그가 패배한 후 귀국하였다. (그는) 돌아오는 길에 목화씨를 얻어와 장인인 정천익(鄭天益, ?~?)에게 부탁하여 심도록 하였다. 처음에는 재배하는 방법을 몰라 거의 말라 죽이고 한 줄기만 살았는데, 3년 만에 크게 번식하였다. 목화씨를 뽑는 씨아와 실을 뽑는 물레는 모두 정천익이 만들었다.
> ―『고려사』―
>
> ★ **[아라비아 상인과의 무역]**
> - 갑인에 흑수 말갈의 아리고가 왔다. 이달에 대식국의 열라자 등 100명이 와서 특산물을 바쳤다. 【대식국은 서역에 있다.】
> - 11월 병인에 대식국 상인 보나합 등이 와서 수은·용치·점성향·몰약·대소목 등의 물품을 바쳤다. 담당자에게 명하여 객관에서 후하게 대우하고 돌아갈 때에 금과 비단을 후하게 내려 주도록 하였다.
> ―『고려사』―

74. 고려의 농업·수공업·상업·무역

구분	고려 전기	고려 후기
농업	**[논농사]** • 수리시설 확충(저수지 축조) • 이앙법(보급, 남부일부) • 수차이용(공민왕)	**[밭농사]** • 윤작법(보급, 2년 3작)　• 목화(보급) └문익점 • 시비법 발달(휴경지 감소) └㉾휴경지 소멸 • 농상집요 └이암이 수입(from 원) • 우경에 의한 심경법(보편화)
수공업	• 관청(공장안) + ㉮수공업(물품을 공물로 납부)	• 민영 + 사원 수공업
상업	• 시전(개경, 경시서가 통제) • 관영상점(개·서경, 대도시) └only 고려 • 다양한 화폐(해동통보, 삼한통보, 활구) → 널리 유통 X	
무역	• 벽란도(국제무역항, 아라비아 상인) └수은, 향료 • 대외무역(공무역 중심) | 국가 | 수출 | 수입 | 비고 | |---|---|---|---| | 송 | 은, 인삼 | 사치품 | 가장 활발 | | 거란·여진 | 식량, 농기구 | 은, 모피, 말 | 각장 설치(의주) | | 일본 | 식량, 인삼, 서적 | 수은, 유황 | 정식 국교 X, 금주[김해] |	• 대원 무역 중심(공·사무역 활발) └금·은, 소·말이 지나치게 유출

75. 조선의 토지제도, 고려~조선의 화폐변천

1 토지 제도

(1) 과전법(1391, 공양왕)

수조율	• 공전·사전 모두 1결당 30두 지정(1/10 징수)
공전	• 국가가 수조권 행사
사전	• 개인(관리)이 수조권 행사(1/10 징수), 토지 겸병 금지 • 원칙: 죽거나 반역 시 반납, 세습 X but 수신·휼양전 세습 O • 대상: 경기 44현 토지 • 태종대 과전 1/3 충청·전라·경상 확대 → 토지겸병으로 세종대 경기도만으로 환급
과전	• 일반 문·무 관리에게 수조권 지급 • 18품 과전: 최고 150결 ~ 최하 10결 지급
수신전	• 죽은 관리의 아내에게 지급
휼양전	• 죽은 관리의 어린 자제에게 지급
기타	• 공신전(세습) • 공해전(중앙관아), 늠(급)전(지방 관아), 학전(학교), 원전(불교) • 군전: 지방 거주 한량품관에게 지급(군인전 X, 군전 ≠ 군인전) • 별사전(준공신, 3대까지만 세습, 전시과와의 차이점)

• 운영: 관리 → 수조권(1/10), 농민 → 경작권 법적 보장(실질적 소유권 인정)
• 전시과와 과전법 비교

공통점	수조권 지급, 죽거나 반역시 반납, 지배층 경제 기반
전시과	전국 토지, 전지 + 시지, 외역·공음·군인전 O 경작권의 법적 보장 X
과전법	경기 토지, 전지만, 외역·공음·군인전 X 경작권의 법적 보장 O

(2) 토지 제도의 변천

과전법 (1391, 공양왕)	• 전·현직 관리 수조권(1/10) 지급, 죽거나 반역 시 반납 • 한계: 경기도 과전 부족
직전법 (1466, 세조)	• 현직 관리에게만 지급 → 물러나면 반납 • 수신전·휼양전 폐지 • 한계: 현직 관리 수조권 과다 행사
관수관급제 (1470, 성종)	• 국가(관청)에서 수조권 대신 행사 • 양반 관료들이 수조권을 빌미로 토지·농민 수탈 불가 • 국가의 토지 지배권 강화 • 한계: 국가 재정 부족 → 수조권 지급 어려움
직전제 폐지 (1556, 명종)	• only 녹봉만 지급(= 녹봉제 시행) • 관리에게 지급하는 수조권 개념이 사라짐, 전주전객제 소멸 • 관리의 토지 소유에 대한 욕심 심화(토지 집적 심화) • 지주전호제·병작반수제 확산 → 농민 대부분 소작농 전락

2 화폐의 변천

(1) 조선 전기: 화폐 유통 모두 부진
　① 저화(태종)·조선통보(세종)·팔방통보(세조) 등 주조 및 유통 시도
　② 일반거래에는 베·곡식·무명 사용

(2) 조선 후기: 상업 발달 촉진·조세 금납화 → 화폐 유통 촉진
　① 상평통보: 인조대 상평청 처음 주조 → 효종대 유통 시도 → 숙종대 법정 화폐
　② 실학자들의 화폐론: 폐전론(중농학파 이익) vs 용전론(중상학파 박지원)
　③ 전황 발생 → 유통 화폐 부족 현상

조선의 토지제도, 고려~조선의 화폐변천

구분	조선 전기
토지제도의 변화	**과전법(공양왕, 1391)** → (경기도 과전 부족) → **직전법(세조, 1466)** → (관리의 과도한 수조권 행사) → **관수관급제(성종, 1470)** → (국가재정 부족으로 수조권 지급의 어려움) → **직전법 폐지(명종, 1556)** • 과전법: 전직·현직 관리에게 수조권(1/10), 사망·반역 시 반납, 경기 지방의 토지, 전지만 지급, 사대부 우대 - 종류: 과전(문무관료 18품, 세습 X), 공신전(공신), 수신전(과부), 휼양전(고아) - 세습 O • 직전법: 현직 관리에게만 수조권, 수신전·휼양전 폐지 • 관수관급제: 전주가 수조 → 관청이 수조, 국가의 토지 지배권 강화 • 직전법 폐지: 녹봉제 전면 실시, 소멸(전주전객제), 확산(지주전호제, 병작반수제), 농민 대다수 소작농 전락

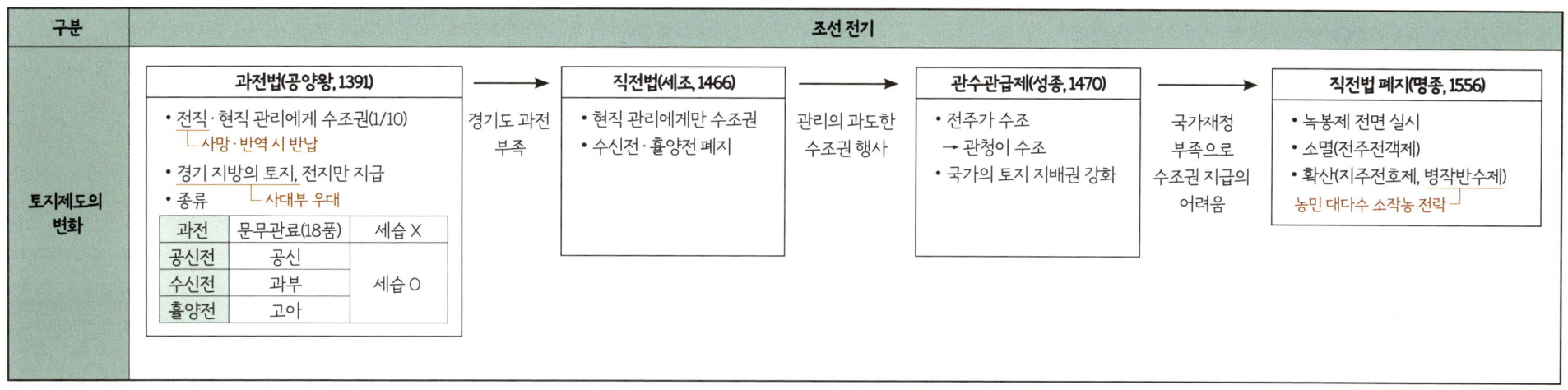

구분	고려시기				조선전기	조선후기	개화기		
	성종	목종	숙종	공양왕	태종	효종	근대화개혁(1883)	갑오개혁(1894)	화폐정리사업(1905)
화폐의 변천	• 건원중보(철전)		**주전도감** • 동국·삼한·해동 통보 • 은병[활구](은전) cf) 소은병 — 민간, 충혜왕	• 저화(지폐) ↑ 원 보초	• 저화(재발행) — 사섬서	• 십전통보(상평통보 10배)	• 전환국	• 은본위 화폐제도	• 금본위 화폐제도
					세종	**숙종**	당오전·백동화 (83~94, 93) → 제일은행권 cf) 대동은전(1882) — 최초의 근대적 화폐		
					• 조선통보	• 상평통보(전국유통) — 법제화			
	"차·술·음식 등을 파는 상점에서 매매하는 데는 전과 같이 돈을 쓰게 하고, 백성들이 매매하는 데는 토산물을 쓰도록 할 것이다."								
	• 화폐유통 X (베·곡식·명 사용) — 고려, 조선					• 전황 발생(유통화폐 부족) • 폐전론(이익) vs 용전론(박지원)			

76 조선의 수취제도

1 조세 제도

(1) 건국 초 조세 기준 ※1결 = 300두
  ① 과전법 기준: 세율 1/10=30두, 병작반수(1/2) 금지
  ② 풍흉 차등: 지방 관리 재량, 손실답험법(1391) → 폐지(1444)
  ③ 비옥도 차등: 3등급(상·중·하)

(2) 공법 제정(세종, 1444)

연분 9등법 (풍흉)	• 공법상정소·전제상정소 설치 → 17만 호 설문조사 • 최고 20두 ~ 최하 4두 ※1결 = 400두(세종) |	상	중	하
---	---	---	---
상	20두	18두	16두
중	14두	12두	10두
하	8두	6두	4두	 • 상상년: 400두의 1/20 = 20두, 하하년: 400두의 1/100 = 4두
전분 6등법 (비옥도)	• 1결의 면적을 6등급으로 구분(수등이척법), 이적동세(면적 차등 세금 동일) • 풍흉 무관, 토지 비옥도에 따라 조세 차등 징수 • 양전 사업(양안 작성 시, 20년) 때 결정

(3) 16세기
  ① 공법: 일시적 농민 혜택 → 연분 등급 너무 세분화 → 관리 부정 증가 ▲
  ② 16세기 직전법 폐지(명종) → 지주전호제 확산 / 농민 대부분 소작농 전락

(4) 조선 후기
  ① 영정법(1635, 인조)
    • 전세 정액화: 풍흉에 관계없이 1결당 4~6두 징수 → 지주 혜택, 소작농은 혜택 거의 X
    • 각종 명목 부가세 추가(재정 보충) → 농민(소작농) 부담 확대
  ② 수등이척법 → 양척동일법(1653, 효종) 변경

2 조운 제도

(1) 조운: 군현 징수 조세 → 강가·바닷가 조창 운반 → 서울 경창 집결
  • 전라·충청·황해도 → 바닷길 / 강원도 → 한강 / 경상도 → 낙동강·남한강
  • 경창: 군자창 → 군량미 충당 / 풍저창 → 정부 지출 / 광흥창 → 관리 녹봉

(2) 조창: 가흥창(충주), 흥원창(원주), 소양강창(춘천), 공진창(아산)

(3) 잉류 지역(조세 자체 소비): 함경도(군사)·평안도(사신 접대)·제주도(운송 불편)

＊참고자료

★ **[경국대전의 수세 규정]**

모든 토지는 매해 9월 보름 전에 수령이 농사 형편을 살펴서 등급을 심의·결정한다(읍내와 4면을 각각 나누어 등급을 매긴다). 관찰사가 이를 다시 심의하여 보고하면 의정부와 육조에서 함께 토의하여 다시 임금에게 보고한 다음 조세를 징수한다(소출이 10분의 10이면 상상년으로 잡아 매 1결에 20말씩 거두며 ……(중략)…… 2분이면 하하년으로 잡아 4말씩 거두며, 1분이면 조세를 면제한다. 영안도·평안도는 3분의 1을 감해 주고 제주의 세 고을은 절반을 감해 준다). - 『경국대전』권2, 「호전」, 수세 -

76 조선의 수취제도

③ 공납 제도

(1) **조선 전기**: 토산물 징수(가호 기준)

(2) **16세기 이후**: 수취 제도 문란
  ① 지역에서 미생산된 토산물 부과
  ② 방납의 폐단: 관리들의 중간착취로 발생
  ③ 향리 + 상인 + 서리의 결탁 ⇒ 납부 방해
  ④ 방납 폐단 시정 노력 → 조광조·이이·유성룡: 수미법 주장

(3) **조선 후기**: 대동법의 시행
  ① 내용: 토산물 → 쌀·포(삼베, 모시, 목면)·동전(조세 금납화) 징수
  ② 시행
  • 선조·광해군(1608): 이원익(선혜청 설치) + 한백겸 건의 → 경기도 제한적 시행
  • 강원도(인조) → 충청도·전라도(효종) → 경상도·황해도(숙종) 확대
  • 함경도·평안도 제외 전국 실시(왜냐하면 토지 척박, 생산량 少)
  ③ 기준: 가호 → 토지 결수(공납의 전세화) 기준으로 변경, 1결당 12두
  ④ 결과
  • 양반 지주 부담 大, 농민 부담 감소 → 일시적
  • 토산물 조달하는 어용상인인 공인등장 → 상품 화폐 경제 발달 촉진
  ⑤ 한계
  • 현물납부관행 존속(별공·진상 별개로 존속)
  • 중앙 관청 재정 확대 → 지방 관아 재정 부족 → 수령의 농민 수탈 심화

④ 역(役)

(1) **범위**: 16세 ~ 60세 미만, 정남 기준

(2) **종류**
  ① 군역: 정군 + 보인 / 양반·서리·향리 X
  ② 요역: 가호 기준 정남의 수를 고려하여 노동력 징발(8결당 1인, 1년 6일 내)

(3) **16세기 이후**: 수취 제도 문란
  ① 군역의 요역화: 지주의 요역 기피·장기간 평화 지속 → 요역 ▲
  ② 대립·방군수포 현상 → 군적 수포 문란 → 양역 변통론 주장
  • 대립: 불법으로 대신 입대
  • 방군수포: 불법으로 군포 내고 군역 면제
  • 군적 수포제: 1년 군포 2~3필, 16세기 중종대 합법화
    ※ 운영의 문란: 백골징포, 황구첨정, 인징, 족징/감영·병영서 임의로 2~3회 징수

(4) **조선 후기**: 균역법 실시(1750, 영조)
  ① 기준: 1년 군포 2필 → 1필
  ② 재정 부족분 보충
  • 결작: 토지 1결당 쌀 2두 징수 → 지주 부담 증가(군역의 전세화)
  • 선무군관포 징수: 일부 부유 상민층에 '선무군관' 칭호 → 1년 군포 1필 징수
  • 잡세: 기존 왕실 재원인 어장세·염세·선세 → 균역청 설치 후 징수
  ③ 결과: 농민 혜택 증가 (일시적) → 결작을 지주가 소작농에게 전가

MEMO

76 조선의 수취제도

구분	조선 전기			
	수취제도	조세 (田)	공납 (戶)	역 (丁)

수취제도의 변화	15C	**손실답험법**
		• 생산량을 지방관이 마음대로 결정
		• 토지세(1/10세, 최대 30두)
		  └ 작황에 따라 차감
		
		※ 조운 제도
		• 조창(지방) → 경창(서울)
		  └ 가흥창(최대, 충주)
		• 잉류지역
		(함경도, 평안도, 제주도)
		
		→ **공법(세종)**
		• 백성의 부담감소 • 답험의 폐단을 시정
		• 17만 여론조사
		
		【연분 9등법】 • 풍흉 기준 • 최대 20두 ~ 최하 4두
		【전분 6등법】 • 토지비옥도(풍흉 X) • 수확량에 따라 1결의 면적이 달라짐
			토산물 징수
			• 호별로 징수
				역 부과
				• 정남(16~60세)
				
				군역
				• 보법(세조)
				  ⓐ 정군(군역복무)
				  ⓑ 보인(정군의 비용)

	16C		• 방납의 폐단
			  └ 조광조(시정 주장)
			• 수미법 주장(이이·유성룡)
				• 전쟁 無 → 군역의 요역화
				• 대립·방군수포 → 군적수포제(중종, 1년 2필)
				  └불법 └합법
				• 군포 폐단(백골징포·황구첨정)

		조선후기			

	17C ~18C	**영정법(인조, 1635)**
		• 풍흉에 관계없이 토지/1결당 4~6두
		• 지주 유리, 농민 부담(각종 부가세)
			대동법(광해군)
			• 선혜청
			• 결 12두(가호기준 → 토지결수)
			  └지주 부담↑, 농민 부담↓
			• 미·포·(전)으로 납부
			  └ 조세의 금납화
			• 공인의 등장 → 상품화폐 경제발달
			• 별공·진상(현물납부 관행 소멸 X)
			
			• 확대과정
			【광해군】 경기도(이원익, 1608)
			【인조】 강원도(조익)
			【효종】 충청·전라도(김육)
			【숙종】 경상·황해도(전국 실시, 1708)
					양역변통론(영조)
					  └ 호포론·결포론
					
					균역법(영조, 1750)
					• 균역청
					  └ 선혜청으로 통합
					• 감포론, 양반불역 원칙
					• 1년 1필(양반 면제)
					• 재정보완책
					  ⓐ 결작(1결 2두)
					  ⓑ 선무군관포(1년 1필)
					    └ 일부 부유층, 납포 후 군관 자격
					  ⓒ 어장세, 염세, 선박세
					    └ 바닷가 지역의 원성↑

77 조선의 농업 · 수공업 · 광업

1 조선의 농업

(1) 전기 농업 ※ 성리학적 경제관: 중농억상

농서 편찬
- 세종때 농사직설(정초): 우리 풍토에 맞는 농법 보급에 기여
- 세조때 양화소록(강희안): 꽃·나무 수십 종 재배법 + 품격·상징성 기술
- 성종때 금양잡록(강희맹): 본인의 농사 체험 토대 → 당시 농업 사정 풍부
- 명종때 구황촬요(진휼청): 관찬, 기근 구제용 구황 작물 소개

농법 발달
- 밭농사: 윤작법(2년 3작, 조 → 보리 → 콩) 확대
- 논농사: 남부 지방 이앙법 보급(물 부족 → 금지)
- 시비법 발달 → 휴경지 소멸 → 연작 可
- 목화 재배 확대로 의생활 개선

(2) 후기 농업

① 농서·농법의 발달

농서 편찬
- 효종 때 농가집성(신속): 중국 강남 농법 소개 → 이앙법·견종법 등 보급
- 색경(박세당): 토질 구분 재배 품종 소개 및 양잠법
- 임원경제지(서유구): 농촌 생활 정보 종합 백과사전적 성격

농법 발달
- 장시(시장)의 발달 → 상품 작물 재배 증가 예 쌀·담배·인삼 등
- 밭농사: 농종법 → 견종법(고랑에 씨를 뿌림)
- 논농사: 이앙법 전국 보급, 수리 시설 민간에서도 확충
  → 『제언절목』: 국가적 저수지 축조법 소개
- 이모작 일반화(벼·보리) → 단위 면적당 생산량 대폭 증가
- 노동력 절감 → 광작 가능 → 농민층 분화(부농 / 임노동자)
  - 이촌향도 현상 증가, 광산·포구 등

② 지대 방식의 변화
- 타조법(소작료를 일정 비율로) → 도조법(소작료를 일정 액수로)
- 지주·전호 관계가 신분·예속관계에서 경제·계약관계로 발전

③ 외래 작물 유입
- 17세기: 담배(남초)·고추·호박 from 일본
- 18세기: 고구마 from 일본 ← 영조대 통신사 조엄
- 19세기: 감자 from 청

2 조선의 수공업

(1) 전기: 관청(관영) 수공업 중심 → 공장안 작성(부역제 기초)
  ① 공장안: 국가에서 필요한 물품 생산에 동원할 수 있는 기술자를 기록한 장부
    → 정조 때 수공인 등록대장(장인 등록제) 폐지
  ② 기술자: 책임량 할당 → 초과분 세금 납부 후 판매

(2) 16세기: 부역제 해이 → 납포장(공장안에 등재되지만 동원 X, 장인세 납부) 증가

(3) 후기: 민영 수공업 중심
  ① 선대제 → 자본이 부족한 수공업자가 상인으로부터 선지원 생산
    ∴ 상인의 수공업 지배(자본주의 맹아)
  ② 독립 수공업(18세기 후반) 발달
  ③ 점(店): 민간 수공업자 작업장 예 철점(철기 수공업체), 사기점(사기 수공업체)

3 조선의 광업

(1) 전기: 정부에서 독점 채굴(사채 금지) → 16세기 부역제 해이

(2) 후기: 청과의 무역 증대로 은 수요↑ → 은광 개발↑(17세기 말 70개소 은광)
  ① 설점수세(효종, 17세기) → 사채 허용(영조, 18세기 후반), 잠채 성행
  ② 물주제: 물주 → 덕대에 자본 제공 → 덕대가 혈주·노동자 고용 생산

77. 조선의 농업·수공업·광업

구분		조선 전기	조선 후기
농업	논	**직파법** · 일반적 / · 보급(남부지방) └ 최초보급(고려 후기) / · 정부는 억제(가뭄 우려)	**이앙법** · 저수지 축조법 → 보편화 └ 제언절목(정조) / · 이모작(벼·보리) ⓐ 단위 면적당 생산량 증가 ⓑ 보리는 조세 수취 X / · 노동력 절감 → 광작 可 → 농민층 분화(일부 부농·대다수 임노동자) └ 도시·광산·포구로 / · 지주의 직접경영(by 노비·머슴) └ 밭→논
	밭	**밭농사의 변화** · 윤작법(2년 3작, 일반화) · 목화재배(일반화) · 시비법 발달 → 휴경지 소멸(연작상경) └ 밑거름·덧거름 / · 농종법(이랑에 씨뿌림) 이랑	· 견종법(고랑에 씨뿌림) 고랑 / **상품작물** · 상품작물 재배(쌀·담배·인삼) · 외래작물 도입 ⓐ 17C 日 담배, 고추, 호박 ⓑ 18C 日 고구마(통신사, 영조) └『감저보』 ⓒ 19C 淸 감자
	지대	**타조법(정률제)** · 지주-소작농 : 신분적 예속 관계 · 약 1/2 지불(병작반수)	도지권(경작권) 인정 └ 소작쟁의 결과 → **도조법(정액제)** · 지주-소작농 : 경제적 계약 관계 · 지대의 금납화
수공업		**관청 수공업** · 공장안 등록 └ 부역제(장인 등록제)	**민영 수공업** · 납포장 증가 → 공장안 폐지(정조) · 점(店, 민영수공업 작업장) 형성 └ 분업·협업 / · 선대제 수공업(17C) → 독립 수공업(18C) ⓐ 자금·원료 미리 받고 생산 ⓑ 상인의 수공업 지배
광업		**관영 채굴** · 정부 독점(사채 금지) · 부역제	16C 부역제의 해이 / **민영 채굴** · 은광 개발(17C) → 금광 개발(18C) └ 청과의 무역으로 은 수요↑, 연은분리법 / · 덕대제(덕대가 물주·혈주와 계약) 광산경영자 물주 山 주인 / · 변천과정 — 설점수세제(효종): 허가받은 민간인 사채 허용, 호조 세금 징수(별장제) / 수령수세제(영조): 자유로운 사채 허용 → 덕대제·잠채 성행, 수령 세금 징수

78. 조선의 상업 · 무역

1 조선 전기의 상업

(1) 중농억상: 자급자족 경제 / 화폐 유통 모두 부진 → 전반적으로 침체

(2) 조선 전기의 상업 활동

중앙	• 시전상인(종로) ① 왕실·관청에 물품 공급, 특정 상품에 대한 독점 판매권 허용 → 조선 후기에 이르러: 금난전권(17세기) 부여 ② 시전 상인의 상행위를 허용하면서 - 세금 징수(점포세·상세) ③ 감독: 경시서(불법적 상행위 통제, 물가 조절) → 평시서(세조) ④ 주요 가게: 육의전 → 명주·종이·어물·모시·삼베·무명
지방	• 장시(5일 정기 시장) ① 15세기 후반 등장 → 16세기 중엽 전국적 확대 ② 18세기 중엽 일부 상설화 → 전국 1,000여 개소 개설 ③ 보부상(장돌뱅이): 보상(보따리장수) + 부상(등짐장수)

2 조선 후기의 상업

(1) 상품 작물 재배 / 대동법 / 소작료 금납화 / 민영 수공업 발달

• 대동법 실시: 공인 등장, 상품 화폐 경제 발달, 조세의 금납화 → 화폐 유통 ▲

(2) 조선 후기의 상업 활동

공인	• 국가로부터 공가를 지급받아 토산품을 조달하는 어용상인 • 도고(독점적 도매상인) 성장
사상	• 금난전권 철폐(신해통공, 1791): 육의전 제외 자유 상업 발전 • 서울: 칠패(남대문 시장 전신), 이현(동대문), 송파 등 • 지방 대상인 - 경강상인(한강): 선상, 서남 연해안 미곡·소금·어물 등 거래 - 만상(의주): 인삼 재배, 송방(전국 지점) / 내상(동래): 대일 무역
보부상	• 농촌 장시를 하나의 유통망으로 연계하는 행상 • 임방(부상청): 보부상 조직 '보부상단'의 본부 - 임방이 보부상의 상행위에 대해 허가
객주 여각	• 상품 매매를 중개(본업) + 운송·보관·숙박·금융 담당 • 주로 포구를 중심으로 활동, 포구가 장시보다 규모가 더 큼

3 조선의 무역

(1) 조선 전기: 주변 국가와의 무역 통제

① 대명 무역: 사신 왕래 때 공·사무역 허용

② 대여진 무역: 국경 지역 무역소(경원·경성) 통해 교역

③ 대일 무역: 동래에 설치한 왜관(세종)을 통해 교역

(2) 조선 후기

대청 무역	• 17세기 중엽부터 활발 → 은 결제 수단 활용 • 공무역(중강·경원·회령 개시) + 사무역(중강·책문 후시) • 만상(의주): 중강 개시·후시를 통해 대청 무역 주도 ※ 중강 개시: 임진왜란 중 유성룡의 건의로 개설(의주) • 무역품: 수출 - 은, 인삼, 종이, 무명 / 수입 - 비단, 약재, 문방구 • 팔포무역(청에 가는 사신에게 허락)
대일 무역	• 17세기 이후 국교 정상화 • 형태: 왜관 개시, 왜관 후시를 통해 내상(동래) 주도 • 무역품: 수출 - 인삼, 쌀, 무명 / 수입 - 은, 구리, 황, 후추 • 도모포에 왜관 운영 → 숙종 때 초량으로 왜관 이전

78 조선의 상업·무역

구분		조선 전기		조선 후기
상업	배경	• 상업 침체(자급자족 경제, 화폐유통 부진)	• 상업 발달(대동법 실시, 소작료 금납화, 민영 수공업 발달)	• 유수원(상인합자), 박지원(수레선박, 도고 폐단, 『허생전』), 박제가(무역선 파견) / 대청 무역

	중앙	**시전 상인(종로)**
		• 왕실 관청에 물품 공급
		• 특정 상품에 대한 독점판매권 부여
		• 감독기관
		  ⓐ 경시서(고려 문종) → 평시서(조선 세조)
		  ⓑ 불법 상행위 통제, 물가 조절
			• 17C 금난전권 부여, 공인으로 성장
			• 18C 금난전권 철폐(신해통공, 정조)
			  ⓐ 6의전 제외 ⓑ 난전 확대 → 물가 안정
			  └ 종이(지전), 어물(어물전), 비단(선전)등
			⑦ 거류지 무역 : 중간이득
			  내지 무역 : 철시 → 황국중앙총상회
				공인(어용상인)
				• 대동법 → 토산품 조달
				• 도고(독점)로 성장
				
				사상(자유 상인)
				• 난전(이현, 칠패)
				  └동대문┘ └남대문┘
				• 지방 상인

	지방	**장시(정기시장)**
		• 15C 등장 → 16C 전국 확대
		  └5일장
		보부상
		• 보부상[장돌뱅이]
		  └보상(보따리) + 부상(봇짐)
			• 18C 전국 1,000여 개소
			  └일부 상설화
			• 장시포구(강경장, 원산장, 송파장, 마산포장)
			• 어용상인
			• 보부상단 조직
			⑦ 혜상공국, 황국협회
				객주·여각
				• 상품 매매 중개(본업)
				• 운송·보관·숙박·금융(부업)
				• 장시·포구에서 활동
				  └장시보다 규모 大
					경강상인(한강): 운송업 종사, 선박제작 참여 / 미곡·소금·어물 거래 (한강·서남해안)
					송상(개성): 청·일 중계무역 / 인삼 재배·판매 / 전국에 송방
					만상(의주): 대청무역 담당
					내상(동래): 대일무역 담당
					유상(평양): 대청무역 담당

무역		**조선 전기의 무역**
		• 대명 무역 : 조공무역 중심(조천사)
		• 대일 무역 : 동래 왜관 └사행무역
		• 대여진 무역 : 무역소(경원·경성)
			대청 무역(만상)
			• 무역형태
			  ⓐ 공적시장(중강·경원·회령 개시) + 공무역(연행사)
			  ⓑ 사적시장(중강·책문 후시) + 사무역(팔포무역) └사행무역 └역관
			• 무역품
			  ⓐ 수출품(은, 인삼, 종이, 무명)
			  ⓑ 수입품(비단, 약재, 문방구)
				대일 무역(내상)
				• 왜관 개시·후시
				• 왜란이후(두모포 → 초량)
				• 무역품 └왜관
				  ⓐ 수출품(인삼,쌀,무명)
				  ⓑ 수입품(은, 구리, 황, 후추)

79 열강의 경제침탈과 경제적 구국운동

1 시기별 열강의 경제 침탈

(1) **개항 초기**: 강화도 조약 체결 직후(1876) 일본 상인 특권
  ① 거류지 무역(개항장 10리): → 조선인(객주, 보부상) 이득, 일본 화폐 사용
  ② 수출: 쌀, 콩, 쇠가죽 / 수입: 영국산 면직물(일본이 중계)

(2) **임오군란(1882) 이후**: 일본과 청의 경쟁 심화 → 조선 상인 타격
  ① 조일 수호 조규 속약(1882. 7.): 거류지 50리 확대, 2년 뒤 100리로 확대
  ② 조청 상민 수륙 무역 장정(1882. 8.): 청 상인에게 사실상 내지 통상 허용
  ③ 조일 통상 장정 개정(1883. 7.): 관세·방곡령·최혜국 대우 규정, 일 상인이 내지 통상 허용

(3) **청일 전쟁(1894) 이후**: 일본의 내지 통상 확대, 면제품(영국산 → 일본산)

(4) **아관 파천(1896) 전후**: 이권 침탈 본격화

일본	철도 부설권: 경인선(1898)·경부선(1898)·경의선(1904)·경원선(1904), 해저 전신 가설권(1883), 직산 금광 채굴권(1900)
러시아	두만강·압록강·울릉도 삼림 채벌권(1896), 경성 광산 채굴권(1896), 용암포 점령(1903~1904)
미국	운산 금광 채굴권(1896), 전등·전화·전차 부설권(1896), 경인선 부설권(1896 → 일본, 1898)
영국	은산 광산 채굴권(1900), 거문도 점령(1885~1887)
프랑스	경의선 부설권(1896 → 일본, 1904)
독일	당현 금광 채굴권(1897)

(5) **러일 전쟁(1904) 이후**: 일본의 경제 침탈
  ① 일본의 금융·재정 장악: 차관 제공(개혁, 개선 명목), 화폐 정리 사업
  ② 화폐 정리 사업(1905. 7. ~ 1909): 재정 고문 메가타가 주도
    • 내용: 백동화 등 구화폐를 일본 제일 은행권으로 교환
    • 특징: 300만 엔 차관 도입, 교환 기준(갑종 100%, 을종 40%, 병종 폐기)
    • 영향: 한국인 설립 은행과 한국인 상공업자 큰 타격, 일본 제일 은행에 예속화, 일시적 전황 발생, 금 본위제 실시(1905) → cf 광무개혁때는 금본위제 시도
  ③ 토지 약탈
    • 철도 부지와 군용지 확보 구실, 황무지 개간 요구
    • 통감부 토지가옥증명규칙(1906)으로 인해 외국인의 토지소유가능 → 약탈된 토지를 위착하기 위해 만든 국책회사
    • 동양척식주식회사(1908)

2 경제적 구국 운동

(1) **방곡령 사건**: 일본으로 곡물 유출 및 흉년 → 함경도(1889), 황해도(1890) 등지의 지방관이 방곡령 선포(조일 통상 장정 근거) → 일본이 '1개월 전 통지' 규정 위반을 이유로 철회 요구 → 철회, 배상금 지급 ※ 방곡령은 조선시대부터 존재

(2) **상업·금융 자본의 성장**: 외국 자본의 내륙 진출에 따른 상권 수호 성격
  ① 시전 상인: 외국 상인 철수 요구 시위와 철시 운동 전개, 황국 중앙 총상회 조직(1898)
  ② 보부상: 혜상공국(1883) → 황국협회(1898) → 상무사(1899)
  ③ 상회사 설립: 대동 상회(1883, 평양), 장통 상회(1883. 서울)
  ④ 경강 상인: 증기선 구입(세곡 운반 목적)
  ⑤ 이운사: 관민 합작 해운 회사, 세곡 운반 및 화물·승객 수송
  ⑥ 은행 설립: 조선은행(1896, 최초 설립), 대한 천일 은행(1899)

(3) **이권 수호 운동**: 아관파천 이후 열강의 이권 침탈 심화
  ① 독립 협회의 활동
    • 러시아의 절영도(저탄소 설치 목적)조차 요구 저지
    • 러시아 재정 고문(알렉셰프) 철수, 한러 은행 폐쇄
    • 러시아 목포·남포 토지 매입 저지
    • 프랑스·독일의 광산 채굴권 요구 저지
  ② 보안회: 농광회사 설립, 일제의 황무지 개간권 요구 저지

(4) **국채 보상 운동(1907)**
  ① 배경: 일본의 강요로 막대한 차관 도입 → 대한 제국 재정의 일본 예속
  ② 전개: 대구에서 서상돈 등이 금연을 통한 국채 보상 운동 제창 → 서울에서 국채 보상 기성회 조직(1907) → 언론 및 전국 계몽 운동 단체의 호응
  ③ 언론 후원: 대한매일신보, 만세보, 황성신문, 제국신문
  ④ 모금 활동: 전국으로 확산(금주, 금연, 가락지 모으기 등)
  ⑤ 실패: 통감부의 탄압과 방해(양기탁을 공금 횡령이라는 누명으로 구속)

79. 열강의 경제침탈과 경제적 구국운동

거류지 무역(일)	내지통상 경쟁(청 VS 일)	내지 무역(일)	이권침탈 경쟁(러 VS 일)	독점적 약탈(일)
1876	1882	1894	1896	1904

개항 이후 (조일 수호조규)
- 개항: 부산(76), 원산(80), 인천(83)
  - 경제 / 군사 / 정치
- cf) 개항: 목포(97), 군산(99)

조일 수호조규 부록
- 일본화폐 사용
- 간행이정 10리

조일 무역규칙
- 3無(무관세, 무항세, 무제한)
- 양곡유출 제한 X

임오군란(82.6) 이후 청·일 경쟁 본격화

조일 수호조규 속약
- 간행이정 100리

조청 상민 수륙무역장정

조일 통상장정(83)
- 최혜국 대우
- 3有(유관세, 유항세, 유제한)

청일전쟁
- 일본 승리
- 일본 내지통상 확대
- 면제품(영국산→일본산)

- 96 미 부설권
- 00 한 부설권 양도
  - 서북철도국
- 04 일 부설권 양도

갑오개혁
- 은본위제
- 조세금납화

아관파천기 열강의 이권침탈

철도 부설권
구분	부설권	개통
미 경인선	1896	1899
일 경부선	1898	1905
프 경의선	1896	1906

금광 채굴권
미 운산	영 은산
일 직산	독 당현

광무개혁
- 금본위제 시도

러일 전쟁기 일본의 경제침탈

자본 침탈
- 전환국 폐지(04)
- 화폐정리사업(05)
  - 메가타(재정 고문)
  - 백동화 → 제일은행권
  - 부등가 교환
  - 상공업·은행 몰락
- 금본위제 실시
- 일본 차관 강요

토지 침탈
- 통감부 토지·가옥 증명규칙(06)
- 외국인 토지소유 허용
- 동양척식 주식회사(08)
- 약탈토지 신탁

을사늑약

방곡령(89)
- 황해도, 함경도(조병식)
- 실패(배상금 지불)

민간은행
- 갑오개혁기: 조선은행(96~01)
- 광무개혁기: 한성은행(97), 천일은행(99)

국채보상운동
- 대구 시작(서상돈)
- 하층민 주도 → 해외 확산
- 언론사 지원(대한매일신보)
- 통감부 탄압

수출	쌀<소가죽
수입	면제품(영국산)

〈거류지 무역〉 서울 — 소비자 — 시전 — 보부상/객주 — 부산 (중개상인)

수출	쌀	미면교환체제
수입	면제품(영국산)	

청일전쟁

수출	쌀	미면교환체제
수입	면제품(일본산)	

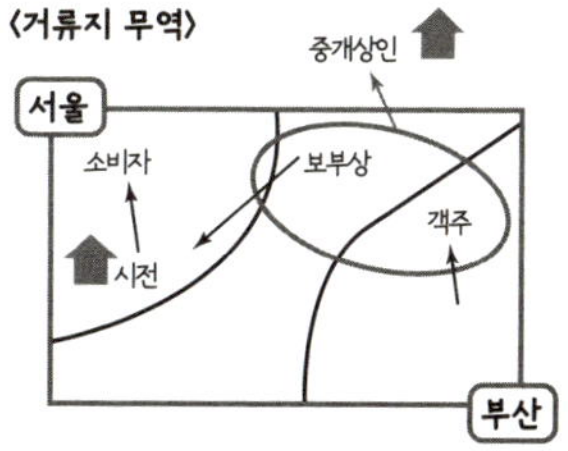

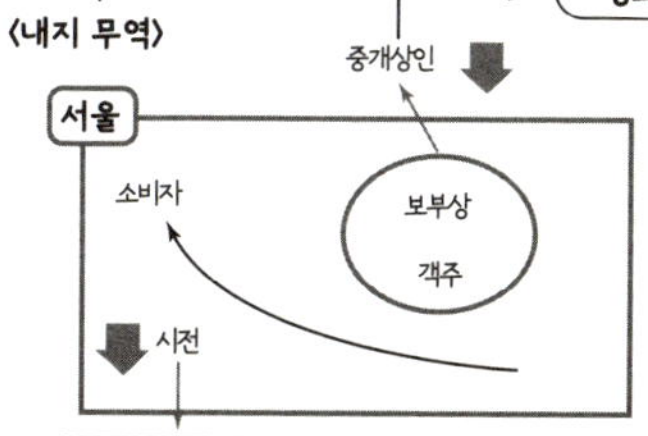

〈내지 무역〉 서울 — 소비자 — 시전 — 보부상/객주 (중개상인)

상회사(대동상회·장통회사)

철시 → 황국중앙총상회(98)

80 경제 발전과 사회의 변화

1 시기별 경제 발전

(1) 미군정기(45 ~ 48)
① 식량 공출·배급제 폐지(1945. 10.) → 곡가 상승(농업 생산 감소, 해외 동포들의 귀환, 북한 동포의 월남 등) → 미곡 자유시장 폐지, 미곡 수집령(1946. 1.)
② 신한공사(1946. 3. ~ 1948. 3.): (동척 등 일본 소유였던 토지)귀속 토지 관할

(2) 이승만 정부
① 농지 개혁: 법률 제정(1949. 6.), 개정안 통과(1950. 3.) 후 시행 ~ 1957
- 1가구당 농지를 3정보로 제한, 초과 토지는 정부 매입(지가 증권 발급)
- 경자유전, 유상 매수·유상 분배(연간 수확량이 150%를 5년간 균분 상환)
- 결과: 지주전호제 소멸, 남한의 공산화 저지, 지주 자본 → 근대 자본 유도
- 한계: 농지 외 토지는 개혁 대상에서 제외, 지주들의 자본 전환 실패

② 귀속 재산 처리법(1949. 12.): 적산 공장과 주택을 민간인(공장 임차인·관리인·주주·관리 직원 등)에게 불하하여 15년간 분할 상환하게 함 → 민간 기업↑

③ 원조 경제
- 소비재 중심 → 삼백 산업(제분·제당·섬유) 발달, 유상 원조로 전환(1958)
- 대충자금: 미 원조 물품을 판매하여 그 판매대금을 특별 계정으로 예치, 미국의 동의하에 사용 가능(미국 정부 파견기관 체제 비용, 한국 경제 재건 비용 등)

(3) 박정희 정부
① 경제 개발 5개년 계획: 1 - 2차(60's 경공업 중심), 3 - 4차(70's 중화학 공업 중심)
- 저임금·저곡가 정책 → 노동자·농민 희생, 대기업 재벌 중심(정경 유착 발생)
※ 장면 정부: 경제개발 5개년 계획 수립

② 주요 사건: (1959)충주 비료 공장 설립, (1964)울산 정유 공장 설립, (1968)포항 제철 설립(73년 가동), (1969)경인 고속도로 개통, (1970)경부 고속도로 개통, (1970)마산 수출 자유지역 선정, (1977)수출 100억 달러 달성, 파독 광부(1963 ~ 80), 파독 간호사(1966 ~ 76)

(4) 전두환 정부: 3저 호황(저유가·저금리·저달러), 국제 무역 수지 흑자(1986)

(5) 김영삼 정부: UR 협정 체결(1994), WTO 출범(1995), OECD 가입(1996), IMF 외환 위기(1997) / 금융 실명제(1993), 부동산 실명제(1995)

(6) 김대중 정부: IMF 조기 극복(금 모으기 운동, 노사정 위원회 설치, 금융·투자 개방)

(7) 노무현 정부: 한·칠레 FTA(2004), 한·미 FTA(2006)

2 시기별 사회 발전

(1) 미군정기(45~48)
① 교육: 6·3·3 학제 도입, 영어 공용어 지정
② 언론: 조선정판사 위폐 사건 → 해방일보사·조선정판사 폐쇄, 좌익 언론 탄압 → 7개월 만에 신문 발행 허가제 부활(1946. 5.) → 장면 정권에서 신문 등록제

(2) 이승만 정부
① 사회: 정비석의 자유부인(1954)
② 교육: 초등 의무(무상) 교육, 학도호국단
③ 언론: 진보당 사건 이후 경향신문 폐간

(3) 박정희 정부
① 사회: 이촌향도 현상, 주곡 자급, 아파트 등장
- 새마을 운동(1970 ~): 정부 주도 농어촌 근대화 운동(장기 집권 수단으로 이용)
- 혼분식 장려(60년대), 분식의 날(69), 통일벼 도입(71)
- 마포 아파트 완공(64), 와우 아파트 붕괴(70)

② 교육: 무즙 파동(64) → 중학교 무시험 입학(69), 국민 교육 헌장(68), 고교 평준화(74)
③ 사회·노동: 전태일 분신(70), 광주 대단지 사건(71), 함평 고구마 사건(76)
④ 언론: 기자 등록제 ↔ 언론 자유 수호 운동(74), 동아일보 백지 광고 사태(74)
⑤ 문화: 서울 텔레비전 방송국(현 KBS) 개국(61. 12.), 경범죄 처벌법(73, 장발·미니스커트 단속)

(4) 전두환 정부
① 사회·언론: 공직자 윤리법(81), 국민연금(88. 1.) / 언론 통폐합, 보도 지침
② 교육: 과외·본고사 금지, 대학 졸업 정원제
③ 문화: 컬러텔레비전 방송 시작(82), 프로 야구 개막(82), 서울 아시안 게임(86)
④ 노동: 6월 항쟁 이후 노동자 대투쟁

(5) 노태우 정부: 전 국민 의료 보험(89), 전국 교직원 노동조합(89), 국제 노동 기구(ILO) 가입(91)

(6) 김영삼 정부: 대입 수능(94), 민주노총 결성(95)

(7) 김대중 정부: 국민 기초 생활 보장법(00), 중학교 의무(무상) 교육

80. 경제 발전과 사회의 변화

	미군정 (45~48)	이승만 (48~50년대)	박정희 (60~70년대)	전두환 (80년대)	김영삼 (93~98)	김대중 (98~02)
경제	• 곡가자유화정책 → 곡가↑ → 미곡수집령(46) **농지개혁** • 소작료 3:7제 • 동양척식주식회사 → 신한공사(46, 귀속토지 유상분배) → 중앙토지행정처(48) 　└ 정부수립 이후 해체	**농지개혁법(49.6)** • 유상 매입(유가증권 발급) 　└ 농가X, 자경X, 3정보↑ 농지 cf) 정부 귀속(소유권 불분명) • 유상 분배(5년 분할상환) 　└ 매년 생산량의 30%씩 **귀속재산처리법(49.12)** • 일본인 소유 재산 민간 불하 → 재벌의 탄생! **원조 경제** • UN ― UNKRA(50~58) 　미국 ― 미공법 480호(54) 　　　　→ 잉여농산물 원조 • 대충자금 은행예치 　└ 잉여농산물 판매자금 • 소비재 중심 → 삼백산업 발달 　　　　제분·제당·면방직 • 유상원조 전환(58) → 경제위기	**경제개발 5개년 계획** • 저임금·저곡가 정책! 1,2차 ┌ 3공시기(60년대) 　　　│ 경공업 중심 　　　└ 섬유, 신발, 가발 3,4차 ┌ 4공시기(70년대) 　　　│ 중공업 중심 　　　└ 화학, 철강, 조선 ↓ • 해외 인력 수출(파독 광부·간호사) • 한·일수교(독립축하금) • 베트남 파병 ↓ • 울산정유공장(64), 포항제철(73) • 경인(69)·경부(70) 고속도로 • 마산·익산 자유무역지역(70~74) • 수출 100억불 달성(77) **석유파동** • 1차(74) - 중동 진출로 해결 • 2차(78) - 해결 X	• 3저 호황(86~88) 　└ 저금리, 저달러, 저유가 • 국제무역수지 흑자(86)	• UR 타결(93) → 쌀 시장 개방 • WTO 가입(95) • OECD 가입(96) • IMF 사태(97)	**IMF 극복 (01) 노력** • 노사정위원회(98.1) • 금모으기 운동(98.1) • 구조조정
사회	–	• 정비석의 자유부인(54)	• 이촌향도 현상 • 새마을 운동(70, 농어촌 생활개선운동, → 전국민 의식개혁운동) • 마포아파트 완공(64, 최초), 와우 아파트 붕괴(70) • 혼분식 장려(60년대)→ 통일벼 보급(72)	• 공직자 윤리법(81) • 국민연금(88.1)	• 금융실명제(93) • 부동산실명제(95)	• 기초생활 보장법(00)
교육	• 6·3·3학제 도입 • 영어 공용어 지정	• 초등 의무(무상)교육 • 학도호국단	• 무즙파동(64) → 중학교 무시험입학(69) • 국민교육헌장(68) • 고교평준화(74)	• 과외, 본고사 X • 대학교 졸업 정원제	• 수능(94)	• 중학교 의무(무상)교육
노동	–	–	• 전태일 분신사건(70) 　└ 근로기준법 준수 요구 • YH 여공사건(79)	**노태우(88~93)** • 국제 노동기구(ILO) 가입(91)	• 민주노총 결성 (양대노총 시대, 95)	–
언론	• 조선 정판사 위폐사건 　└ 등록제 → 허가제 → 등록제(장면)	• 경향신문 폐간(진보당 사건 비판)	┌ 프레스 카드제 • 기자 등록제 ↔ 언론자유수호운동(74, 조선·동아)	• 언론 통폐합, 보도지침	–	–

라영환 한국사 올인원 ALL IN - ONE

편저자 라영환
발행처 인성재단(지식오름)
발행일 2025년 5월 26일
발행인 조순자
디자인 서시영
ISBN 979-11-94539-82-7
정가 25,000원

※ 낙장이나 파본은 교환해 드립니다.
※ 이 책의 무단 전제 또는 복제행위는 저작권법 제136조에 의거하여 처벌을 받게 됩니다.